Christoph Spielberg

DER EIN-EURO-SCHNÜFFLER

Ein Neukölln-Krimi

Die Personen und Handlungen dieses Romans sind frei erfunden. Ähnlichkeiten mit tatsächlichem Geschehen sind zufällig und nicht beabsichtigt.

Bibliografische Information der Deutschen Nationalbibliothek
Die Deutsche Nationalbibliothek verzeichnet diese Publikation in der
Deutschen Nationalbibliografie; detaillierte bibliografische Daten sind im
Internet über http://dnb.d-nb.de abrufbar.

Alle Rechte vorbehalten.
Dieses Werk, einschließlich aller seiner Teile, ist urheberrechtlich geschützt.
Jede Verwertung außerhalb der engen Grenzen des Urheberrechtsgesetzes ist ohne Zustimmung des Verlages unzulässig und strafbar. Das gilt
insbesondere für Vervielfältigungen, Übersetzungen, Mikroverfilmungen, Verfilmungen und die Einspeicherung und Verarbeitung auf DVDs,
CD-ROMs, CDs, Videos, in weiteren elektronischen Systemen sowie für
Internet-Plattformen.

© berlin.krimi.verlag im be.bra verlag GmbH, Berlin-Brandenburg, 2014
KulturBrauerei Haus 2, Schönhauser Allee 37, 10435 Berlin
post@bebraverlag.de
Lektorat: Gabriele Dietz, Berlin
Umschlag: Ansichtssache, Berlin
Satz: Da-TeX Gerd Blumenstein, Leipzig
Schrift: Stempel Garamond 10/12
Druck und Bindung: Finidr, Český Těšín
ISBN 978-3-89809-536-5

www.bebraverlag.de

1

Es war Mittwoch. Der falsche Tag. Mittwoch ist immer falsch für Observationen. Besonders bei Nacht. Oder bei Regen. Erst recht bei Nacht *und* Regen. Alte Schnüfflerweisheit, an die ich mich erst erinnerte, als der kalte Nieselregen die schmale Lücke zwischen Jackenkragen und Hals gefunden hatte. Irgendwann hat sich das Verbrechen den Arbeitszeiten im öffentlichen Dienst angepasst. Oder denen der Ärzte. Geh mal an einem Mittwoch zur Arbeitsagentur oder zum Hausarzt. Geschlossen. Mittwochs darfst du ohne Krankenschein sterben. Mittwoch ist auch ein schlechter Tag, um Verbrechern aufzulauern. Insbesondere, wenn man die Jacke ohne Kapuze übergezogen hat.

Und trotzdem kniete ich hier hinter einem kahlen Brombeerbusch und ließ mir den Novemberregen den Rücken hinunterlaufen. Noch bildete der Elastikbund meiner Boxershorts eine natürliche Sperre, lange aber sicher nicht mehr. Warum also verstieß ich gegen die Mittwochs-nie-Weisheit? Einfach weil ihr in diesem Fall eine andere Weisheit entgegenstand: Nicht nur, wie allgemein bekannt, dass der Verbrecher irgendwann an den Tatort zurückkehrt. Sondern weil auch der Verbrecher ein Gewohnheitstier ist. Und meine Verbrecher hatten bisher, entgegen der Regel, immer in der Nacht von Mittwoch auf Donnerstag zugeschlagen. Nicht jede Mittwochnacht, aber wenn, dann immer exakt in der Wochenmitte. Zuletzt Donnerstag vor drei Wochen hatten mein Partner Herbert und ich auf diesem Gelände am Morgen nach Hinweisen auf den oder wahrscheinlich eher die Täter gesucht, den Tatort aus jeder Richtung und aus allen Winkeln fotografiert, aber wieder keine brauchbaren Spuren gefunden.

Längst hatten sich meine Augen an die Dunkelheit gewöhnt, vorsichtig schaute ich mich um. Nicht bewegen, den Kopf nur ganz vorsichtig drehen: keine wahrnehmbare Veränderung in der letzten Stunde. In der Regel lässt Regen die Gebäude gerade in einer Großstadt trauriger, hässlicher erscheinen. Hier jedoch deckten Nacht und Regen die Tristesse und Hoffnungslosigkeit der Industriebrache eher zu, verschleierten das ganze Ausmaß des unwiderruflichen Verfalls, ließen nur die einst stolzen Konturen der ehemaligen Fabrik ahnen. Man erkannte nicht die herausgebrochenen Fenster, die herabhängenden Regenrinnen, die angekohlten Balken. Irgendjemand hatte hier erst vor kurzem ein Feuerchen gemacht. Um sich zu wärmen? Aus purer Lust an der Zerstörung? Um Beweismittel zu vernichten?

Vorsichtig verlagerte ich mein Gewicht auf das andere Knie und wartete weiter, dass sich die Regel vom Verbrecher, den es über kurz oder lang an den Tatort zurück zieht, erfüllte. Dabei hoffend, dass sich eine ebenso wichtige Regel nicht bestätigte: Nie ohne deinen Partner! Dazu braucht es keine Polizeiausbildung, das lernt man in jedem Fernsehkrimi. Immer mit Partner, schlimmstenfalls wenigstens mit einem entsprechend trainierten Hund.

Und wenn du doch einmal alleine am Tatort eintriffst, forderst du sofort Verstärkung an. Gehst du alleine in das dunkle Haus oder stellst alleine die Täter auf einer verlassenen Industriebrache, bekommst du mit Sicherheit eins auf die Mütze. Oder mehr als eins. Mein Partner Herbert aber lag im Moment friedlich in seinem Bett, hatte es warm und träumte etwas Nettes, während der Regen endlich auch den Bund meiner Boxershorts überwunden hatte.

»Nee, schönen Dank. Es reicht mir schon, am Tage mit dir durch den Modder zu kriechen. Aber bitte nicht auch noch bei Nacht. Und es nicht mal unser Gebiet«, hatte Herbert mir gestern beschieden. Und er hatte recht: Streng genommen lag die Industriebrache außerhalb unseres Verantwortungsbereichs, gehörte diese Seite der Straße bereits zum Bezirk Treptow.

Heute kaum vorstellbar, aber vor gut zwei Jahrzehnten hätte man den Versuch, hier die Straße zu überqueren, ziemlich sicher mit dem Leben bezahlt!

Plötzlich hinter mir: ein Knacken. Leise zwar, aber meine Sinne waren auf höchste Empfindlichkeit gepolt. Deshalb vernahm ich das Knacken eher überdeutlich, genau wie das regelmäßige Tropfen aus der abgerissenen Regenrinne in die Pfütze direkt darunter. Den steten Großstadtverkehr im Hintergrund hatte ich ausgeblendet. Sollte mir das Knacken Sorgen machen? Eher nicht. Zum einen hatte es schon aufgehört, und dann knackt es ja selbst im sicheren Zuhause immer einmal, scheinbar grundlos, ohne implizite Bedrohung jedenfalls.

Neulich, auf Spurensuche mit Herbert, hatte eine zusammenhängende Schneedecke die Fabrikruine, die Schuppen und die übrige Brache fast in eine Zauberlandschaft verwandelt. Es war ein Tag mit praller Wintersonne, der Schnee wirkte nicht wie ein Leichentuch, wie es zur Trostlosigkeit dieses Areals gepasst hätte, eher glich er einer funkelnden, federleichten Decke feinster Daunen. Heute Nacht erinnerten daran nur noch einige schmutziggraue Inseln von dreckigem Schnee. Unter dem Matsch, in dem ich kniete, war der Boden gefroren. Der weitgehend verschwundene Schnee hatte jedoch den Vorteil, dass ich kaum Spuren hinterlassen haben dürfte auf meinem Weg zum Brombeergestrüpp. Wenigstens keine, die die Täter in der Dunkelheit erkennen würden. Ich hatte mich bei Tage für dieses Versteck entschieden, und die Stacheln, die mich im Gesicht kratzten, waren ein sicherer Hinweis darauf, dass ich tatsächlich am geplanten Ort hockte. Sicher fühlte sich dieser Brombeerstrauch, weitgehend seiner Blätter beraubt, seiner Früchte ohnehin, nicht besser als ich. Und er machte mich, nackt, wie er war, auch nicht wirklich unsichtbar. Gegen die kalten Tropfen, die inzwischen meine Pofalte hinunterliefen, half er jedenfalls nicht.

Einen gewissen Schutz hatte mir anfangs, trotz fehlender Kapuze, mein Schal gegeben. Eine Erinnerung an meine liebe Lena aus dem Beziehungsabschnitt »Von Herzen kommt nur Selbstgemachtes«. Das war Jahre her, und gemocht hatte ich dieses Teil sowieso nie. Wegen seiner scheußlichen Farben. Und weil es von Lena war. Meiner Ex. Ex – wie doof sich das anhört. Wie wäre es mit »meine Getrennte«? Das gefiel mir besser: die getrennte Frau. »Sind Sie geschieden?« »Nein, aber wir leben getrennt«. Getrennt oder geschieden, beide Begriffe implizieren Versagen. Ich musste grinsen. Vielleicht sollte ich die gute Lena eines Nachts mal mit hierher nehmen? Getrennt, zertrennt ... Ich könnte sie hier in zwei hübsche Hälften teilen und verscharren. Völlig unbeobachtet. Und sollte mich doch jemand erwischen – die Leute, die auf diesem Brachland nachts ihren Geschäften nachgingen, waren selbst an größtmöglicher Diskretion interessiert und würden sich entsprechend verhalten.

Stimmte auch wieder nicht. Denn ich hockte ja genau deshalb hier: um Täter zu beobachten und sie zu stellen. Andererseits, wer außer mir wäre so blöd? Würden die, auf die ich es abgesehen hatte, wirklich in dieser nasskalten Novembernacht hier aufkreuzen?

Und was Lena, meine Getrennte, betraf: Ich fürchtete, dass zertrennen nicht genügen würde, dass sich die beiden Teile auf wundersame Weise wieder zusammenfänden, um mich zu quälen. Oder, schlimmer noch, beide Hälften würden sich jeweils zu einem Ganzen auswachsen, wie bei manchen Quallen oder Würmern, um mich dann zu zweit verfolgen. Eine Lena reichte mir vollkommen!

Zwei Lenas? Offenbar war ich fast eingenickt. Aber kein Zweifel – es hatte wieder geknackt. Lauter diesmal, und dichter. Natürlich, was bildet man sich nicht alles ein, allein im Dunkeln. Baumstümpfe werden zu Wegelagerern oder zu Krokodilen. Aber jetzt ging es um Geräusche, und die Ohren funktionieren nachts mindestens so gut wie am Tage. Da, wieder das Knacken. Tiere? Es gab hier, mitten in Berlin, sicher keine Bären oder Wölfe. Aber ganz grundlos waren die wiederholten Mahnungen unseres Amtsarztes, endlich zur Tetanus-Impfung zu erscheinen, sicher nicht.

Das Leben eines Ermittlers ist nicht so spannend, wie man es sich vorstellt. Siehe aktuell: stundenlanges Warten im Matsch unter einem Brombeerbusch. Meine nicht öffentlich bediensteten Kollegen Privatdetektive sitzen, im Film wenigstens, gewöhnlich in einem Auto, vielleicht sogar mit Standheizung, sicher mindestens mit heißem Tee aus einer Thermoskanne, in die sie den Tee später wieder entsorgen können.

Wieder knackte es, noch ein Stückchen dichter. Spannung, auf die ich gerne verzichtet hätte. Wenn es nun kein Tier wäre? Sondern der oder die Täter, derentwegen ich ja schließlich gekommen war? Aber warum sollten die sich anschleichen? Die sollten hier auftauchen, ihre miese Tat verrichten, die ich nicht verhindern würde, und wieder verschwinden. Ich würde sie genauestens beobachten und dann verfolgen. Das war der Plan, sich an mich Anschleichen kam darin nicht vor. Hatten die Täter den Spieß umgedreht, mich längst entdeckt? Wenn meine Ohren recht hatten, kam das Knacken von links hinter mir. In meinem Plan sollten die Täter aber von vorne kommen, in meinem Blickfeld jedenfalls, sich keinesfalls von hinten anschleichen und mir nicht mit einer Latte eins über den Schädel ziehen. Oder Schlimmeres. Wobei Latte über den Schädel ausreichen dürfte, bis zum Morgen wäre ich erfroren. Und außer meinem selig schlafenden Partner Herbert wusste sowieso keine Sau, wo ich war.

Außer vielleicht, genau jetzt, die Täter.

Was war zu tun? Klar, einfach die Augen schließen, »wenn ich dich nicht sehe, siehst du mich auch nicht«, würde nicht funktionieren. Aber in der Dunkelheit schien mir reglos sitzen bleiben immer noch die beste Alternative. Obwohl ich natürlich ausgerechnet jetzt das Gefühl hatte, mich unbedingt strecken zu müssen, da sämtliche Knochen und Muskeln gegen diese Hockposition schmerzintensiv protestierten. Und atmen musste ich auch.

Eine neue Wahrnehmung: Der Regen hatte meinen linken Unterschenkel erreicht. Wie das, ohne sich vorher den Oberschenkel hinunterzuarbeiten? Und warum war der Regen plötzlich warm? Ganz vorsichtig drehte ich meinen Kopf nach links. Mit großen Augen blickte von dort etwas zurück: ein Waschbär! Erschreckt, dass es nicht einen Baumstumpf, sondern etwas Bewegliches markiert hatte, erstarrte das Tier einen winzigen Moment lang, um dann mit zwei Sprüngen in der Nacht zu verschwinden. Ein Waschbär hatte mich angepinkelt – nun war ich doch froh, dass mein Partner Herbert nicht dabei war.

Genug! Diese Nacht war für mich definitiv zu Ende. Mochten die, auf die ich wartete, noch auftauchen oder nicht, mochten sie erwartete oder unbeschreibliche Untaten verüben, egal. Ohne mich. Ich erhob mich ächzend und war nur noch bestrebt, nicht über irgendetwas zu stolpern. Eine halbe Stunde Fußmarsch, dann wäre ich in meinem Bett. Wo ich schon seit Stunden sein sollte.

Ich hatte fast die Straße erreicht, kam gerade vorbei an dem einzigen Gebäude, in dem, wenigstens bei Tage, noch legal gearbeitet wurde. Ein Schuppen, jetzt eine Art Autowerkstatt oder so, glaube ich. Da hörte ich wieder ein Geräusch. Kein Knacken diesmal, mehr eine Art Hilferuf. Leise zwar, aber eindringlich. Vorsichtig näherte ich mich. Das Geräusch kam aus dem Abfallcontainer.

Ich fand einen lebenden Zeugen!

Und hatte keine Vorstellung, wie grundlegend dieser Zeuge mein Leben verändern sollte.

2

»Das war Mord, Partner. Geplanter, kaltblütiger Mord.«

Trotz der Kälte hatte Herberts Gesicht die Farbe eines überreifen Hokkaidokürbis angenommen, was, wie mir erstmals auffiel, recht gut zu dessen Form passte. Aber es war weniger unsere anstrengende Tätigkeit, die Herbert das Blut in den Kopf presste. Wütend stützte er sich auf seinen Spaten. Er war noch nicht fertig mit seiner Ansprache.

»Und Oskar, eines kannst du mir glauben. Wenn ich diese Leute erwische, bringe ich sie um. Eigenhändig. Mit oder ohne Spaten!«

Selten hatte ich Herbert so emotional erlebt. Eigentlich noch nie. Nicht einmal montags, wenn er, meistens mit zunehmend schlechter Laune, die Spielberichte der unteren Fußball-Ligen im *Kicker* studierte. Außerdem war heute Donnerstag. Verbissen hackten und gruben wir weiter. Der Frost hatte früh eingesetzt dieses Jahr, erst seit wenigen Tagen zeigte das Thermometer wieder Werte um oder knapp über Null. Dies und der Regen der vergangenen Nacht hatten die oberste Erdschicht in eine morastige Pampe verwandelt, darunter war der Boden noch gefroren. Deshalb die Hacke. Gegen den Widerstand der Natur vergrößerten wir Stück für Stück unser Erdloch. Wir waren uns einig, dass die drei wenigstens ein Grab verdienten. Und Rache, soweit es Herbert betraf.

Wir hatten unsere Spurensicherung an meinem Brombeerstrauch begonnen. Jetzt, ohne den nächtlichen Schleier lauernder Gefahr und eines omnipräsenten Geheimnisses, zeigten sich uns einfach die Überreste einer ehemaligen Fabrikanlage, in vierzig Jahren DDR heruntergewirtschaftet, bis ihr irgendein Glücksritter aus dem Westen endgültig den Todesstoß versetzt hatte. Für ein paar Monate war hier danach ein Gebrauchtwagenhändler zu vorübergehendem Wohlstand und am Ende zu einer Haftstrafe auf Bewährung gekommen. Nun diente das Gelände seit Jahren als idealer Ort, an dem man Autos ausschlachten und ihre Torsos stehen lassen, Altöl oder Kühlschränke entsorgen und vorübergehend sogar Unterkunft finden konnte. An den Wänden der Gebäude übten Graffiti-Künstler, bevor sie ihre Werke besser sichtbar über die Stadt verteilten.

Hartnäckig arbeitete die Natur daran, sich das Territorium zurückzuerobern, erstaunlich wenig gestört durch die Hektoliter von Motorenöl, Bremsflüssigkeit oder Kühlmittel im Erdboden. Ein kleiner Birkenhain überwucherte das Gleisbett der ehemaligen Industriebahn, und ältere Graffiti verschwanden bereits hinter Knöterich, der sich die Backsteinmauern hochrankte. Ich erkannte noch meinen Abdruck unter dem Brombeerstrauch, hinter dem ich mich vergangene Nacht versteckt hatte.

Stück für Stück hatten Herbert und ich unseren Ermittlungskreis erweitert. Wir waren zwar auf keinen verwertbaren Hinweis zu den Tätern, aber schließlich auf die drei Leichen gestoßen. Nach kurzer Diskussion beschlossen wir, dass es das Beste wäre, sie gleich hier verschwinden zu lassen. Herbert, nach wie vor mit wenig Verständnis für meine nächtliche Ermittlungsarbeit, war Feuer und Flamme, die Täter zu finden. Obgleich es dafür keinen Beweis gab, ging er davon aus, dass die Leute, die wir schon seit einem Weilchen schnappen wollten, auch für die Leichen verantwortlich waren. Er wiederholte, während er verbissen an unserem Erdloch schaufelte: »Die schnappen wir uns. Ja, wenn es sein muss, auch bei Nacht.« Die Täter würden, das konnte man unschwer erkennen, mit einem sehr wütenden Mann Bekanntschaft machen. Und auf schnelles Vergessen, auch das wusste ich, durfte man bei Herbert nicht zählen.

Schließlich fanden wir unsere Grube groß genug. Ich holte ein neues Set Einmalhandschuhe, von denen wir immer ausreichend Vorrat mit uns spazieren fahren. Vorsichtig legten wir die leblosen Körper in das frische Grab.

Inzwischen schlug auch mir die Sache auf die Seele und ich wollte sie nur schnell hinter mir haben. Also griff ich wieder zur Schaufel, um die zumindest altölbelastete Erde in das Loch zurückzubefördern.

»Stoi!«, fiel mir Herbert in den Arm.

Was war los? Hatte er etwas gesehen? Gehört? Mit eiligen Schritten und entschlossener Miene verschwand er hinter der Baracke, in der eine »typenunabhängige Autowerkstatt« arbeitete. Ich folgte ihm nicht, aber stellte meine Ohren auf höchste Empfangsstärke und hielt den Spaten griffbereit. Man konnte nie wissen.

Meine Sorge war unberechtigt, der Verteidigungsfall trat nicht ein. Schon nach wenigen Minuten tauchte Herbert wieder auf, mit einer waschmittelfamilienpackungsgroßen Holzkiste unter dem Arm, die er irgendwo auf dem Gelände gefunden hatte.

Er nahm die Leichen noch einmal aus dem Grab, legte sie vorsichtig in die Kiste, verschloss den Deckel und platzierte sie behutsam auf dem Boden der Grube. Dann stemmte er sich mit beiden Händen auf seine Schaufel. Herbert ist der Typ, bei dem die Dinge eine festgelegte Ordnung haben. Bei einem Begräbnis hieß das, dass ein Gebet gesprochen wird. Oder wenigstens etwas in der Art.

»Hallo da oben. Du weißt, dass ich nicht sicher bin, ob es dich überhaupt gibt. Eher nicht, habe ich in der Schule gelernt. Und wenn es dich doch gibt, verzeihst du ja alles, hört man so. Deshalb bitte ich dich nur, lass uns die Arschlöcher finden, die für das hier verantwortlich sind. Um den Rest kümmern wir uns dann schon.«

Anstelle eines »Amen« begann er, mit verbissener Energie die feuchte Erde in das Grab zu schaufeln. Ich stellte mir vor, wie dieser Gott, den es meiner Meinung nach eventuell doch gibt, sich ein kurzes Lächeln gestattete, und war sicher, dass er tatsächlich wegschauen und Herbert gewähren lassen würde, sollten wir den oder die Täter jemals finden. Schließlich bewies dieser Gott jeden Tag erneut, wie gut er wegschauen konnte.

Warum ich, fragte Herbert, die Leichen letzte Nacht nicht gesehen hätte?

»Eben deshalb: Nacht. Es war stockfinster. Geregnet hat es auch.«

Und, fuhr ich fort, es hätte schon meinen ganzen Mut gebraucht, überhaupt nach dem Ursprung des Geräuschs zu suchen.

»Hast du schon mal nachts einen verrotteten Müllcontainer geöffnet, aus dem irgendwelche undefinierbaren Laute kamen? Mit einer Taschenlampe, die weitgehend ihren Geist aufgegeben hat? Woher sollte ich wissen, dass mich da nicht irgendetwas beißt?«

»Ne riesige, strahlenmutierte Ratte zum Beispiel, was? Jedenfalls, herzlichen Glückwunsch zum Ergebnis deiner freiwilligen Nachtschicht: drei Tote! Und du wirst spätestens morgen mit einer fetten Erkältung im Bett liegen. Pleite auf der ganzen Linie. Ey – nies bloß in 'ne andere Richtung!«

Das tat ich, ausführlichst und brav mit dem Wind. Im Gegensatz zu Herbert betrachtete ich die vergangene Nacht allerdings nicht als totale Pleite. Eigentlich ganz im Gegenteil. Den Hauptgrund dafür würde ich ihm jedoch vorerst nicht auf die Nase binden. Aber es schien mir an der Zeit, mich zu verteidigen. Und wenigstens einen Teil der Wahrheit preiszugeben.

»Du tust gerade so, als wäre ich für die Leichen verantwortlich. Und immerhin habe ich einen Überlebenden gefunden. Und damit gerettet.«

»Was? Einen Zeugen?«

Ich klärte Herbert über meinen Zeugen auf. Gespannt hörte er zu, unterbrach mich nicht.

»Und wo ist der jetzt?«

»Na, bei mir zu Hause.«

Ich konnte beobachten, wie sich Herbert meine häuslichen Verhältnisse ins Gedächtnis rief. Da diese recht überschaubar sind, brauchte er dazu nicht lange.

»Alleine?«

Ich nickte. »Was sollte ich tun auf die Schnelle? Ein Zeugenschutzprogramm organisieren?«

Herberts Blick genügte, mein ohnehin schlechtes Gewissen noch weiter zu verschlechtern. Dann hastete er in Richtung unseres Dienstfahrzeuges. Ich stolperte hinterher.

»Ich fahre, Arschloch.«

Noch nie hatte Herbert mich Arschloch genannt. Jedenfalls nicht in einem Ton, der besagte, dass er genau das meinte. Ich warf ihm die Zündschlüssel zu.

Wortlos schnallten wir uns an, dann gab Herbert Vollgas. Das Arschloch ließ ich ihm durchgehen, es konnte mir nicht die Laune verderben. Schließlich hatte ich vergangene Nacht nicht nur ein Leben gerettet. Ich hatte auch endlich einen Weg zu meiner schönen Nachbarin Julia gefunden – oder, besser sogar, sie zu mir. Aber genau das würde ich Herbert jetzt nicht auf die Nase binden.

3

»Äh ... ja?«

Ich war gerade damit beschäftigt, meinen lebenden Zeugen wenigsens notdürftig zu versorgen, als ich meinte, ein vorsichtiges Klopfen an meiner Wohnungstür wahrzunehmen.

Konnte nicht sein. Wer sollte morgens um vier Uhr bei mir klopfen? Wahrscheinlich ein Luftzug im Treppenhaus, der an der altersschwachen Tür rüttelte. Ich kümmerte mich weiter um meinen Gast und fand das Handtuch, dass ich für ihn gesucht hatte: Palmen am Tropenstrand, untergehende Sonne über dem Meer, vor Jahren für meinen damals kleinen Sohn an der Nordsee erstanden.

Aber es klopfte wieder, Zweifel nicht mehr möglich. Wer sollte das sein? Nicht einmal mein Sohn mit seiner Gabe, unvorhergesehen mit der mehr als Forderung denn als Bitte vorgetragenen Nachfrage nach einem Kleinkredit aufzutauchen, würde sich dafür den frühen Frühmorgen aussuchen. War man mir vom Fabrikgelände gefolgt? Wollte mir doch noch eins über die Rübe ziehen? Hatte ich etwas gesehen, was ich nicht sehen sollte? Aber ich hatte doch gar nichts gesehen! Also die klassisch-tragische Variante: Ich bekam eins über die Rübe, weil man fälschlich annahm, ich hätte etwas beobachtet?

Auf Socken schlich ich zur Tür, löschte das Licht und lugte durch den Spion. Kein Sohn, kein Tätowierter mit einer Axt im Anschlag. Eine Frau. Eine sehr hübsche Frau. Eine sehr hübsche Frau um die dreißig mit großen Kulleraugen, der man keinen Wunsch abschlagen würde, auch nicht morgens um vier Uhr. Schon seit Wochen hatte ich überlegt, wie ich unauffällig Kontakt zu der neuen Nachbarin herstellen konnte, und nun stand sie ganz ohne Bemühungen meinerseits vor meiner Tür!

»Entschuldigen Sie, Herr ...« – kurzer Blick auf mein Türschild – »... Buscher. Ich weiß, es ist mitten in der Nacht. Ich ... ich habe mich nur getraut, weil ich noch Licht gesehen habe in Ihrer Wohnung.«

Ich bemühte mich um einen Blick, der zu einem Mann passt, für den es alles andere als ungewöhnlich ist, dass hübsche junge Frauen nachts bei ihm klopfen. Nun noch ein weltmännischer Spruch dazu ...

»Oh – äh ... ja?«

»Ich bin Julia Baumgärtner, die Wohnung schräg unter Ihnen, sozusagen, nach vorne hinaus. Neulich eingezogen.«

Das weiß ich, Julia Baumgärtner. Dein Namensschild hatte ich mir sofort angeschaut.

»Ich war eben mal draußen. Und jetzt habe ich mich ausgesperrt, wirklich blöde. Der Schlüssel steckt auch noch von innen! Können Sie mir irgendwie helfen?«

Ich hatte erwartet, eine Schockstarre würde mich überkommen. Im Gegenteil aber schaltete mein hormonstimuliertes Hirn auf overdrive und bot die optimale Reaktion an.

»Tut mir leid, ich verstehe absolut nichts von Schlössern, schöne Julia Baumgärtner. Aber kommen Sie doch rein. Sie können auf meiner Gästecouch schlafen. Ich gebe Ihnen die dünnste Decke, die ich auftreiben kann. Bald wird Ihnen höllisch kalt und Sie kriechen zu mir ins Bett. Dann rammeln wir wie die Karnickel, wenigstens bis die Sonne aufgeht.«

Eine überschlägige Berechnung von Chancen und Risiken dieses Vorgehens überzeugte mich, dass die Variante »edler

Ritter« die bessere wäre. Bewunderung und ewige Dankbarkeit wären mein Lohn. Ich bat Julia Baumgärtner einen Moment zu warten, kramte in meinem Werkzeugkasten in der Küche nach einem festen Draht und einem flachen Schraubenzieher und gemeinsam trappsten wir meine Hinterhaustreppe hinunter und ihre Vorderhaustreppe wieder hinauf.

Zugeschlagene Tür, nicht abgeschlossen, ist selbst mit Schlüssel im Türschloss von innen einfach. Mit Draht oder Schraubenzieher fährt man vorsichtig zwischen Rahmen und Türblatt, bis man die Stelle fühlt, wo der Sperrriegel von der Feder im Rahmen gehalten wird. Diesen Sperrriegel drückt man in Richtung Türblatt und zack! ist die Tür offen. Große Überraschung: Nicht ganz so zack, aber letztlich doch klappte das so auch an der Wohnungstür von Julia Baumgärtner.

Frau Baumgärtner war erwartungsgemäß beeindruckt.

»Sie haben mir das Leben gerettet! Wie haben Sie das nur geschafft? Wie ein gelernter Einbrecher!«

Ich lächelte bescheiden und ließ es bei einem »Na ja ...« bewenden.

»Sind Sie das?«

Mein Hirn, immer noch auf Hormonturbo, war gerade dabei, die angefallene Dankesschuld für die erbrachte Nothilfe zu addieren. Inklusive Nachtzuschlag.

»Bin ich was?«

»Gelernter Einbrecher?«

»Na ja, dienstlich bin ich eher das Gegenteil.«

»Sind Sie Polizist?«

»So etwas in der Art. Ermittler.«

Leichtes Krausen umspielte Julia Baumgärtners Lippen.

»Privatdetektiv?«

Private Schnüffler schienen bei ihr nicht gerade hohes Ansehen zu genießen.

»Um Gottes willen, nein. Ich bin im öffentlichen Dienst.«

Damit schien meine Weißer-Ritter-Rüstung wieder hergestellt. Frau Baumgärtner schenkte mir ein Lächeln und, wichtiger, eine klitzekleine Perspektive, bevor sie in ihre Wohnung verschwand: »Jedenfalls bin ich Ihnen unheimlich dankbar. Hoffentlich kann ich mich bald einmal revanchieren.«

Da gingen mir sofort verschiedenste Möglichkeiten durch den Kopf.

In irgendeiner tief liegenden Region registrierte mein Hirn, dass etwas an dieser Nachbarin, die »eben mal draußen« gewesen war, nicht ins Bild passte. Aber es war zu sehr mit Julia Baumgärtner als wunderschöner junger Frau beschäftigt, um der Sache aktuell nachzugehen.

4

Das Treffen mit Julia Baumgärtner war erst ein paar Stunden her, als ich Herbert den Zeugen Max vorstellte. Max, dem ich vergangene Nacht das Leben gerettet hatte.

»Wie alt, meinst du, ist der?«

Nach einer eingehenden körperlichen Untersuchung heute Morgen hatte ich das Hundebaby Max genannt und ihm meinen Wäschekorb wohnlich hergerichtet. Eingekuschelt in ein paar alte Decken, schien sich Max ganz wohl zu fühlen. Da wollte ich ihm lieber nicht erzählen, dass wir gerade seine Brüderchen und Schwesterchen beerdigt hatten.

Im Gegensatz zu mir versteht Herbert etwas von Hunden.

»Nicht älter als ein paar Tage«, meinte er.

Durch den Anblick des kleinen Knäuels Leben war mein Partner etwas milder gestimmt, aber immer noch wütend. Vorhin, als wir die toten Welpen gefunden hatten, hätte er die Leute, die sich dieser Tierchen per Müllcontainer entledigt hatten, sicher auf der Stelle umgebracht. Nun aber konzentrierte sich seine ganze Wut auf mich.

»Du hast doch einen Sohn, oder? Habt ihr dem als Baby auch eine Untertasse mit Milch hingestellt und seid dann zur

Arbeit abgeschwirrt? Hast du dir mal überlegt, woher der Begriff Säugetier kommt?«

Lahm verteidigte ich mich. Erstens war und sei ich übermüdet. Zweitens habe ich Kopfschmerzen, sicher mache es sich gerade die von Herbert vorhin angekündigte schlimme Grippe in mir gemütlich. Und drittens hatte ich Max noch heute Morgen tatsächlich ein wenig Milch mit der Pipette eingeflößt, die noch für irgendwelche Augentropfen im Bad herumlag.

»Was für 'ne Milch?«, fragte Herbert in einem Ton, der mir klarmachte: Pipette hin oder her, wahrscheinlich gut, dass ich Max nicht mehr davon gegeben hatte. Ich deutete auf den Tetrapack H-Milch.

»Na, wunderbar. Schon mal was von Laktose-Allergie gehört?«

Hatte ich, wiederholt. Von Lena, meiner Getrennten. Von Laktose-Allergie und noch ein paar exotischeren Unverträglichkeiten, die sie im Laufe unseres Zusammenlebens entwickelt hatte. Schließlich auch gegen mich.

»Wie – Hunde auch?« Kein Wunder, dass die Erzeugerpreise für Milch ständig fallen, wenn die ganze Welt keine Kuhmilch verträgt. Ich hatte für Max zwischen der H-Milch und, wegen mehr Kalorien, dem Rest sprühfertiger Schlagsahne im Kühlschrank geschwankt. Bei Schlagsahne hätte mir Herbert jetzt sicher den Kopf abgerissen.

»Gib mir mal Geld. Und rühr den Hund nicht an, bis ich zurück bin, klar?«

Ich nickte schuldbewusst und gab Herbert einen Zehn-Euro-Schein, immerhin ein beträchtlicher Teil meines aktuellen Barvermögens. Ich hätte ihm auch mein Gesamtvermögen anvertraut, um wenigstens eine Weile von seiner vorwurfsvollen Miene befreit zu sein. Dann saß ich da, betrachtete das schwarze Wollknäuel und hielt mich an Herberts Nicht-Anfassen-Gebot. Neben vielen anderen Dingen ist eines gut an Hundebabys: Sie schauen dich nicht vorwurfsvoll an. Können sie gar nicht, weil sie blind und taub sind in ihren ersten

Lebenswochen und nur schlafen, die Augen fest geschlossen. Das tat auch Max, unterbrochen von einem leisen Fiepen von Zeit zu Zeit. Das war wahrscheinlich nicht als Vorwurf gemeint, ging aber trotzdem ans Herz. Ich nahm mir vor, nicht auch als Hundevater zu versagen.

Schließlich tauchte Herbert wieder auf, mit einer großen Einkaufstüte unter dem Arm und mehr als nur Hundeersatzmilch in Pulverform. »Musst du in lauwarmem Wasser auflösen.« Stolz zauberte er ein Babyfläschchen mit auswechselbarem Saugnippel hervor, »immer vorher auskochen, verstehst du?«, und eine Flasche Lebertran, »einmal am Tag mit in die Ersatzmilch!«

»Dann noch die hier. Die setzt du auf, sobald du dem Hund auch nur nahe kommst!« Herbert reichte mir einen Mundschutz aus einer 25-Stück-Packung. »Jedenfalls so lange du hustest und niest! Der kleine Hund hat noch keine Abwehrkräfte. Die bekäme er normalerweise mit der Muttermilch.«

Seine Schulmeisterart begann mich zu irritieren. Aber Herbert hatte offensichtlich mehr als die zehn Euro ausgegeben, die ich ihm mitgegeben hatte. Also nickte ich brav und schaute zu, wie Max, der die Flasche ohne Klagen akzeptiert hatte, kräftig nuckelte. Herberts nächste Anweisung störte das herzerwärmende Bild jedoch nachhaltig.

»Also, so sechsmal am Tag sollte der Kleine seine Milch bekommen, alle vier Stunden.«

So viel zu meiner Nachtruhe. Herbert hatte noch jede Menge Anweisungen. Max täglich wiegen und die Gewichtszunahme protokollieren. Heizkissen, Rotlicht oder Wärmflasche, natürlich nicht zu heiß.

»Du hast doch 'ne Waage, oder?«

»Nee. Die ist auch bei Lena geblieben.«

»Gut, ich bringe dir eine von uns mit. Und übrigens: Der Hund bestimmt, wie lange er für eine Mahlzeit braucht. Nicht du.«

Herbert war glücklich, sein Wissen über Hundeaufzucht an den Mann bringen zu können. Er hatte mal versucht, mit der Aufzucht von Retrievern ein paar Euro extra zu machen. Trotz zunehmendem Stechen im Kopf und Schmerzen in den Gelenken notierte ich mental seine Ratschläge. Als Quittung für meine nächtliche Aktivität war eindeutig eine Grippe im Anzug.

»Du solltest morgen im Bett bleiben, Oskar. Ich melde dich auf der Dienststelle krank.«

»Sehr komisch. Ersetzt du mir auch den Verdienstausfall?« In gespielter Verzweiflung hob Herbert die Arme.

»Dann bring wenigstens einen Mundschutz mit, oder besser ein paar davon.«

Meine Grippe interessierte Herbert jedoch deutlich weniger als das Wohlergehen von Max.

»Noch eines: Es geht nicht nur ums Füttern, ums Hinein. Hinaus damit können die auch am Anfang nicht alleine. Mal eine Hundemutti mit ihren Welpen beobachtet? Nach jedem Säugen wird der After kräftig geleckt.«

»Aber dazu darf ich den Mundschutz abnehmen, oder?«

Ein wenig indigniert bearbeitete Herbert Max' After.

»Das machst du nach jeder Mahlzeit. So lange, bis es von selbst funktioniert. Kannst auch ein Papiertaschentuch oder einen Q-Tipp nehmen.«

Klar, dass Herbert zum Schluss alle Anweisungen noch einmal wiederholte. Die Hand schon auf der Klinke, hatte er noch eine letzte Frage.

»Wer ist eigentlich der heiße Feger, der mir eben an der Haustür entgegengekommen ist?«

Herbert war Julia Baumgärtner begegnet, andere heiße Feger gab es hier nicht. Da mich eine Antwort verraten könnte, nieste ich stattdessen ein paarmal kräftig, in Richtung Wohnungstür und ohne Mundschutz. Da schob mein Partner endlich ab.

Bevor ich mich fröstelnd und mit triefender Nase ins Bett verkroch, suchte ich nach dem Heizkissen, fand es endlich im Küchenschrank, kramte noch ein paar von den hübschen Strandtüchern mit Palmen und Tropensonne hervor, die Lena mir freundlichst gelassen hatte, packte Max – mit Mundschutz! – neu ein und beobachtete das kleine Knäuel Leben. Dann stellte ich den Wecker brav auf vier Stunden Schlaf.

Wahrscheinlich weil Herbert meine neue Nachbarin erwähnt hatte, erinnerte sich beim Einschlafen mein Hirn an die Situation gestern Nacht, und es fiel mir ein, was an dieser Frau Baumgärtner, die angeblich »eben mal draußen« gewesen war, nicht ins Bild gepasst hatte. Doch die Frage, was meine neue Nachbarin am frühen Morgen mit staubtrockenem Pullover und staubtrockenem Haar draußen getrieben hatte, wo der Novemberregen unvermindert pieselte, schien mir zu diesem Zeitpunkt nicht besonders wichtig.

5

Während ich mit brennenden und triefenden Augen unser Dienstfahrzeug durch Neukölln steuerte, achtete Herbert darauf, so viel Abstand wie möglich zu mir zu halten. Was so viel nicht war bei den Dimensionen unseres VW Lupo.

Ja, ich zahlte auf Euro und Cent für meinen unbezahlten Nachteinsatz. In meinem Kopf hatte sich ein hungriger Specht eingenistet und hämmerte abwechselnd auf Groß- und Kleinhirn. Auf der Brust und an den Armen scheuerte mein Hemd, als rächten sich die unterbezahlten Akkordnäherinnen in Bangladesh mit der Verwendung von 40-Korn-Sandpapier als Hemdenstoff an der kik-Kundschaft, und sämtliche Gelenke schmerzten mit wie auch ohne Bewegung.

Natürlich, Herbert hatte recht, ich sollte zu Hause das Bett hüten. Im öffentlichen Dienst bedeutet Grippe vierzehn Tage Krankschreibung. Aber obgleich Herbert und ich im öffentlichen Dienst unterwegs sind, gibt es für uns keine Lohnfortzahlung im Krankheitsfall – und Lohnausfall kann ich mir nicht leisten. Also war Durchhalten angesagt. Nur noch diesen einen Tag, dann war Wochenende!

Während er auf weitest möglichen Abstand achtete, Gesicht von mir abgewandt, scrollte Herbert wie üblich die aktuellen Fußballergebnisse auf seinem Smartphone. Früher fand Fußball am Wochenende statt, inzwischen wird offenbar an jedem Tag der Woche irgendwo gespielt. Dementsprechend ist Herbert auf unseren Inspektionsfahrten immer gut beschäftigt. Trotzdem, plötzlich:

»Halt mal an. Das ist ja unglaublich. Der lernt's wohl nie!«

Erstaunt, dass mein Partner neben dem Studium der Fußballergebnisse etwas Bemerkenswertes, gar etwas dienstlich Bemerkenswertes gesehen hatte, folgte ich Herberts Blick. Tatsächlich, ein Fall für uns! Und das an uns wohlbekannter Stelle.

Im Eingang zu einem Laden, in dessen verschmutztem Schaufenster schon seit Monaten ein Pappschild »Gewerbefläche zu vermieten! Provisionsfrei vom Eigentümer!« verkündete, türmten sich jede Menge leere Gemüsekisten und Obstkartons. Noch spiegelten die meisten Läden in der Anzengruberstraße das alte Neukölln: An- und Verkauf, Wohnungsauflösungen, das Soziale Kaufhaus von »Die Teller Gottes e.V.«. Wenn auch eher einfach gehalten, deuteten der Kinderladen »Highway« in Nr. 15 und, schräg gegenüber, die Heilpraxis in Nr. 12 (Craniosacral-Therapie, Magnetfeld-Therapie) auf die Bedürfnisse der neuen Bewohner hin. Dass unter anderem eine Umzugsfirma im Ladenfenster ihren Auszug ankündigte, bedeutete nicht den eingeläuteten Tod der Anzengruber als Geschäftsstraße, im Gegenteil. Ein wenig Geduld dürfte sich für den Ladenbesitzer mit Leerstand auszahlen, lange konnte es nicht mehr dauern, bis die Neuköllner Gentrifizierungswelle auch hier voll zuschlagen würde und in die Geschäftsräume trendige Bars, auf schick-rustikal gemachte Bioläden und weitere, mindestens bilinguale Kindergärten einzogen. Selbstverständlich zu deutlich höheren Mieten als bisher.

Uns war ohnehin ziemlich klar, auf wessen Konto dieser illegal entsorgte Abfall ging, aber gleich auf dem obersten Karton klebte auch noch die Lieferadresse. Gökhan Öztürk, stolzer Kleinunternehmer in Sachen Obst und Gemüse in der Sonnenallee, war ein guter Bekannter. Wie oft hatten wir ihm schon geraten, wenigstens die Lieferadresse zu entfernen, wenn er seinen Müll in die Gegend kippte! Herbert riss einen der Adressaufkleber ab und wir marschierten um die Ecke zu unserem Freund Gökhan.

Ein dicker BMW, dunkelblau, stand mit laufendem Motor verkehrsfreundlich in zweiter Spur vor Gökhans Laden und beschallte die Sonnenallee mit zeitgenössischem Liedgut. Das gelegentliche Hupen aus dem Stau hinter ihm ließ den Fahrer, der am Steuer auf was auch immer wartete, entweder unbeeindruckt oder es konnte sich einfach nicht durchsetzen gegen das endlose »Gangstarap g-g-g-gangstarap« aus seinen 600-Watt-Boxen. Eigenartig nur, dass sich niemand bei ihm beschwerte.

»Misch dich da nicht ein. Is' nichts für uns«, hielt Herbert, der wusste, dass mein bürgerlicher Ordnungssinn über das Aufspüren illegaler Müllhaufen hinausging, auch mich prophylaktisch zurück.

Eine Entscheidung zwischen Herberts dringender Empfehlung und meiner Null-Toleranz-Einstellung entfiel, da in diesem Moment zwei Kerle mit südländischer Physiognomie ohne Hast aus Gökhans Laden kamen. Schon fast bei ihrem Freund im BMW, machte einer von ihnen kehrt, griff sich eine besonders schöne Apfelsine von Gökhans Auslage vor dem Laden und trat kräftig gegen einen der Holzböcke, sodass Apfelsinen, Grapefruits und Winteräpfel über den matsch- und streusalzbedeckten Bürgersteig rollten. Erst jetzt sprang auch er in den BMW, der mit durchdrehenden Reifen lospurtete. Was für mich weniger auf Flucht als auf mangelnde Penisgröße des Fahrers hinwies, der sich natürlich nicht ohne Stinkefinger aus dem Fenster von den Verkehrsteilnehmern hinter ihm verabschieden konnte. Unterstützt von einem riesigen Kampfhund im offenen Wagenfenster, der Stinkefingers Zeichensprache mit sonorem Bellen und Zähnefletschen übersetzte.

»Ziemlich eilige Kundschaft«, kommentierte Herbert, während wir den Gemüseladen betraten. »Gökhan?«

Kein Mensch zu sehen. Aber hier drinnen keine Zeichen von Vandalismus.

»Herr Öztürk?«, versuchte ich es auf die höfliche Tour. »Wir sind es, Herbert und Oskar.«

Keine Antwort.

»Na, wir können ja nachher noch einmal vorbeischauen. Oder morgen«, meinte Herbert.

»Pst!« Ich hielt den Zeigefinger an die Lippen. Der Stau vor der Tür hatte sich aufgelöst, das Protesthupen aufgehört.

»Hörst du das?«

»Hört sich nicht gut an!«

Gökhan war noch bewusstlos, als wir ihn fanden. Leise stöhnend lag er auf dem Boden in einem kleinen Raum hinter dem Laden, zwischen gestapelten Obstkisten und einem Tisch, auf den gerade einmal seine Thermoskanne, eine angeschnittene Dauerwurst und ein Kaffeebecher passten. Herbert zapfte kaltes Wasser in den Kaffeebecher und schüttete es Gökhan in bester Westernmanier ins Gesicht – was tatsächlich wirkte. Vorsichtig versuchte Gökhan die Augen zu öffnen. Das funktionierte allerdings nur mit dem linken, das rechte blieb hinter rotblau angeschwollenen Lidern verborgen. Der Obst- und Gemüsehändler versuchte aufzustehen, vorerst ohne Erfolg.

»Langsam, Gökhan. Was ist passiert?«

Keine Antwort.

»Was waren das für Männer eben?«

»Nein, waren keine Männer hier.«

Retrograde Amnesie? Gehirnerschütterung? Gemeinsam halfen wir Gökhan auf den Stuhl an seinem Tisch und gossen ihm einen starken Kaffee aus seiner Thermoskanne ein.

»Du stehst noch unter Schock. Trink erst mal was!«

Wir kannten uns inzwischen gut, das Du war beidseitig und ohne jeden abwertenden Hintergrund.

Der Mokka tat seine Wirkung, vorsichtig testete Gökhan die Beweglichkeit von Armen und Beinen. Offenbar war nichts gebrochen.

»Danke, meine Freunde.«

»Kein Problem. Aber wer waren diese Leute, die dich zusammengeschlagen haben?«

»Ich sage, keine Leute hier!«

»Aber wir haben sie doch gesehen, Gökhan, wie sie aus deinem Laden gekommen sind. Das ist was für die Polizei.«

Herbert zog sein Smartphone aus der Tasche.

Erschrocken hob Gökhan die Hände.

»Bitte! Nein! Nichts Polizei!«

Wir hörten, wie die Ladentür geöffnet wurde. Im Rahmen stand ein junger Mann, der den Kerlen mit dem BMW eben ziemlich ähnlich sah. Für Herbert war die Sache klar. Sein Smartphone wie einen Baseballschläger über den Kopf erhoben, stürmte er zur Tür.

»Bleib stehen, Mann!«

Daran dachte der Angesprochene aber ganz und gar nicht. Er drehte auf dem Absatz um, Herbert ihm hinterher. Ich hingegen schenkte Gökhan noch einen türkischen Mokka ein.

»Das nur Okan, mein Neffe. Hilft mir mit Geschäft. Hat Schule fertig.«

»Und warum rennt er dann weg?«

»Keine Ahnung. Aber bitte, Oskar: nichts Polizei! Ich bin hingefallen. Ganz alleine.«

»Sicher, Gökhan. Und dabei hast du dir gleich mal kräftig aufs Auge gehauen. Genauso muss es gelaufen sein!«

Hilflos schaute mich Gökhan an, aber die Botschaft war auch mit nur einem Auge klar: keine Polizei!

Nach ein paar Minuten tauchte Herbert wieder auf, ziemlich abgehetzt. Den angeblichen Neffen hatte er nicht eingeholt.

»Der war plötzlich wie vom Erdboden verschwunden.«

Wir beschlossen, Gökhans dringliche Bitte »keine Polizei« vorerst zu respektieren und rieten ihm nur noch, sein Auge mit reichlich Eis zu behandeln. Dann nahmen wir unsere Tätigkeit in den Straßen Neuköllns wieder auf. Wobei wir vergessen hatten, dass wir genau im Rahmen dieser Tätigkeit überhaupt erst zu Gökhan gekommen waren.

6

»Sie sehen ja furchtbar aus!«

Es war Samstagabend. Seit Freitagnachmittag hatte ich im Bett gelegen, nur den kleinen Max und meine Grippe gepflegt. Nichts sonst, nicht einmal meine Eitelkeit. Eine Folge des Fiebers, denke ich.

Jetzt hatte ich zwar kein Fieber mehr, aber auch nichts zu essen im Haus. Weder für Max noch für mich. Die Knochen schmerzten noch gewaltig, inzwischen jedoch sicher mehr vom Liegen auf meiner Schlafcouch als von der Grippe. Obgleich etwas weich in den Knien, hatte ich es ohne Kreislaufkollaps hin und zurück zu Aldi geschafft und wollte mich gerade mit meiner Beute zum Hinterhaus schleppen, als mich Frau Baumgärtner im Durchgang stellte und mit einiger Besorgnis musterte.

Ich hatte mir mein nächstes Zusammentreffen mit Julia Baumgärtner anders ausgemalt. »Sie sehen ja furchtbar aus!« ist nicht unbedingt, was man von der attraktiven Nachbarin gerne hört. Andererseits, die Mutterinstinkte in einer Frau zu wecken, gehört unter Umständen sogar zu den besseren Kontaktwegbereitern. Ich musste nur ein wenig den taffen Mann, der sich von ein paar Millionen Viren nicht unterkriegen lässt, durchscheinen lassen.

»Hallo, Frau Baumgärtner«, krächzte ich mit einer Stimme, die unterstrich, dass allein meine Tapferkeit mich auf den Beinen hielt. »War nur ein bisschen Grippe, das Schlimmste ist vorbei.«

»Ich weiß nicht, Herr Buscher. Ich denke, Sie gehören ins Bett.«

Da hatte sie recht, die Frau Baumgärtner, denn – wie gesagt – stand ich noch auf ziemlich weichen Knien. Also folgte ich ihrem Rat und legte mich, nachdem ich auch die drei Stockwerke zu meiner Wohnung bezwungen hatte, gleich wieder hin. Natürlich erst, nachdem Max sein Fläschchen ausgenuckelt und ich seinen After massiert hatte. Aber kaum hatte ich mich unter meiner Bettdecke plus zusätzlichen alten Wolldecken verkrochen, musste ich schon wieder hoch. Es hatte geklingelt. Klapprig quälte ich mich zur Wohnungstür. Da stand Frau Baumgärtner mit einer Thermoskanne.

»Mittwochnacht haben Sie mir das Leben gerettet, jetzt rette ich Ihres. Und dafür marschieren Sie sofort zurück ins Bett.«

Es schien sie nicht zu kümmern, ob ich sie zum Eintreten auffordern würde oder nicht, mit der Thermoskanne vor der Brust schob sie mich mehr oder weniger vor sich her zurück in meine Wohnung. Also war ich brav und setzte mich auf die Kante meiner ebenso zerwühlten wie verschwitzten Schlafcouch, während die Nachbarin sich wie selbstverständlich geschirrklappernd in meiner Küche zu schaffen machte.

»Sie wohnen allein, was?«

Das war mit Blick auf meinen Bestand an Geschirr mehr Feststellung als Frage und rechtfertigte in ihren Augen wahrscheinlich die Verletzung meiner Privatsphäre. Und erklärte die Tatsache, dass sie mir das Leben retten wollte.

»Jedenfalls«, Frau Baumgärtner tauchte mit einem meiner beiden Kaffee-Tee-Goulaschsuppe-Brühe-heiße-Zitrone-Becher auf – »wieder runter unter die Bettdecke mit Ihnen und rein mit dem hier, solange es noch ordentlich heiß ist. Rezept meiner Mutter, hilft todsicher!«

Auch bei mir stellten sich beim Duft der Hühnerbrühe sofort Erinnerungen an Wintertage im Bett ein. Von draußen hörte man das Lachen und Rufen der Freunde ... davon war man ausgeschlossen, dafür aber absoluter Mittelpunkt der Sorge von und der Umsorgung durch die Mutter zu sein, entschädigte reichlich, für ein paar Tage wenigstens. Und die Hühnerbrühe von Frau Baumgärtner konnte es mit der meiner Mutter allemal aufnehmen.

»Da ist Koriander dran, oder?«

»Richtig. Und Ingwer. Und Kurkuma. Schön, dass Sie das trotz der Grippe schmecken.«

»Ich sage doch, die ist fast vorbei.« Zur Bestätigung schlürfte ich noch einmal kräftig und grinste zufrieden.

In der nächsten Sekunde war es um Julia Baumgärtner geschehen, Handschellen hätten sie nicht fester an mich binden können. Aber das war nicht meinem attraktiven Lächeln/blöden Grinsen geschuldet.

»Ist der niiiedlich!«

Klar. Julia Baumgärtner hatte Max entdeckt. Und absolut nichts kommt besser als ein Tierbaby. Dagegen kann kein die Welt umjettender Konzertpianist anstinken, kein Bruce Willis und kein Diamantcollier von Tiffany.

»Das ist Max. Es ist nicht Unhöflichkeit, dass er Sie nicht anschaut. Max ist erst ein paar Tage alt.«

Mit großen Kinderaugen betrachtete meine Nachbarin das Hundebaby und grinste nun mindestens ebenso blöde wie ich.

»Wie sind Sie zu so etwas Niedlichem gekommen?«

»Quasi beruflich.«

Ich gab Frau Baumgärtner eine deutlich gekürzte Version von meinem Nachteinsatz am Mittwoch. Für mich sprach nicht nur ein Hundebaby, was sicher schon gereicht hätte. Ich hatte auch noch ein unschuldiges Leben gerettet! Kaum zu toppen, aber mir fiel ein, wie ich noch einen draufsetzen konnte.

»Wenn Sie möchten, können Sie ihm das Fläschchen geben. Es ist wieder dran.«

Ich stand auf, um Frau Baumgärtner die Saugflasche und die angewärmte Spezialmilch zu holen. Sie grinste weiterhin, nun aber über mich – und auch ich musste lachen bei dem Bild, das ich hier abgab: ein Mann von (knapp!) über fünfzig in zerbeulten langen Unterhosen, verschwitztem T-Shirt und mit Schal um den Hals.
»Ich versuche mir gerade vorzustellen, wie Sie in Uniform aussehen.«
Ich reichte ihr das Fläschchen für Max.
»Und?«
»Ehrlich?«
»Ehrlich«
»Ich habe große Schwierigkeiten damit, aktuell wenigstens«, prustete sie hinter vorgehaltener Hand.
»Da habe ich aber Glück. Ich trage nämlich keine Uniform im Dienst.«
Ich ließ es bei diesem Ausschnitt der Wahrheit bewenden und beobachtete, wie die kleinen Rädchen in Frau Baumgärtners Hirn ineinandergriffen. »Ermittler«, »öffentlicher Dienst«, »keine Uniform«. Es ist sicher ganz nett, einen wackeren Polizeimeister im Haus zu wissen, der beruflich einen Familienstreit schlichten, einen Besoffenen aus der Eckkneipe schleifen oder einen Taschendieb in Gewahrsam nehmen kann, das schafft ein Gefühl von Sicherheit. Aber jemand von der Kriminalpolizei, das war mindestens zwei Nummern besser. Warum also sollte ich gerade jetzt, in diesem frühen Stadium unserer Bekanntschaft, meine Nachbarin mit traurigen Einzelheiten zu meinem Berufsleben enttäuschen?

7

Montag ist *Kicker*-Tag. Und zwar mit der althergebrachten, gedruckten Version der »führenden Fußballzeitschrift in Deutschland«. Daran haben auch *Kicker online* oder andere digitale Sportdienste als App auf dem Smartphone nichts geändert für Herbert, der neben mir die nationalen und internationalen Spielberichte von Samstag und Sonntag mit zunehmend schlechterer Laune studierte.

Mir schmerzte nach dem Wochenende auf der Couch trotz Julias Hühnerbrühe immer noch jedes Gelenk, aber das Schleifpapier war erheblich feinkörniger und der Specht im Kopf deutlich ruhiger geworden. Wenn auch mit triefender Nase und brennenden Augen, konnte ich immerhin meiner beruflichen Tätigkeit nachgehen. Eine Tätigkeit, die allerdings nicht ganz so staatstragend und gesellschaftlich wichtig war, wie sich das Nachbarin Julia, von mir unwidersprochen, vorstellte.

In der Statistik als Langzeitarbeitslose geführt, hatten Herbert und ich vor einigen Monaten endlich einen Ein-Euro-Job ergattert. So hatte uns das gemeinsame Schicksal zusammengeführt. Im Dienste des Bezirksamtes kontrollieren wir nun die Straßen Neuköllns auf illegal abgeladenen, im Amtsdeutsch »abgelegten« Müll. In absteigender Häufigkeit handelt es sich dabei um ausgediente Sessel und Sofas, FCKW-gesättigte Kühlschränke, Elektronikschrott, eingetrocknete Wand- oder Lackfarbe und alles andere, für dessen kostenfreie und umweltgerechte Entsorgung die Berliner Stadtreinigung BSR insgesamt fast zwanzig Recyclinghöfe betreibt, in Neukölln zum Beispiel in der Gradestraße 77. Als Ein-Euro-Jobber durften wir diesen Müll allerdings nicht entsorgen. Wir sollen ihn nur der BSR melden und, falls möglich, den Verursacher ermitteln. Den meldeten wir dann, eventuell, dem Ordnungsamt.

Herbert und ich sind also im Dienst für die Öffentlichkeit beschäftigt, aber »Grippe sind zwei Wochen« gilt nicht für uns. Lohnfortzahlung gibt es bei Ein-Euro-Jobs nicht. Weil es bei Ein-Euro Jobs gar keinen Lohn gibt! Der eine Euro pro Stunde, oder, in unserem Fall, immerhin ein Euro und achtzig Cent, die es auf die Hartz IV-»Grundsicherung« drauf gibt, sind nach § 16 d des Siebten Gesetzes zur Änderung des Dritten Buches Sozialgesetzbuch und anderer Gesetze vom 15. April 2008 kein Lohn oder Gehalt, sondern eine »Mehraufwandsentschädigung«. Und wenn der Ein-Euro-Jobber krank im Bett liegt, statt nach verbrecherischen Müllhaufen Ausschau zu halten, hat er laut Sozialgesetzbuch keinen Mehraufwand.

»Warum tust du dir das eigentlich immer wieder an? Wie kann man sich freiwillig jeden Wochenanfang vermiesen?«

Keine Antwort, es sei denn, man wertet missmutiges Gebrumme als Antwort. Ich schielte kurz hinüber. Herbert studierte jetzt die hinteren Seiten im *Kicker*, die mit den Spielberichten aus den Regional- und Kreisklassen, ergänzt von seitenlangen Tabellen mit den Ergebnissen aus allen Ligen. Das unterscheidet wohl den Fußballfachmann vom Freizeitfan.

»FC Löbbede? Wo ist denn das? Kommst du da her?«

»Achte lieber auf den Verkehr!«

Im Allgemeinen ist Herbert ein angenehmer und umgänglicher Kollege, aber heute war *Kicker*-Tag und langsam ging mir seine Missgelauntheit auf die Nerven. Da ich gelegentlich sehr kleinlich sein kann, war das eine Gelegenheit, beiläufig mein gestern gegoogeltes Wissen zu erwähnen.

»Übrigens, ich habe mich mal schlau gemacht. Laktose-Allergie bei Hunden ist ausgesprochen selten. Und Hundemutterersatzmilch kann man auch selbst anmischen, ist viel billiger als deine Spezialmilch.«

»Also, meine Retriever hatten fast alle eine.«

Wir fuhren gerade durch die Anzengruberstraße. Gökhan Öztürks Gemüsekisten und Obstkartons waren verschwunden. Herbert hatte seine Niederlage vom letzten Freitag offenbar noch nicht verwunden.

»Ob das wirklich Gökhans Neffe war?«

»Du meinst, der Typ, der dir entwischt ist? Wir können Gökhan ja mal fragen. Vielleicht verrät er uns heute sogar, wer ihn zusammengeschlagen hat. Und warum. Und weshalb er nicht die Polizei einschalten will.«

Daran erinnert zu werden, dass er den jungen Mann nicht hatte einholen können, verbesserte Herberts Laune nicht wirklich. Herbert ist drei Jahre älter als ich.

»Klar, Oskar Buscher will sich wieder einmischen. Aber ich sage dir: Das hier ist Neukölln. Da muss man auch mal weggucken. Für die eigene Gesundheit.«

»Weggucken? Du meinst, wie unsere Großeltern, als die Nachbarn abgeholt wurden?«

»Nun mach mal halblang, Oskar.«

Stimmt. Auch wenn ich gerade vor dem Haus Nummer 10 eine Parklücke gefunden hatte, wo fünf bronzefarbene Stolpersteine an die Verschleppung und Ermordung der Familie Jacobowitz einschließlich der siebenjährigen Tochter Eveline im November 1943 erinnerten, war mein Vergleich unpassend und beleidigend für Herbert. Trotzdem folgte er mir jetzt ohne groß zu maulen zum Obsthändler Öztürk um die Ecke.

Öztürks Laden befand sich im Erdgeschoss eines Wohnhauses aus der Gründerzeit, das seit seiner notdürftigen Instandsetzung nach dem Zweiten Weltkrieg mit den damals verfügbaren Materialien einschließlich des schon seinerzeit unfreundlichen grauen Reibeputzes keine Investition mehr erlebt hatte. Auch sonst sah hier alles wieder wie sonst aus. Obst und Gemüse vor der Tür waren ordentlich sortiert, im Laden selbst ebenso keine Zeichen von Vandalismus. Irgendwie sehen die Auslagen bei türkischen Händlern immer viel ansprechender und einladender aus als bei ihren verbliebenen deutschen Konkurrenten. Öztürk selbst allerdings sah eher schlechter aus als letzten Freitag, der Bluterguss um das Auge herum war, wie zu erwarten, erheblich größer geworden und schillerte in allen Regenbogenfarben. Richtig erfreut schien er über unseren Besuch nicht.

»Mein Neffe hat Müll doch weggeräumt!«

»Ja, hat er, das ist in Ordnung. Deshalb sind wir nicht hier«, versicherte ich. »Wir wollten nur wissen, ob dir inzwischen eingefallen ist, wer dich überfallen hat. War das die Konkurrenz?«

Gökhans Obst und Gemüse ist mehr der kleine Türkenladen nach historischem Vorbild, während seine Landsleute oder Kollegen aus dem Libanon dank ihrer ebenso zahlreichen wie unterbezahlten Familienmitglieder längst große Obst-Gemüse-Lebensmittel-Fleisch-Supermärkte betreiben, wie das Düzgün ein paar hundert Meter weiter auf der Sonnenallee oder den Bereket Market auf der Hermannstraße.

»Nein. Habe ich euch gesagt. Bin gestürzt, war Unfall.«

»Klar, du bist unglücklich gestolpert in deinem Lager hinter dem Laden. Und dabei hast du gleich noch die Auslagen auf der Straße mit umgerissen. Ziemliches Kunststück!«

Vielleicht war Herbert dankbar, dass er jemanden gefunden hatte, an dem er seine schlechte Laune auslassen konnte. Ich versuchte es noch einmal freundlich.

»Wir wollen dir doch nur helfen, Gökhan.« Der aber blieb dabei: gestolpert, Unfall, wir sollten die Sache bitte vergessen.

»Ich zahle auch Strafe für die Kartons.«

Das lehnte ich ab. Denn wir erfuhren jetzt die traurige Wahrheit, dass der Neffe nicht gerade erst aus Anatolien angereist war, sondern bis vor ein paar Wochen die Sekundarschule um die Ecke besucht hatte, und zwar »ziemlich regelmäßig«, wie sein Onkel betonte. »Aber er hat Schwierigkeiten mit Lesen, deshalb war noch Adresse auf Kartons.«

Wie konnten wir ein Ordnungsgeld kassieren im Auftrag einer Gesellschaft, die ihren Schulkindern nicht einmal vernünftig Lesen und Schreiben beibringt? Wir ließen es bei einer »nachdrücklichen Ermahnung« bewenden. Jedoch, betonten wir, das nächste Mal würde ihn die Sache etwas kosten.

Bevor wir uns wieder auf den Weg machten, drängte Herbert noch ein ständiges Problem von Mitarbeitern im Außendienst.

»Kann ich mal eben deine Toilette benutzen?«

»Geht nicht, Herbert. Ist kaputt. Kein Wasser.«

Quasi als Entschädigung schenkte Gökhan uns je eine knackige Birne. Das reichte als Zwischenmahlzeit. Was das Mittagessen betraf, würden wir uns zu gegebener Zeit nach den Müllsünden einer der zahlreichen Dönerbuden in Neukölln umschauen, immer ein sicherer Tipp. Also zogen wir ab, um anderswo nach einer Toilette, der passenden Dönerbude und natürlich nach illegalem Müll zu suchen.

»Und nicht vergessen. Wenigstens die Adressaufkleber entfernen!«

Hatte die geschenkte Birne Herberts Misstrauen geweckt? Ich war jedenfalls ziemlich erstaunt, als er im Wagen plötzlich meinte, er glaube die Sache mit der nicht funktionierenden Toilette nicht.

»Was meinst du, warum wollte Gökhan nicht, dass ich auf sein Klo gehe? Hat er da was versteckt? Was führt dein Lieblingstürke im Schilde?«

»Was soll er denn im Schilde führen? Glaubst du, er bastelt Bomben auf seinem Klo?«

»Vielleicht nicht er, vielleicht sein angeblicher Neffe, was weiß ich. Da stinkt doch was. Kein Überfall, keine Polizei, er will sogar freiwillig ein Ordnungsgeld an uns abdrücken. Wahrscheinlich, weil er annimmt, dass wir uns das sowieso selbst in die Tasche stecken.«

Ich machte mir meine eigenen Gedanken zu Öztürks Wasserproblem und antwortete nicht. Herbert legte nach.

»Erklär du mir mal, wie man so einen Laden ohne Wasser betreiben soll!«

Genau das, ging mir durch den Kopf, könnte hinter der Sache tatsächlich stecken – dass man so einen Laden eben nicht ohne Wasser betreiben kann.

»Wohin jetzt?«, fragte ich Herbert, zurück in unserem Dienst-Lupo. Doch der hob anstelle einer Antwort nur die Schultern. Also schlug ich möglichst beiläufig vor:
»Wenn es dir egal ist, fahren wir kurz zum Einwohnermeldeamt.«
»Mm? Einwohnermeldeamt? Ist dein Sohn verschwunden?«
»Nee. So viel Glück werde ich wohl nie haben.«
Herbert ist nicht furchtbar neugierig, sodass ich nicht erklären musste, was ich im Einwohnermeldeamt zu suchen hatte. Beziehungsweise nach wem. Noch etwas, das ich ihm vorerst nicht auf die Nase binden wollte. Kein Problem, denn mein Partner war schon wieder in den *Kicker* versunken und markierte Resultate auf den hinteren Seiten.

8

»Mal kurz zum Einwohnermeldeamt« war natürlich nur so dahin gesagt, aber zu meinem Erstaunen brauchte ich dort tatsächlich nicht lange zu warten. Die Zeitungen meldeten in fetten Überschriften »Schon wieder Streik im öffentlichen Dienst«. Viele Berliner hatten jedoch übersehen, dass heute nur die Kindergärtnerinnen und das öffentliche Kantinenpersonal mit ihren Trillerpfeifen und roten Plastikwesten unterwegs waren. Deshalb gab es beim Einwohnermeldeamt in der Sonnenallee keine hohe Wartenummer und auch die gewünschte Auskunft zu bekommen stellte sich, wenigstens nach Zahlung von acht Euro plus Mehrwertsteuer, als unkompliziert heraus.
Selbstverständlich hatte ich mich vorinformiert. Man kann die Adresse bestimmter Leute auch über Firmen im Internet erfahren, die für ihre Dienste unter Namen wie

einwohnermeldeamt24.de oder supercheck.de werben. Supercheck.de bietet sogar zusätzlich eine »Vor-Ort-Ermittlung« an. Aber die »einfache Melderegisterauskunft« vom Einwohnermeldeamt ist die billigste Lösung und die »Vor-Ort-Ermittlung« würde ich persönlich vornehmen. Da ich trotz der erwähnten Mehraufwandsentschädigung nicht wirklich im Geld schwimme, hatte ich sogar überlegt, ob ich die Feststellung der Adresse nicht kostenneutral über meinen Arbeitgeber, das Ordnungsamt, abwickeln könnte. Zum Beispiel zwecks Ermittlung eines Müllübeltäters. Nur müsste ich dazu irgendeinen Dienstweg einhalten. Den kannte ich nicht und hatte kein Interesse daran, mit Fragen dazu meine Recherche bei meinem Arbeitgeber bekannt zu machen.

Es war also unerwartet flott gegangen auf dem Amt. Trotzdem klopfte mein Partner ungeduldig auf seine Armbanduhr, als ich wieder zu ihm stieß.

»Na endlich, Oskar. Wir müssen los!«

Herbert ist nicht der Typ, der zu unangemessener Hektik neigt. Wir haben in unserem Dienst-Lupo auch kein Funkgerät und bekommen demnach keine plötzlichen Aufträge in der Art »akutes Müllvergehen am Hermannplatz. Fahrt mit Sonderrechten, Täter stellen und bis zum Eintreffen der Polizei festhalten!« Verständnislos schaute ich meinen Partner an.

»Du hast wieder einmal keine Ahnung, worum es geht, was?«

Stimmt, hatte ich nicht. Sollte ich aber haben, Herberts vorwurfsvollem Tonfall nach zu urteilen.

»Wir sind jetzt über vier Stunden unterwegs!«

Und? Hatte ich irgendeine neue Dienstanweisung nicht gelesen? Gab es in der Zentrale mal wieder einen Geburtstag mit Kaffee und Kuchen für alle?

»Vier Stunden, Oskar. Ich hab's dir erklärt. Alle vier Stunden braucht dein Hund seine Milch.«

Herberts Tonfall hatte sich von vorwurfsvoll zu echt verärgert hochgearbeitet.

»Mach halblang, Herbert.« Nun war auch ich verärgert, denn vollkommen zu unrecht wurde mir Vernachlässigung von Max vorgeworfen. »Max wird versorgt. Und zwar pünktlich.«

»Ach ja? Von wem denn?«

»Von Frau Baumgärtner. Meiner Nachbarin«

»Und der kannst du trauen?«

Gute Frage. Konnte ich das? Ich hoffte es jedenfalls, und nicht nur in Bezug auf die Ersatzmuttermilch für den kleinen Max. Aber warum hatte sie mir gestern eine andere Adresse ihres Bruders gegeben als eben das Einwohnermeldeamt?

Nun hatte ich also zwei Adressen für Julia Baumgärtners Bruder. Und keine Ahnung, ob wenigstens eine davon stimmte. Oder weshalb überhaupt ich den Burschen für sie finden sollte.

9

Ich schuldete ihr was. Immerhin war es zu einem großen Teil Nachbarin Julia zu verdanken, dass ich mir an diesem Montag weiter meine Mehraufwandsentschädigung verdienen konnte. Julia hatte sich das ganze Wochenende um uns gekümmert. Ich bekam alle vier Stunden meine frische Hühnerbrühe und/oder eine heiße Zitrone, Max die Hundemutterersatzmilch und seine Verdauungsmassage.

»Sie würden eine gute Krankenschwester abgeben. Oder sind Sie sogar Krankenschwester?«

»Bin ich nicht. Tatsächlich war Krankenschwester wahrscheinlich so ziemlich der einzige Berufswunsch, den ich nie hatte. Na ja – Tierpsychologin oder Superstar stand auch nie wirklich auf der Liste.«

Julia erzählte, was sie alles einmal als ultimatives Lebensziel verkündet hatte: berühmte Strafverteidigerin, Oscar-Preisträgerin, Biologin, Bundeskanzlerin, Astronautin. »Und noch einiges mehr. Immer mit voller Überzeugung. Schließlich habe ich mich entschlossen, eine begnadete Malerin zu werden.«

»Und das sind Sie jetzt?«

»Nein. Es hat nicht gereicht. Ich habe mit großer Begeisterung angefangen mit der Malerei, an der Akademie für Bildende Künste in München. Aber mit jedem Semester wurde ich unzufriedener. Ich kann ganz gut malen, nur das Begnadete wollte irgendwie nicht über mich kommen.«

»Glaube ich nicht.«

»Glauben Sie es ruhig. Es stimmt.«

Sicher wäre ich bald einmal bei meiner Nachbarin in der Wohnung. Und wahrscheinlich hingen da auch ein paar ihrer eigenen Werke. Ich machte mir eine mentale Notiz, dann ausreichend begeistert zu sein. Was mir in meiner diesbezüglichen Naivität nicht schwerfallen sollte, kann ich doch gerade mal einen Rubens von einem Picasso unterscheiden.

»Waren die anderen Studenten auf der Kunstakademie denn so begnadet?«

»Die glaubten es jedenfalls, schienen fest davon überzeugt. Wahrscheinlich habe ich mich von ihrem hochgestochenen Gerede einschüchtern lassen. Mensch, dachte ich, was die alle für tiefe Gedanken und Theorien zu ihren Sachen haben.«

»Und die sind jetzt alle große Künstler?«

»Keiner, von dem ich gehört hätte. Die meisten fahren Taxi und belabern wahrscheinlich die armen Kunden mit ihren hehren Ideen und damit, was für tolle Künstler sie eigentlich sind und dass sie sicher auch noch die angesagten Galerien erobern würden. Ein paar Glückliche sind an irgendeiner Schule als Kunsterzieher untergekommen. Heute weiß ich, dass das meiste an ihren tiefschürfenden Gedanken und komplexen Theorien leeres Kneipengeschwätz war.«

»Aber Sie fahren nicht Taxi, oder?«

Julia Baumgärtner wohnte erst seit ein paar Wochen hier, doch ein paarmal hatte ich sie schon in diesem typischen Großstadt-Businesslook gesehen, der mir eher nach gestyltem Büro mit echten Barcelona- oder Le-Corbusier-Ledersesseln als nach stinkendem Mercedes-Diesel in Endloswarteschlange vor dem Flughafen aussah.

»Wenn, dann als Fahrgast. Ich habe nach ein paar Semestern zu Kunstgeschichte gewechselt. Das hat mir den Job bei Keiser eingebracht.«

»Bei Kaiser's? An der Kasse? Mit Kunstgeschichte?«

Kaiser's ist eine Lebensmittelkette in Berlin und Umgebung wie anderenorts Tengelmann oder Migros.

»Nee, Keiser mit ei und ohne s am Ende, das Auktionshaus in der Bleibtreustraße.« Kannte ich als Ex-Westberliner vom Vorbeigehen in besseren Zeiten. Eleganter Laden in einer dieser Hochpreis-Seitenstraßen vom Kurfürstendamm, die sich inzwischen wieder zunehmend erfolgreich gegen die neue Mitte und Prenzlauer Berg behaupteten. »Da kümmere ich mich um die Gemälde. Schätze deren Wert, bereite den Auktionskatalog und die Auktion vor, wie jetzt gerade die Weihnachtsauktion. Und ich prüfe, ob die uns angebotenen Werke wirklich echt sind.«

»Das kommt häufig vor? Ich meine, dass man Ihnen Fälschungen unterschieben will?«

»Manchmal schon. In der Regel aber nicht in böser Absicht. Viele Familien denken halt, dass bei Oma ein echter Kirchner hängt oder ein echter Lohse-Wächter oder Felixmüller. Und ich muss die Erben dann enttäuschen, weil Opa der Oma damals zur Hochzeit bloß eine Kopie geschenkt hat. Hin und wieder wird natürlich schon neu produziert für den Markt, je nachdem, was gerade gut läuft. Einige meiner ehemaligen Kommilitonen in München haben sich damit gelegentlich etwas dazu verdient.«

»Mit Fälschungen?«

»Ist keine große Sache, solange alle zufrieden sind. Ein Mensch mehr, der sich über ein angebliches Original freuen kann, oder ein Bankvorstand, der im Konferenzraum damit protzt. Meine Kommilitonen allerdings waren nicht furchtbar erfolgreich mit ihren Fälschungen. Ich wenigstens habe sie immer erkannt.«

»So schlecht waren die jungen Meister?«

»Die haben nicht unbedingt schlechte Bilder gemalt. Aber als Fälscher waren sie nicht gut. Ich glaube, ein erfolgreicher Fälscher sollte mehr guter Handwerker sein als Künstler. Das scheint eher hinderlich. Denken Sie an Leute wie Kujau. Der war kein großer Künstler, kaum jemand wollte seine eigenen Werke haben. Aber er war ein großartiger Fälscher. Oder die Beltracchis in Köln. Die sind ja nicht über ihre neu geschaffenen Ernsts oder Pechsteins gestolpert, sondern über den schlecht gefälschten Aufkleber eines Wiener Galeristen.«

Ich bin von Hause aus Ingenieur, Fachgebiet Mess- und Regeltechnik. Ich betrachte eine schöne Maschine als Kunst; Kunst in Form von Gemälden oder Plastiken hat mich nie besonders interessiert. Trotzdem freute es mich, dass meine Nachbarin in einer Welt so ganz verschieden von meiner lebte, meiner ehemaligen und meiner jetzigen allemal. Wegen ihres Businesslooks hatte ich gefürchtet, sie arbeite bei einer Bank, einer Versicherungsagentur oder etwas ähnlich Langweiligem.

»Also haben Sie Malerei in München studiert und sind zur Kunstgeschichte dann nach Berlin gekommen?«

»Nein. Kunstgeschichte habe ich auch noch in München studiert. Aber dann wollte ich endlich weg von dort.«

Ein angedeutetes Zittern bei dem letzten Satz vielleicht, kaum hörbar, wie ein leiser Seufzer als Oberschwingung: eine Andeutung zumindest, dass mehr als eine Übersättigung an Weißwurst diesen Abschied von München begründet hatte.

»Und warum Berlin?«

»Berlin ist hip. Total angesagt.«

Ja, davon lese ich immer wieder. Irgendwie bekomme ich als Berliner davon nichts mit. Vielleicht, weil ich mich nicht morgens um vier Uhr in irgendwelchen angesagten Clubs herumtreibe.

»Außerdem die Kunstszene – absolut international. Zum Teil liegt das an den günstigen Mieten. Hier können Leute sich ein Atelier leisten zu einem Preis, für den sie in New York kaum eine Abstellkammer bekommen würden.«

Meine Miete zahlt das Arbeitsamt. Das gab es in New York wahrscheinlich auch nicht. Aber Julia erklärte ihren Wechsel nach Berlin etwas zu ausführlich. Außerdem war da immer noch diese Oberschwingung in dem, was sie sagte. Ingenieure müssen ein feines Gehör haben für Oberschwingungen. Treten die bei einer laufenden Maschine auf, ist in der Regel irgendetwas nicht in Ordnung. Nach meiner Erfahrung gilt das auch für Menschen.

»Und – war das der einzige Grunde für Sie, nach Berlin zu kommen?«

Julia sah mich lächelnd an.

»Jetzt hört man, dass Sie Kriminalpolizist sind. Sie können auch nicht raus aus Ihrer Haut, was? Weder am Wochenende noch bei einer Grippe!«

Richtig. Für Julia bin ich ja kein Langzeitarbeitsloser mit Ein-Euro-Job und ausgemusterter Ingenieur für Mess- und Regeltechnik.

»Entschuldigung. Ich will Sie nicht verhören. Aber die Lebenserfahrung lehrt: Meistens steckt ein Kerl dahinter.«

»Sie haben recht, es steckt ein Kerl dahinter.«

Ich hoffte, meine Enttäuschung war mir nicht ins Gesicht geschrieben. Ebenso wenig wie meine Erleichterung, als Julia fortfuhr: »Es ging um meinen Bruder. Geht es immer noch.«

»Ihr Bruder?«

»Ja, mein kleiner Bruder. Julius. Julius und Julia, das fanden unsere Eltern lustig.«

»Und Bruder Julius ist auch in Berlin?«

»Wahrscheinlich. Sollte er. Ich weiß es nicht. Das ist das Problem.«

»Warum ist das ein Problem für Sie?«

»Weil Julius schon immer ein Problem war. Ein richtiges Problemkind. Natürlich Muttis Liebling. Und meine Verantwortung. ›Julia, du als ältere Schwester hättest doch nun wirklich …‹ Jedenfalls, ja, Julius war ein wichtiger Grund, der für Berlin sprach. Aber nun ist er verschwunden. Weg. Nicht erreichbar. Nicht in seiner Wohnung, nicht über E-Mail, nicht über Handy. Das macht mir Sorgen. Er ist so ein Kind, trotz seiner dreiundzwanzig Jahre.«

Langsam schwante mir, worauf dieses Geständnis herauslief: auf Oskar, den Mann von der Kripo. Mir wurde unwohl. Es war klar, was jetzt kommen würde, und ebenso, dass ich mich da kaum herausreden könnte. Aber ich könnte es immerhin versuchen. Macht die richtige Polizei ja auch, wenn sich aufgeregte Eltern melden, weil Sohnemann oder Töchterchen nicht wie versprochen um Mitternacht zurück aus dem Club ist.

»Ist es denn das erste Mal, dass Ihr Bruder vorübergehend verschwunden ist?«

»Na ja, nicht wirklich.«

»Also ist er irgendwann immer wieder aufgetaucht?«

»Ja, er stand dann plötzlich vor der Tür oder hat wenigstens angerufen oder so. Spätestens nach ein paar Tagen.«

»Und wie lange hat er sich jetzt nicht gemeldet und ist für Sie nicht erreichbar?«

Falsche Frage, um mich aus der Sache herauszureden. Natürlich würde die Antwort deutlich über »ein paar Tagen« liegen.

»Morgen sind es zwei Wochen. So lange war das noch nie. Ich mache mir richtig große Sorgen.«

Das war ihr anzusehen. Kurz kam mir der Gedanke, ob ihr Bruder vielleicht längst tot war, irgendwo verscharrt oder in einem Müllcontainer vor sich hin rottete. Denkt so ein Kriminalpolizist? Keine Ahnung. Bei mir hing diese Vorstellung mit Max und seinen toten Geschwistern zusammen. Aber ich musste jetzt denken wie ein Kriminalpolizist, oder vielmehr wie ich dachte, dass ein Kriminalpolizist denkt.

»Gibt es denn Gründe für sein Untertauchen? Dafür, dass er mit Ihnen nicht in Kontakt treten will?«

Julia nestelte an ihrem Pulli.

»Na ja, er hat sich Geld von mir geborgt. Aber das kann eigentlich nicht der Grund sei, denn das hat er schon häufig gemacht.«

»Und immer zurückgezahlt?«

»Früher oder später. Gut, häufig eher später. Aber irgendwie ist er immer wieder zu Geld gekommen. Außerdem kann ich mir nicht vorstellen, dass er sich deswegen nicht meldet.«

»Von wie viel Geld sprechen wir hier?«

Ich fand, das hörte sich schon ziemlich nach Kripo an.

»Nicht so viel. Knapp tausend Euro.«

Nicht so viel? Ich müsste weit zurückgehen zu dem Tag, an dem ich das letzte Mal tausend Euro in der Hand gehalten hatte. Weiter, als ich mich aktuell erinnern konnte. Und »nicht so viel« fand ich tausend Euro noch nie. Fast hätte ich gesagt, dass Leute schon für weniger als tausend Euro umgebracht worden sind.

Wir schwiegen beide. Aber es war klar, dass der Kelch kaum an mir vorübergehen würde. Tat er auch nicht.

»Meinen Sie, Sie könnten sich ein wenig umhören? Ihnen stehen doch ganz andere Möglichkeiten zur Verfügung.«

Richtig. Im Film geht das heute relativ problemlos: Kreditkartenzahlungen über den gesamten Globus verfolgen, Handys per Satellit orten, mit automatischer Personenerkennung anhand der biometrischen Daten die Aufnahmen der Überwachungskameras von allen Bahn-, Schiffs- und Flughäfen auswerten.

»Überschätzen Sie meine Möglichkeiten nicht. Oder unsere Personalsituation.« Das war natürlich nicht wirklich ehrlich, auch wenn beide Bemerkungen der Wahrheit entsprachen. »Das meiste ist immer noch gute alte Ermittlungsarbeit.« Auch das entsprach der Wahrheit.

»Aber Sie werden mir helfen?«

Julia schenkte mir einen Blick, den sie sicher schon häufiger erfolgreich an Männern ausprobiert hatte. Ein wenig ärgerte mich das. Aber ich entschuldigte sie gleich, denn vielleicht ärgerte mich ja nur, dass allgemein bekannt ist, wie leicht wir Männer zu manipulieren sind. Außerdem tat sie es für ihren Bruder. Dachte ich jedenfalls.

»Ich will es versuchen. Aber Sie müssen mir schon ein bisschen mehr über diesen Julius erzählen. Was er so macht, ob sie Freunde von ihm kennen, solche Dinge eben. Eine regelmäßige Arbeit hat er ja wohl nicht, dann hätten Sie ihn dort längst gefunden?«

»Julius und regelmäßige Arbeit? Nee, das hat noch nie zusammengepasst. Offiziell ist er Student. Aber nichts Konsequentes. Bald dürfte es kaum noch ein Studienfach geben, das er nicht schon einmal angefangen hat.«

»Aber irgendwie muss er doch gelegentlich zu Geld kommen, wenn er, wenigstens ab und zu, seine Schulden bei Ihnen zurückgezahlt hat.«

Julia nickte.

»Ja. Aber außer den gelegentlichen Hilfsarbeiten, die ich ihm bei Keiser vermittle, hat er nie wirklich gearbeitet, etwa Möbelschleppen oder eine Wohnung malern über die Heinzelmännchen. Das ist nichts für meinen Bruder. Wenn er überhaupt etwas erklärt, sagt er gewöhnlich, er habe ein gutes Geschäft gemacht.«

Ha, da konnte der Kriminalpolizist doch wieder einhaken.

»Ein gutes Geschäft? Was sind das für Geschäfte?«

»Gute Frage. Ich habe keine Ahnung. Manchmal, denke ich, war das auch pure Aufschneiderei und er hatte wieder einmal unsere Mutter angeschnorrt. Wie gesagt, er war immer Muttis Liebling.«

Bruder Julius kam mir immer bekannter vor. Ominöse Studiengänge, ominöse Geschäfte, die Eltern finanziell melken. Er hörte sich nach einem Zwilling meines Sohnes Thomas an. Der brachte es sogar fertig, seinen Ein-Euro-Job-Vater um Geld anzugehen.

»Aber bei Ihren Eltern hat er sich auch nicht gemeldet? Wenigstens wegen einer kleinen Finanzspritze?«

»Soweit ich weiß nicht. Ich habe meine Mutter neulich gefragt, am Telefon. Aber nur so nebenbei. Ich will sie nicht unnötig beunruhigen.«

»Klar. Und Freunde?«

»Sicher hat mein Bruder Freunde, aber die sind viel jünger als ich, sein Alter eben. Zwei habe ich mal kurz kennengelernt, in einer Kneipe. Er hat sie mir bestimmt auch vorgestellt, aber nur mit Vornamen, und die habe ich längst vergessen. Näher kenne ich jedenfalls keinen Freund von ihm.«

Viel war das nicht, was mir Julia da zu Julius berichtete. Wusste sie tatsächlich nicht mehr? Da ich selbst ein verzogenes Einzelkind bin, weiß ich nicht, wie gut man sich in der Regel mit dem Leben seiner Geschwister auskennt. Ich entschied mich für einen kleinen Versuchsballon.

»Wir könnten Ihren Bruder zur Fahndung ausschreiben.«

»Um Gottes willen, nein!« Julia reagierte ziemlich erregt. Ich aber hatte ihr diesen manipulativen Rehaugenaufschlag noch nicht ganz vergeben und legte ein wenig nach.

»Glauben Sie mir, das ist die schnellste Lösung. Wir würden ihn ja nicht jagen wie einen Schwerverbrecher. Wichtiger Zeuge in wichtigem Verfahren, würde ich behaupten.«

Julia tigerte jetzt auf und ab, wozu sie in meinem Wohn-Schlaf-Arbeitszimmer nicht viel Platz fand, und bereute wahrscheinlich, mir überhaupt von ihrem Bruder erzählt zu haben. Ich hingegen bereute meinen bösen kleinen Versuchsballon mit der Fahndung, denn natürlich wollte ich den Kontakt zu dieser jungen, interessanten und rundherum ansprechenden Frau nicht verlieren. Es war an der Zeit, zurückzurudern.

»Gut, Julia, keine Aufregung. Vermutlich würde ich eine Fahndung sowieso nicht durchbekommen. Ich höre mich einfach um und sehe, was ich tun kann. In Ordnung?«

Immerhin war ich mit Hilfe dieser kleinen Krise von »Frau Baumgärtner« zu »Julia« übergegangen, und Julia schien sich zu beruhigen. Gemeinsam kümmerten wir uns noch um die inzwischen fällige Mahlzeit und Verdauungsmassage für Max, dann verabschiedete sich meine Nachbarin. Ich war ganz zufrieden mit mir, denn eigentlich war das doch eine geniale Lösung: Ich hatte ihr mit dem Fahndungsvorschlag meine angeblichen Möglichkeiten demonstriert, sie hatte erwartungsgemäß abgelehnt. Damit war ich in der Sache nicht zum Erfolg verpflichtet, konnte aber trotzdem weiter Kontakt zu ihr halten. Und wer weiß, unter Umständen stolperte ich wirklich irgendwo über ihr Brüderchen. Spätestens dann wäre Julia mir zu ewigem Dank verpflichtet, und trotz meiner Grippe hatte ich Vorstellungen, wie sie mir ihre Dankbarkeit beweisen könnte.

Sonntagabend kam Julia noch einmal hoch und gab mir ein Foto ihres Bruders. Er war doch nicht der Zwillingsbruder meines Sohnes, denn Julius sah, auf dem Foto wenigstens, eigentlich ganz sympathisch aus. Kein Zickenbart, kein Ring in Ohr oder Nase, kein Tattoo – also deutlich weniger verunstaltet, als man heute billigerweise verlangen kann.

Ich stellte Julia noch ein paar professionelle Fragen zu Brüderchen – welche Kneipe es gewesen war, in der sie ihn und seine Freunde getroffen hatte, an welcher Uni er angeblich studierte, letzte bekannte Adresse, solche Sachen. Und versicherte erneut, diskret vorzugehen.

Spätestens als ich die Sache mit der Fahndung gebracht hatte, wäre ein guter Moment gewesen, die Karten auf den Tisch zu legen: Moment, das war nur ein Scherz, und alles andere ein Missverständnis. Ich bin nicht wirklich bei der Kriminalpolizei, habe ich auch nie behauptet, da haben Sie mich falsch verstanden, ich bin nur ein Mann mit einer schlimmen Grippe und einem Ein-Euro-Job als Müllhaufensucher. Hatte ich aber nicht. Ebenso wenig wie ich hinterfragt hatte, warum ich unbedingt diesen Bruder Julius finden sollte, warum seine Schwester das nicht selbst tat und was sie mir zu ihrem Brüderchen verschwieg.

10

Weserstraße 218, 12047 Berlin-Neukölln: die Adresse von Julius Baumgärtner, mit der das Einwohnermeldeamt nach Zahlung von neun Euro zweiundfünfzig inklusive Mehrwertsteuer herausgerückt war. Ein Gründerzeitbau, der im Gegensatz zu Öztürks Haus in der Sonnenallee von der Sanierungswelle in den neunziger Jahren erfasst worden war und davon wenigstens äußerlich profitiert hatte. Der nach dem Krieg abgeschlagene Stuck war ergänzt worden, neuer Putz, neue Fenster. Inzwischen selbstverständlich bis zum ersten Stock mit Graffiti aller Art verziert.

Ich hätte meine Suche nach Brüderchen ebenso gut an der Adresse beginnen können, die Julia mir gegeben hatte, Stollberger Straße 74 in Hellersdorf. Für den ersten Versuch hatte ich mich für das Einwohnermeldeamt entschieden, vermutlich weil ich als Deutscher wohl amtlichen Aussagen mehr traue als privaten Mitteilungen. Außerdem hatte mich die Ermittlung dieser Adresse hier etwas gekostet, und letztlich lag sie, anders als das ferne Hellersdorf, in Herberts und meinem Zuständigkeitsbereich.

Die Weserstraße verläuft parallel zur geschäftigen Sonnenallee, ist aber, bis auf ihr südliches Ende, eine Wohnstraße. Natürlich gab es trotzdem jede Menge kleine Läden und Kneipen. Direkt gegenüber der Nummer 218 warb das Café Krumpelbumpel mit »Frühstück von 10 bis 17 Uhr« um eine Klientel, die Wert auf eine selbstbestimmte Tageseinteilung legt. Etwas weiter rechts wandte sich der Mardin-Grill mit Döner und Co. an die Bevölkerungsmehrheit der Nachbarschaft und schien recht gut besucht. Durch die Scheibe erkannte ich ausschließlich Männer. Einige lasen in ausländischen Zeitungen, an zwei Tischen wurde Tavla gespielt. Außer für Döner und Co. wurde für »Sportwetten aller Art« geworben. Herbert hatte sich noch nicht zwischen vegetarischem Frühstück im Krumpelbumpel versus Döner im Mardin-Grill entschieden, als ich mich in der Nummer 218 auf die Suche nach Julius Baumgärtner machte.

Selbstverständlich hatten die Graffiti-Künstler auch das Treppenhaus mit ihren Werken verschönert, daneben mit Mitteilungen wie »Kampf dem Schweinesystem« und »Abschiebung ist staatlicher Mord«. Die unvermeidlichen Kinderwagen gleich hinter der Haustür warteten darauf, von einem gelangweilten Schulschwänzer angezündet zu werden, das ebenso unvermeidliche Fahrrad war ebenso vorhersagbar seiner Räder beraubt. Ich studierte die Hausbriefkästen gleich rechts neben dem Eingang, ein Drittel von ihnen war aufgebrochen. Sogar hier wurde das Recht auf eigenbestimmten Informationszugang hoch gehalten: »Keine Werbung!«, »Keine kostenlosen Zeitungen einwerfen!« Auf den meisten Briefkästen standen zwei oder drei Namen, auf richtigen Schildchen, auf Klebeband oder einfach mit Filzstift auf das Blech geschrieben: dreimal Özturk, daneben Hasir, Aydin, Kamil und so weiter. Immerhin gab es noch einen Harald Schmidt, und ein M. Czibulsky erinnerte an eine frühere Einwanderungswelle nach Berlin. Den Namen Julius Baumgärtner fand ich an den Hausbriefkästen nicht. Aber das wollte nichts heißen, an einigen stand überhaupt keiner. Zumal an den aufgebrochenen.

Ein rostiger Einkaufswagen komplettierte das Material-Stillleben aus Kinderwagen und Fahrradtorso. Er diente als eine Art Sammelbriefkasten für unzustellbare Postsendungen und Ablage für jede Menge Werbung. Nach einigem Stöbern fand ich hier tatsächlich Post für Julius Baumgärtner: Das Super-Sonderangebot, zwei maßgeschneiderte Oberhemden zum Preis von einem, war inzwischen abgelaufen und wanderte zurück in den Wagen. Ebenso die unschlagbaren Angebote von Call-a-Pizza, dem Autoreifenschnelldienst Kasupke und der Gutschein für eine Stunde Probeliegen, garantiert ohne UVB-Stahlung, im Sonnenstudio Erika. Am Ende aber doch ein Lottogewinn, kein Sechser mit Zusatzzahl, aber immerhin: In höflichen Worten bat der Polizeipräsident von

Berlin, Abteilung Verkehrsüberwachung, Herrn Baumgärtner um fünfzig Euro in Sachen »verbotswidrig geparkter Pkw« mit dem Kennzeichen B-PC 178 oder Stellungnahme, »gegebenenfalls extra Seite beilegen«. Das Schreiben war erst zwei Wochen alt, noch hatte der Halter des Fahrzeugs weitere zwei Wochen Zeit für die Überweisung von fünfzig Euro oder eine gute Ausrede. Und ich hatte für meine Suche neben zwei Adressen nun auch noch ein Nummernschild, nach dem ich Ausschau halten konnte. Vielleicht war ich ja wirklich ganz geeignet für diese Art von Arbeit und sollte das gelegentlich mit meinem Case Manager beim Arbeitsamt besprechen.

Eigentlich hatte ich geplant, systematisch vorzugehen, quasi mit verbundenen Augen bis hoch in den vierten Stock, von dort dann abwärts die Türschilder studieren. Aber das sprach komplett gegen die natürliche menschliche Neugierde und war zudem auch Blödsinn. Drei Stockwerke umsonst hochgetrampelt zum Beispiel, falls Herr Baumgärtner sich in der ersten Etage vor seiner Schwester versteckt hielt. Letztlich stellte sich die Art des Vorgehens ohnehin als unwichtig heraus, weder von unten nach oben noch von oben nach unten gesucht gab es ein Türschild »Baumgärtner«. Aber man muss ja auch nicht jedem sein Versteck auf die Nase binden. So sich Julius Baumgärtner denn tatsächlich hier versteckte.

Zuerst versuchte ich es bei Harald Schmidt, aber dort schien niemand zu Hause. Ebenso erfolgloses Klingeln bei M. Czibulsky. Deutliche Aktivität herrschte zwar hinter der Tür von Özturk eins, ich sah, wie man mich durch den Spion musterte, aber geöffnet wurde nicht. Etwas mehr Glück hatte ich bei Aydin und Özturk zwei, hier wurden die Türen immerhin einen Spalt breit geöffnet. »Mannichda«, sagte das erste Kopftuch und schlug mir die Tür gleich wieder vor der Nase zu, »Mannichda« hieß es auch bei Özturk zwei. Was heißt wohl »Mannichda«? Türkisch für »Verpiss dich«? Oder ein moslemischer Feiertag, an dem man nicht an fremden Türen klingelt? Irgendetwas wie Ramadan, Türöffnen erst wieder nach Sonnenuntergang? Letzter Versuch im Parterre, da wurde gar nicht erst geöffnet. Aber endlich konnte ich »Mannichda« übersetzen oder glaubte es zumindest: »Mann nicht da«, oder, auf Hochdeutsch: »Entschuldigen Sie bitte, aber mein Mann ist zurzeit nicht zu Hause. Sitte und Tradition verbieten es mir, mit einem fremden Mann zu sprechen.« Ich gab auf. Obgleich laut Statistik unter Personen mit Migrationshintergrund die Arbeitslosigkeit doppelt so hoch ist wie unter unserer Urbevölkerung, schien dieses Haus nicht davon betroffen zu sein. Oder die Männer, die nicht zu Hause waren, saßen gegenüber im Mardin-Grill vor Türk-TV und spielten Tavla.

Mein erster Ermittlungseinsatz in Sachen verschwundener Bruder war also ein Misserfolg. Bisher wenigstens. Aber Polizeiarbeit ist Fußarbeit, das war mir klar, und über die Straße zum Krumpelbumpel kein unzumutbar weiter Fußweg. Mein Handy zeigte halb elf, bei »Frühstück von 10 bis 17 Uhr« sollte also geöffnet sein. Tatsächlich hatte ich Herbert gebeten, im Krumpelbumpel eventuell schon einmal vorzufühlen in Sachen Baumgärtner, während ich in Nr. 218 die Klinken putzte.

»Ist diese Nachbarin nicht ein wenig zu jung für dich?«, hatte Herbert gefragt. Mein »Ich finde, man ist nie zu alt, um jemandem einen Gefallen zu tun« hatte nur ein maliziöses Lächeln geerntet.

Jedenfalls war ich erstaunt, Partner Herbert jetzt nicht im Krumpelbumpel anzutreffen. Außer einer Frau Mitte zwanzig mit Ring in der Nase und rot-grün gefärbten Haaren, die hinter dem Tresen ziemlich lustlos Gläser spülte, traf ich hier tatsächlich niemanden an. Ich setzte mich auf einen der Barhocker an die Theke. Meine Reisetasche mit der Geheimwaffe zur Erzwingung von Aussagen, die ich schon den ganzen Morgen mit mir herumtrug, stellte ich auf den Hocker neben mir.

»Nicht viel los heute, wie?«

»Ist noch ziemlich früh. Was soll's sein?«

Ich hatte die kreidebeschriebene Tafel an der Wand bereits studiert. Immerhin war das »kleine Frühstück mit Ei, Brötchen und Marmelade« mit drei Euro fünfzig ziemlich preiswert, stellte aber nichtsdestoweniger eine Extravaganz dar, die mein Monatsbudget deutlich überstieg.

Das übrige Angebot reizte meinen knurrenden Magen wenig, weder die Tofu-Buletten noch das hausgemachte bioenergetische Müsli. Eine Tasse Kaffee (aus ökologischem Anbau und fair gehandelt!) für einen Euro dreißig musste genügen.

Eine witzige Bemerkung ist ein guter Weg, um ins Gespräch zu kommen. Meine Frage »Aber Koffein ist drin, oder?« fand die junge Frau hinter der Theke allerdings nicht lustig. Schlechter Start. Deshalb hätte ich nun am liebsten meiner Kaffeebestellung weltmännisch »Und für Sie, wonach Ihnen gerade ist« hinzugefügt, doch, wie gesagt, mein Monatsbudget. Also fiel ich mit der Tür ins Haus und zeigte Rotgrünhaar, als sie mir den immerhin frisch aus der Kaffeemaschine gezapften Kaffee über den Tresen schob, das Foto von Julius Baumgärtner.

»Kennen Sie den? Schon mal hier gesehen?«

Rotgrünhaar sah sich das Foto kaum an.

»Sind Sie von der Polizei?«

Na, wer sagt's denn? Wenn sogar eine Kneipenkraft mit berufsbedingter Menschenkenntnis dies für möglich hielt, warum sollte ich dann Julia mit Einzelheiten zu meiner Tätigkeitsbeschreibung langweilen? Jetzt und hier aber passte Polizei nicht so recht. Es war an der Zeit, meine Geheimwaffe einzusetzen.

»Ja, bin ich. Und das hier ist mein bösartiger Partner mit den Handschellen!« Ich zog den Reißverschluss meiner Reisetasche weiter auf und schlug das Handtuch zurück. Das mit Südseestrand und Palmen.

»Nein, ist der süß!«

Eigentlich schleppte ich Max aus praktischen Gründen mit mir herum. Julia war in ihrem Auktionsladen und unsere Müllschicht dauerte heute sechs Stunden, laut Herbert galt aber bezüglich Max unverändert die Alle-vier-Stunden-Regel. Ich hatte ursprünglich nicht geplant, ihn als Geheimwaffe einzusetzen, erkannte nun aber, dass der Hund auch in Zukunft seine Verpflegungskosten mehr als einspielen würde.

Also erzählte ich erneut, wie ich Max gefunden hatte, und von seinen toten Geschwistern. Von mir als eventueller Polizist war danach keine Rede mehr, ich konnte auf mein eigentliches Anliegen zurückkommen.

»Können Sie sich das Foto einmal anschauen? Ist ein Freund von mir.«

»Verstehe«, sagte Rotgrünhaar und glaubte mir trotz Max kein Wort. War es so schwer, sich vorzustellen, dass ich Freunde habe? Einen wenigstens? »Dieser Freund hat wahrscheinlich mit Ihnen gemeinsam im Lotto gewonnen und nun sitzen Sie da mit dem ganzen Geld und wollen es unbedingt loswerden.«

»Schön wär's. Aber so ist es nicht. Und ich bin wirklich nicht von der Polizei. Ich suche den Jungen für eine Freundin. Die macht sich Sorgen, weil er sich seit Wochen nicht bei ihr gemeldet hat. Ist ihr Bruder.«

»Und warum sucht diese Schwester ihr Brüderchen nicht selbst, wenn sie solche Sehnsucht nach ihm hat?«

Tja, das hatte ich mich inzwischen auch wiederholt gefragt. Die Erklärung, die ich anbot, befriedigte mich selbst nicht wirklich. »Weil die wenig Zeit hat, berufsbedingt. Ich dagegen habe Zeit. Mehr als sie jedenfalls.«

Wenigstens das, sagte ich mir, qualifizierte mich tatsächlich für diese Art von Nebentätigkeit. Polizeiliche Ermittlungsarbeit besteht vorwiegend aus Klinkenputzen und die Zeit dazu zu haben. Einmal abgesehen von den Tatortspezialisten, die mit Pinsel und Staubsauger nach Spuren suchen, oder den Leuten, die im Labor Patronenhülsen unter dem Mikroskop anschauen und DNA aus Zahnbürsten und Kämmen analysieren. Die sind, hört man, eine ganz eigene Kaste. Aber die eigentliche Suche nach Tätern oder Zeugen ist vorwiegend Fleißarbeit, ist Hinweisen nachgehen, denen jeder mit entsprechendem Zeitbudget nachgehen könnte: Haben Sie etwas beobachtet? Wann war das? Wie sah der Mann aus? Wo waren

Sie Freitag um elf Uhr dreißig? Woher wissen Sie das so genau? Wer kann das bestätigen? Das traute ich mir zu.

Jedenfalls hatte ich Rotgrünhaar von meiner relativen Unverdächtigkeit überzeugt. Sie deutete auf das Foto.

»Das ist Jules.«

»Jules nennt er sich? Das ist ziemlich dicht. Er heißt Julius Baumgärtner. Seine Schwester heißt Julia. Er soll angeblich gegenüber wohnen, in der Nummer 218.«

»Stimmt, hat er. Da ist er ziemlich oft hier herübergekommen. Jetzt habe ich ihn auch schon seit Wochen nicht mehr gesehen.«

Ich hatte meinen Kaffee vergessen, inzwischen war er ziemlich kalt.

»Warten Sie, ich mache Ihnen einen neuen. Geht aufs Haus.«

Offenbar hatte ich dank Max nicht nur ein wenig ihr Vertrauen, sondern fast schon ihr mütterliches Herz gewonnen. Wobei ich mir über das »Geht aufs Haus« ein bisschen Gedanken machte. Erst neulich hatte mir die Kassiererin bei Kaiser's ein paar Joghurts zu meinem Einkauf auf das Band gestellt. »Wollen Sie die nicht mitnehmen? Sind erst heute abgelaufen, halten sich noch mindestens drei Tage!« Sah man mir meinen Hartz-IV-Ein-Euro-Status so deutlich an? Immerhin rasiere ich mich fast täglich und verzichte auf Ringe in Nase, Ohren oder Lippen, auf Ganzkörpertätowierung, auf Besuche im Solarium, auf gefärbte Haare. Man stolperte in meiner Wohnung nicht einmal über einen Flachbildfernseher im Größtformat. Gab es einen Hartz-IV-Geruch, der mir anhaftete? Egal, ich bedankte mich artig und genoss den fair gehandelten Ökokaffee heiß.

»Der ist wirklich gut. Danke. Ist das Ihr Laden?«

Rotgrünhaar schaute sich um, als versuche sie, den Raum mit meinen Augen wahrzunehmen. Und zu entscheiden, ob ich nur ein in Eigenleistung tapeziertes und gemalertes, zum baldigen Scheitern verurteiltes Projekt sähe oder die Hoffnung, die mit dem allem verbunden war.

»Ja. Der Laden gehört mir und Uschi. Wir haben unsere Existenzgründerdarlehen zusammengetan. Zum Glück hat Uschi darüber hinaus einen ziemlich reichen Freund.«

Existenzgründerdarlehen! Jeder Arbeitslose wird sein eigener Chef! Damit war ich auch schon auf die Nase gefallen, gründlichst. Da konnte ein reicher Freund nicht schaden. Jedenfalls fand ich es wieder einmal erstaunlich, was einem wildfremde Leute so alles erzählen, aber wahrscheinlich war Rotgrünhaar froh, dass ihr überhaupt jemand in ihrem Laden Gesellschaft leistete. Wir waren immer noch alleine im Krumpelbumpel.

»Und – kommen Sie zurecht?«

»Ja, so eben. Natürlich nur, wenn wir unsere Arbeitskraft nicht in die Kalkulation einbeziehen. Das Problem ist die Preisgestaltung. Es ist Ihnen vielleicht schon aufgefallen: In den schicken, gentrifizierten Läden im Kiez hier ist das Bier doppelt so teuer wie in den immer noch existierenden Eckkneipen. Wir versuchen, uns so in der Mitte zu halten.«

Ich deute mit dem Kopf in Richtung Mardin-Grill.

»Viel Konkurrenz von nebenan?«

»Nicht wirklich. Ist ja etwas ganz anderes und natürlich auch eine ganz andere Klientel. Ich wünschte allerdings, ich hätte deren todsicheres Geschäftsmodell ...«

Ich trank den Rest meines Kaffees und fragte nicht nach, was für ein todsicheres Geschäftsmodell da nebenan ihrer Meinung nach lief. Erstens interessierte es mich nicht wirklich und dann könnte meine neue Fast-schon-Freundin doch wieder denken, ich käme von der Polizei oder wenigstens von der Steuerfahndung.

»Wie heißen Sie eigentlich? Verraten Sie mir das?«

Sie reichte mir ihre Hand über den Tresen.

»Manuela.«

»Angenehm, Manuela. Ich bin Oskar.«

»Na ja«, sagte Manuela, unsere Hände steckten noch ineinander, »ich nenne mich Manuela. Eigentlich heiße ich Mandy – schrecklich, was? Was haben sich nur all diese Mandy-

Cindy-Ronny-Eltern gedacht? Wollten die ihre Kinder fürs Leben strafen?«

Über eben diese Frage hatte Jonny Cash in »A Boy Named Sue« vor über fünfundvierzig Jahren im San Quentin State Prison gesungen. Das behielt ich aber für mich, der Hinweis hätte mich einfach zu alt gemacht. In diesem Punkt hatte mich der Kontakt zu meiner neuen Nachbarin weiter sensibilisiert.

»Also bleiben wir bei Manuela.« Ich machte mich zum Abmarsch bereit. Was eigentlich nur Jacke zuknöpfen und Max wieder unter dem Handtuch verstecken hieß. Dann rutschte ich vorsichtig vom Barhocker und schob in Richtung Tür.

»Warum machen Sie das für Jules' Schwester? Ihren Bruder suchen, meine ich.«

Tja, gute Frage. Ich hatte Julia nun einmal in dem Glauben gelassen, ich sei Polizist und nicht Langzeitarbeitsloser mit Ein-Euro-Job. Nun wollte ich sie weiter beeindrucken. Weil ich erfolgreich sein würde, und sie würde mich dafür belohnen.

»Sie ist eine gute Freundin. Und ich würde ihr wirklich gerne helfen. Ob Sie mich wohl anrufen können, falls ihr Bruder Julius hier doch wieder auftaucht?«

Ich schrieb meine Telefonnummer auf einen Bierdeckel, Handy auch, man konnte ja nie wissen. Ich stand schon in der Tür, da hatte Manuela noch eine Frage.

»Wie viel Geld schuldet Jules seiner Schwester?«

Überrascht drehte ich mich zu ihr um.

»Woher wissen Sie das?«

»Verstehen Sie mich nicht falsch«, antwortete Manuela. »Es ist ja nicht so, dass ich nicht an die Liebe glaube. Na«, kleiner Seufzer, »wenigstens an die Liebe unter Geschwistern.«

Mit der Türklinke in der einen, meiner Reisetasche in der anderen Hand wollte ich mich nicht dem Problem der Liebe im Allgemeinen und der Liebe unter Geschwistern im Besonderen stellen. Auch wenn es mich akut traurig stimmte, dass Manuela, nach meiner Schätzung Mitte zwanzig, die Möglichkeiten der Liebe so begrenzt sah. Mich überkam eine näherliegende Erkenntnis.

»Ihnen schuldet er auch Geld!«

Manuela antwortete nicht, kontrollierte ein eben nachpoliertes Bierglas im spärlich einfallenden Sonnenstrahl. »Damit sind die Chancen, dass sich Julius Baumgärtner hier blicken lässt, wohl eher gering.«

Sie schien mit ihrer Arbeit zufrieden, stellte das Glas ins Regal hinter sich.

»Das sehen Sie falsch. Ich habe zwar keine Ahnung, wie Jules doch immer wieder plötzlich zu Geld kommt, aber bisher hat es immer geklappt. Manchmal hat er schon nach zwei Tagen alles zurückgegeben, manchmal dauerte es länger. Dann hat er es ordentlich verzinst. Früher oder später kommt er hier spät am Abend hereingeschneit und zahlt seine Schulden zurück. Da bin ich sicher.«

Hatte Manuela angedeutet, dass sie sich auf Julius bezog, wenn sie eine höhere Zuverlässigkeit in Geld- als in Liebesbeziehungen annahm? Hielten Julius' eventuelle Ansprüche oder Erwartungen, die nichts mit Finanzen zu tun hatten, von einem Besuch des Krumpelbumpel ab? Immerhin, dass Brüderchen immer zahlte, früher oder später, hatte Julia auch betont, registrierte mein auf Ermittlung geschaltetes Hirn. Übereinstimmende Aussagen zum Gesuchten – werden die bei der Kripo in grün markiert? Jedenfalls dürfte ihnen eine gewisse Glaubwürdigkeit zukommen.

»Wie gesagt – wenn Julius hier auftaucht, rufen Sie mich bitte an.«

Mit einer kurzen Kopfdrehung wies ich auf den Bierdeckel mit meinen Telefonnummern. Manuela sagt nicht ja, aber auch nicht nein. Mit dieser Art des Sich-nicht-Festlegens erinnerte sie mich an meinen Sohn und ich trat endgültig hinaus in den kalten Berliner November.

Wo war mein Partner Herbert abgeblieben? Viele Möglichkeiten gab es nicht. Da unser Dienstfahrzeug unverändert einsam und verlassen im Parkverbot stand, kam eigentlich nur noch der Mardin-Grill in Betracht. Tatsächlich fand ich ihn dort, vertieft in ein Gespräch mit dem Mann hinter der Theke. Das ist typisch für Herbert: Er bestellt ein Bier und wird sofort als Freund des Hauses betrachtet, dem man seine Lebensgeschichte und den Ärger mit den Kindern erzählt. Damit war es allerdings abrupt vorbei, als Herbert mich sah.

»Na dann bis demnächst«, verabschiedete er sich, noch bevor ich den Mardin-Grill richtig betreten hatte. Mir war kaum Zeit geblieben, den Laden richtig anzuschauen. Nicht zu übersehen waren trotzdem jede Menge Poster eines leidlich bekannten Rappers an den Wänden und die Tatsache, dass Glücksspielautomaten deutlich mehr Raum einnahmen als der Döner-Betrieb. Wurde der Grill lediglich betrieben, um das Abstandsgebot für Spielautomaten-Casinos zu umgehen? Sicher waren Glücksspiel und Sportwetten das bessere Geschäft.

Auf dem Weg zu unserem Lupo fragte ich Herbert, worüber er sich so intensiv unterhalten habe.

»Nichts Besonderes. Eben so unterhalten«, war die eher einsilbige Antwort. Ich hakte nicht weiter nach, mir war aktuell mehr daran gelegen, uns einen Müllsünder mit angeschlossener Currywurst-Bude zu suchen, wo wir die von uns entdeckte Ordnungswidrigkeit gegen zweimal Curry mit Pommes verrechnen könnten.

»Mein Magen knurrt gewaltig!«

Herbert erhob keinen Einspruch, obgleich ich sicher war, dass er sich schon im Mardin-Grill mindestens einen Döner gegönnt hatte.

Bevor wir losfahren konnten, mussten wir uns noch einigen, welche Currywurst-Bude wir beehren wollten. Bei Maximilian in der Juliusstraße? Bei Papa in der Hermannstraße? Arnos Imbiss? Curry-Paule? Curry am Rathaus? Ketchup 35? Wo war sowohl die Currywurst gut als auch die Chance, eine unserem Auftrag entsprechende Ordnungswidrigkeit aufzudecken?

Mitten in dieser wichtigen Diskussion sah ich plötzlich ein bekanntes Gesicht aus dem Mardin-Grill kommen.

»Was treibt der denn hier?«

Mein Partner schien nicht besonders interessiert an der Frage, was Öztürks Neffe im Mardin-Grill zu erledigen hatte.

»Kannst ihn ja fragen, wenn's dich so interessiert.«

Tat es. Ich öffnete die Wagentür.

»Hallo, Neffe von Öztürk!«

Der Neffe drehte sich kurz zu uns um, dann sprintete er davon. Ich hatte keine Lust, ihm hinterher zu rennen. Er würde mich ebenso leicht abhängen wie letzte Woche Herbert.

»Komisch finde ich es schon, dass der immer vor uns wegrennt. Hast du ihn denn da drin nicht gesehen?«

»Nee, hab ich nicht. Vielleicht war er auf dem Klo.«

»Du meinst, er kommt hierher, weil in Onkels Laden das Wasser nicht funktioniert?«

Selbst wenn dem so sein sollte, hielt ich eine Toilettensitzung von fast einer halbe Stunde für eher unwahrscheinlich. Mindestens so lange musste Partner Herbert im Mardin-Grill gewesen sein. Ich legte die Angelegenheit auf Wiedervorlage, aktuell war mir unsere Currywurst wichtiger.

Erst am Abend, nach Max' letzter Verdauungsmassage für den Tag, ging mir die Sache wieder durch den Kopf. Nicht nur die Frage, was Öztürks Neffe im Mardin-Grill getrieben und warum Herbert ihn dort nicht gesehen hatte. Sondern auch, ob er ihn tatsächlich nicht gesehen hatte und über was »nichts Besonderes« mein Partner in diesem Laden so lange gesprochen haben könnte.

11

Samstagabend. Ich stand auf dieser ziemlich kippligen Leiter, die irgendjemand vor Jahren im Gang zum Keller abgestellt hatte und die inzwischen in den Allgemeinbesitz von uns Hausbewohnern übergegangen war. Um meinen männlichen Mut zu unterstreichen, hatte ich auf das Herausschrauben der Sicherung verzichtet. Wie war das noch mal? Konnte ich auch bei abgeschaltetem Licht einen Schlag über den Nullleiter bekommen? Klar, hätte ich wissen müssen als studierter Ingenieur, zumal als Spezialist für Mess- und Regeltechnik.

»Probieren Sie mal, Julia.«

Julia löste sich vom Studium der *Zeit* und ging an die Tür zum Lichtschalter.

»Soll ich?«

Ich versicherte ihr, dass sie den Schalter betätigen könne, ohne mich im selben Aufwasch auf Altamerikanisch hinzurichten. Sofort erfüllte strahlendes Licht ihr Wohnzimmer.

»Wunderbar, Oskar!«

»Technisch gesehen schon. Aber optisch macht das keinen tollen Eindruck. Da sollten wir uns noch etwas überlegen. Wenigstens einen kleineren Haken.«

Julias filigranes Designerstück passte nicht recht zu dem klobigen Haken, der ursprünglich wohl einen schweren Kronleuchter tragen musste.

»Das kann ich Ihnen doch nicht auch noch zumuten!«

»Doch, sicher. Können Sie. Ein bisschen heimwerken macht mir Spaß.«

Einen plumpen Versuchsballon wie »In Ihrem Leben fehlt ein Mann, Julia« verbot ich mir. Aber die Tatsache, dass sie mich gefragt hatte, ob ich ihr ein paar Lampen anschließen könne, machte mich ziemlich sicher, dass dem so war. Und das wiederum machte mich nicht gerade furchtbar traurig. Andererseits stellte ich mir die Frage, wer hier eigentlich etwas für wen tat. Ich hatte den Verdacht, dass Julia sehr wohl selbst in der Lage gewesen wäre, ihre Designerlampe anzuschließen, es geht schließlich nur um je zwei Drähte in einer Lüsterklemme, wobei man die Drähte sogar verwechseln darf. Kann heute doch jeder. Hatte sie mich etwa gern um sich? Oder langweilte sie sich nur? Sie hatte zwar bislang nicht gefragt, ob ich schon nach ihrem Bruder gesucht hatte, aber sie sollte wissen, dass ich mich sehr wohl um die Sache kümmerte. Stimmte doch auch, selbst wenn ich die genaueren Einzelheiten zu meinen diesbezüglichen Bemühungen ein wenig ihren Erwartungen anpasste.

»Ich habe übrigens neulich unseren Computer gefragt zu Ihrem Bruder. So richtig auffällig geworden ist er bei uns ja bisher nicht.«

Zeichnete sich Erstaunen, eine gewisse Ungläubigkeit auf Julias Gesicht ab? Machte ihr meine Behauptung klar, dass ich offenbar gar keinen Zugang zum allwissenden Polizeicomputer hatte? Ich flüchtete mich in ein verständnisvolles Lächeln, das andeuten sollte, dass drei oder vier Taschendiebstähle und ein paar Serienmorde in meinen Polizistenaugen, die schon alles gesehen hatten auf dieser Welt, Peanuts wären.

»Jedenfalls, das wollte ich damit sagen, ist er nicht zur Fahndung ausgeschrieben.«

»Das ist ja schon mal etwas, hatte ich aber auch nicht gedacht.«

»Ja«, ruderte ich zurück in sicherere Gewässer, »allerdings hat der Computer mir eine andere Adresse ausgespuckt, als Sie mir gegeben haben. Weserstraße 218.«

Julia, inzwischen wieder mit der *Zeit* beschäftigt, blickte kurz auf.

»Da brauchen Sie ihn gar nicht erst zu suchen, das ist eine alte Adresse. Mit Gesetzen und Vorschriften nimmt es mein Bruder nicht so genau, sicher auch nicht mit dem Meldegesetz.«

Ich, nun wieder ganz Kriminalpolizist, der sich für wichtigere Dinge als irgendwelche Meldegesetze interessierte:

»Und warum ist er dort ausgezogen?«

Julia hob die Schultern. »Keine Ahnung. Aber wie ich meinen Bruder kenne, gut möglich, dass er ein wenig mit der Miete in Rückstand gekommen ist.«

Das mit dem Mietrückstand konnte ich nachvollziehen, schätzte aber Bruder Julius inzwischen anders ein. »Von dem, was Sie mir bisher erzählt haben, hört es sich nicht so an, als wäre das ein Grund für ihn, irgendwo auszuziehen.«

»Jedenfalls«, meinte Julia, »die Adresse, die ich Ihnen gegeben habe, ist die neuere. Ob die allerdings noch stimmt, weiß ich auch nicht.«

Hatte Julia wirklich keine Zeit, einfach einmal selbst dort vorbeizuschauen? Schwer vorstellbar. Ich war inzwischen immer sicherer, dass sie mir etwas verschwieg, ließ ihre Antwort aber vorerst auf sich beruhen.

»Sonst noch was anzuschrauben oder so? Ein tropfender Wasserhahn? Ein Bild aufhängen?«

»Nein«, lachte Julia und klopfte auf den Couchplatz neben sich. »Bilder, denke ich, hängen hier genug.«

Da musste ich ihr recht geben. Im Gegensatz zu ihrer spärlichen Möblierung waren die Wände ziemlich komplett genutzt. Ich traute mich nicht zu fragen, ob das alles eigene Werke waren. Vielleicht waren es berühmte Meister, Kopien oder Drucke, die jeder erkennen würde – außer mir.

»Kommen Sie her, setzen Sie sich. Sie haben sich mindestens einen Kaffee verdient.«

Also setzte ich mich neben Julia und war leider ziemlich sicher, dass dies wirklich nur eine unschuldige Einladung zum Kaffe war und nicht die, über sie herzufallen. Auch wenn mein Hirn sofort das Wörtchen »mindestens« auf verschiedenste Möglichkeiten abklopfte. Brav setzte ich mich, Hände auf den Knien.

»Was interessiert Sie an Todesanzeigen?«, fragte ich erstaunt mit Blick auf die Zeitungsseite, die sie gerade mit einem Filzstift bearbeitete. Julia war noch lange nicht in dem Alter, in dem manche Leute Todesanzeigen als Hobby studieren, um anhand der Geburtsjahrgänge zu sehen, wie nahe die

Einschläge schon gekommen sind. Selbst ich fühlte mich noch nicht so weit.

»Das gehört zu meiner Arbeit«, antwortete Julia.

»Todesanzeigen? Sind Sie nebenbei im Sarghandel? Ich denke, Sie sind im Kunstgeschäft. Oder arbeitet Ihr Laden mit dem Trick, der frisch gebackenen Witwe des Verstorbenen ein unverkäufliches Bild anzudrehen?«

»Hört sich interessant an. Wie soll das gehen?«

»Der alte Trick mit der Bibel in Goldschnitt oder den fünf maßgeschneiderten Oberhemden. Sie tauchen bei der Witwe auf, Bild unter dem Arm, und reagieren mit Erstaunen und Anteilnahme auf die Nachricht vom plötzlichen Ableben des geliebten Gemahls. Dann packen Sie das Bild aus. Das habe der Verstorbene noch letzte Woche oder letzten Monat bei Ihnen als Geschenk für seine liebste Frau erstanden, war das nicht toll von ihm? Eine großartige Erinnerung, meine die Witwe nicht auch? Leider, gnädige Frau, hat der Herr Gemahl das Bild noch nicht bezahlt …«

Julia lachte. »Sie meinen, das würde funktionieren?«

»Ist ein Klassiker, bewährt seit Jahrzehnten. Kommt natürlich schlecht, wenn der plötzlich und unerwartet Verstorbene schon über ein Jahr nicht mehr aus dem Krankenbett gekommen ist. Also, wenn die Witwe Sie bittet, doch am Nachmittag noch einmal vorbeizukommen … das würde ich nicht tun. Könnte sein, dass die Kollegen vom Betrugsdezernat dann schon gemütlich beim Kaffee im Wohnzimmer sitzen.«

»Dann bleiben wir doch besser bei meinem Vorgehen mit den Todesanzeigen. Da geht es nicht ums Verkaufen, im Gegenteil. Es geht um den Nachschub. Wir haben uns bei Keiser auf die Berliner Nachkriegsmoderne spezialisiert. Maler der frühen Nachkriegsmoderne, um genauer zu sein.« Julia ratterte ein paar Namen herunter.

Aha – ich machte ein neutrales Gesicht. Sollte ich diese Leute wirklich kennen? Ein wissendes Nicken könnte mich leicht in ein Fachgespräch über die Berliner Nachkriegsmoderne verwickeln, von der ich nicht einmal wusste, ob wir von nach dem Ersten oder nach dem Zweiten Weltkrieg redeten. Ganz zu schweigen davon, ob ich nicht die frühe mit der dann wohl späten Nachkriegsmoderne verwechseln würde.

»Viele dieser Bilder sind nicht oder nicht mehr in Berlin, erzielen hier aber die höchsten Preise«, fuhr Julia fort. »In der Szene kennt man natürlich die entsprechenden Sammler. Meistens ältere Leute inzwischen. Die sitzen am Starnberger See, an der Elbchaussee, wo auch immer. Und irgendwann sterben sie. Dann heißt es schnell sein, schneller als die Konkurrenz jedenfalls.«

Ich konnte sie mir gut vorstellen, die entsprechenden Sammler. Leute wie du und ich eben. Ein wenig sollte man seine Überschüsse schon in die Kulturförderung investieren, nachdem die Spenden für hungernde Waisenkinder in Afrika und den Schutz der Meeresschildkröten abgebucht sind. Wir müssten das mal ernsthaft besprechen, Herbert und ich, während wir für einen Euro und achtzig pro Stunde nach Müllsündern suchen, derweil sich Julias Sammler beim Frühstückskaffee strecken und ihren Blick über den Starnberger See im Morgennebel und ihre frühe Nachkriegsmoderne in Öl schweifen lassen. Jäger und Sammler, alte Kulturtradition. Herbert hatte, soweit ich wusste, wenigstens eine Briefmarkensammlung. Längerfristig vielleicht nicht einmal eine so schlechte Geldanlage in Zeiten von E-Mails.

»Ich habe ›Das Boot‹ gelesen. So habe ich letztlich auch in die Moderne investiert mit Blick über den Starnberger See.«

»Buchheim, das ist eine Liga für sich. Bei Keiser backen wir unsere Brötchen ein wenig kleiner«, sagte Julia und strich wieder eine Anzeige in der *Zeit* an, während ich bewiesen hatte, dass ich immerhin lesen konnte und mich auch ein klein wenig in ihrer Welt auskannte.

»Fündig geworden?«

»Ich hoffe.« Die *Zeit* war offenbar durchgearbeitet, Julia nahm sich die *Frankfurter Allgemeine* vor. »Es ist natürlich ein wenig heikel, bei den Hinterbliebenen aufzutauchen. Trauern die wirklich? Möchten sie vielleicht auf jeden Fall die

Sammlung, die große Leidenschaft des Verstorbenen, bewahren? Oder so schnell wie möglich verscherbeln? Einen Versuch lohnt es immer. Manchmal soll die Sammlung sogar fortgeführt werden. Auch gut, dann kommen die Hinterbliebenen in die Kartei für potenzielle Kunden.«

Ich sah Julia vor mir: In einem unauffällig-eleganten Kostüm oder schickem Business-Suit steht sie auf der Terrasse einer Villa in Grünwald oder eben in Starnberg. Sie hat die Situation richtig erspürt, ist mitfühlend oder geschäftsmäßig, macht das sicher gut. Eine Frau mit dem richtigen Auftreten in jeder Umgebung.

Hatte ich bei diesem Gedanken irgendwie gegrinst? Julia jedenfalls erklärte ernsthaft: »Sie mögen das als Leichenfledderei empfinden. Kein Respekt vor dem Verstorbenen und noch weniger vor der Kunst. Aber für uns ist die Kunst tatsächlich eine Ware. Eine schöne in der Regel, aber eben doch eine Handelsware. Davon lebe ich, davon bezahle ich meine Brötchen und die Wohnung hier.«

Die Tatsache, dass sich eine sicher nicht schlecht verdienende junge Frau wie Julia und ein Ein-Euro-Jobber wie ich im selben Haus eine Wohnung leisten konnten, war auch eine Art Nachkriegsmoderne, geboren aus der Wohnungsnot nach dem Zweiten Weltkrieg. Was an herrschaftlichen Wohnungen die Bombennächte überlebt hatte, wurde damals zum großen Teil in zwei oder sogar drei Wohnungen aufgeteilt. Die Räume zur Straße hin blieben dabei für die anspruchsvollere und größere Wohnung, zum Hof hin geht es kleiner und bescheidener zu. Gar nicht schlecht, denn so kommt es zu jener sozialen Durchmischung, die schon James Hobrecht mit seinen Berliner Hinterhöfen im späten 19. Jahrhundert geplant hatte. Es dürfte sich erübrigen, explizit darauf hinzuweisen, welche dieser Wohnungen Julia und welche ich bewohnte. Trotzdem, meine Lage nach hinten raus gefiel mir viel besser, weil deutlich ruhiger als zur Straße. Und was mir noch gefiel: die günstigere Miete, die innerhalb der vom Amt für Hartz-

IVler übernommenen Kosten lag. Das allerdings könnte sich ändern, inzwischen haben auch die Immobilienspekulanten diese Vorzüge entdeckt. Und Leute wie Julia waren Teil der laufenden Gentrifizierung.

Natürlich unterschied sich Julias Wohnung nicht nur in der Größe und der Lage zur Straße von meiner. Beide waren zwar ähnlich minimalistisch eingerichtet, aber bei Julia folgte dies einem Designkonzept, während es bei mir Ergebnis einer nicht wirklich gerechten Teilung des bis dahin gemeinsamen Mobiliars mit meiner Ex-Frau Lena war. Die Teilung bestand seinerzeit darin, dass ich mitnehmen durfte, was ihr nicht mehr gefiel oder im Wege stand. Während ich also zwischen Ikea alt und Ikea noch älter lebte, hatte sich Julia mit Stilsicherheit und Geschmack mit klassischer Moderne und Jugendstil umgeben, und, wie gesagt, mit vielen Bildern.

Ich überlegte, ob ich bezüglich der Einrichtung mit meinem Ex-Lena-fortgebildeten Inselwissen zur Möbelkunst im frühen 20. Jahrhundert prahlen sollte, entschied mich aber dagegen. Denn genau das ist es: Inselwissen. Endlich bin ich in dem Alter, in dem man nicht mehr meint, über alles und jedes mitreden zu müssen. Ich erhob mich.

»Tja«, wie ein pubertierender Teenager strich ich mir über die Oberschenkel, eine dieser typischen Ersatzhandlungen, »ich glaube, ich muss dann mal langsam ...«

Was eigentlich? Viel mehr als mit der Fernbedienung durch Deutschlands TV-Angebot zu surfen sah mein Resttag nicht mehr vor. Eigentlich gar nichts sonst. Aber Julia fragte nicht nach, machte allerdings auch keinen Versuch, mich zum Bleiben zu überreden. Trotzdem, ein Anliegen hatte sie noch.

»Da ist noch ein kleiner Gefallen, um den ich Sie bitten wollte.«

Sie stand auch auf, kramte in ihrer Handtasche und drückte mir ein amtliches Stück blaues Papier in die Hand. Das aus der Welt zu schaffen sei doch kein wirkliches Problem für mich, oder?

War es doch, aber das konnte ich ihr kaum sagen. Was hatte ich mir da bloß eingebrockt! Ich Blödmann!

Immerhin bekam der Blödmann noch einen kleinen Kuss zum Abschied. Auf die Wange.

12

Natürlich war das nur ein Kuss auf die Wange, ein unschuldiger Schönen-Dank-auch-Kuss. Julia konnte mir kaum diskret ein paar Euro für meine freiwillige Installationsarbeit zustecken. Aber so denken männliche Hirne nun einmal nicht, jedenfalls nicht, wenn es um attraktive junge Frauen geht. Hatte da nicht doch vielleicht ein leises Versprechen in diesem Kuss gelegen?

Auf jeden Fall war mein Hirn beschäftigt genug, der Tatsache, dass ich meine Wohnungstür unverschlossen fand, kaum Beachtung zu schenken. Automatisch hatte ich zwar die Schlüssel aus der Hosentasche geholt und hielt sie jetzt, schon in der Diele, sinnlos in der Hand. Trotzdem, erst als ich Geräusche wahrnahm, fiel mir die nur angelehnte Wohnungstür wirklich auf. Die Geräusche kamen eindeutig aus der Küche. Angestrengt versuchte ich sie zu interpretieren. Da hörten sie plötzlich auf, ein paar Schritte, dann Stille. Vorsichtig lauschte ich weiter. Nichts. Alles nur eingebildet? Wo ist der Baseballschläger, wenn man ihn einmal braucht? Mit einem mutigen Schritt trat ich in mein Wohn-Schlaf-Ess-TV-aber-leider-nicht-Arbeitszimmer.

Ein einfältiges Grinsen empfing mich. Der junge Mann war unbewaffnet und nicht dabei, meinen Tresor auszuräumen (habe ich nicht) oder unter der Bettwäsche im Schrank nach Krügerrands zu suchen (habe ich auch nicht – also, Bettwäsche natürlich doch). Er saß entspannt auf meiner Couch und tat, was man von seiner Generation erwartet. Mit flinken Händen tippte er auf seinem Smartphone herum. Dabei stopfte er einen Schokoriegel in sich hinein, ganz offenbar aus meinen Beständen.

»Na, das ist aber eine nette Abendüberraschung.«

Mein Besuch hob kurz die rechte Hand, bedeutete mir, zu warten, bis er seine SMS fertig habe. Was mochte er der Welt gerade Wichtiges mitteilen? Und wen interessierte seine Mitteilung? Hatte er so meine Betonung von »nett« überhaupt mitbekommen?

Ich nutzte die Zeit und befreite Max aus meiner Sporttasche, in der ich den kleinen Burschen zu Julia mitgenommen hatte. Vorhin hatten wir gemeint, er hätte kurz ein oder sogar beide Augen geöffnet, waren aber nicht sicher. Jetzt jedenfalls waren sie fest geschlossen.

Julia war nach wie vor mit dem Namen nicht einverstanden, dachte mehr an historische Vorbilder. Natürlich war sie mit »Lump« gekommen, so, erfuhr ich, hatte Picasso seinen berühmten Dackel genannt. Aber das hörte sich für mich zu sehr nach »Lumpi« und eben nach Dackel an. »Blondie« ging natürlich erst recht nicht.

»Dann nennen Sie ihn doch Peritas. Der hat seinem Herrchen immerhin das Leben gerettet!« Peritas war, wusste Julia, der Hund von Alexander dem Großen, der sogar eine Stadt nach ihm benannte, nachdem Peritas ihm in der Schlacht das Leben gerettet hatte. Aber mein kleiner Freund würde wohl kein Kampfhund werden und ein Grieche schon gar nicht, also blieb es bei Max.

Mein Besuch war mit seiner SMS oder Twitternachricht fertig.

»Was is'n das?«

Ich hatte Max inzwischen wieder mit den Decken in seinen blauen Plastikwäschekorb gelegt.

»Wonach, meinst du, sieht es wohl aus?«

Selbst mein Herr Sohn, vorwiegend virtuell in der Welt unterwegs, konnte dem Charme des kleinen Bündels realen Lebens nicht widerstehen. Vorsichtig streichelte er den kleinen Max. Das änderte aber nichts an seiner Einstellung zu seinem Vater.

»Ich glaube, da hast du jetzt eine Beziehung, die selbst du nicht kaputt machen kannst.«

O Gott, das nun wieder! Mein Sohn Thomas stand unverändert auf Seiten meiner ehemaligen Frau, objektiv gesehen nicht ganz zu Unrecht. Entsprechend stichelte er weiter.

»Hast du dir den für deine einsamen Abende zugelegt, alter Mann?«

Natürlich, für einen Dreiundzwanzigjährigen sind alle Leute über dreißig Jahre alt, ob man es ihnen nun sagt oder nicht. »Alter Mann« war einmal als Insider-Witz zwischen uns entstanden, inzwischen aber von Thomas bewusst eingesetzt, um mich zu ärgern. Das tat es kaum noch. Mehr interessierte mich, ob mich Julia wohl auch so sah, als alten Mann?

Trotz meiner zweiundfünfzig Jahre war ich nicht darüber erhaben, meinen Sohn zurückzuärgern: Ich weigerte mich, ihn zu fragen, was er eigentlich wolle. Zumal ich eine ziemlich gute Vorstellung vom Grund seines Besuchs hatte. Ich wartete nur, wie er auf das wirkliche Thema kommen würde. Direkt oder über Umwege. Er wählte, wie bei ihm zu erwarten, einen Umweg.

»Teuer, so ein Hund?«

»Keine Ahnung.«

»Wie, ist er dir zugelaufen?«

»Sozusagen.«

Ich hatte keine Lust, Thomas von meinem nicht angeordneten und unbezahlten Nachteinsatz zu erzählen. Er hätte dafür kein Verständnis gehabt, schlimmer: Er hätte mich für meinen Eifer verspottet.

»Mm« – Thomas suchte nach der Kurve, um endlich zu seinem Anliegen zu kommen. »Wenn du kein Geld für den Hund ausgegeben hast, kannst du mir sicher kurzfristig aus der Klemme helfen.«

»Meinst du wirklich, ein Hund macht keine Kosten? Er braucht jede Menge Spritzen, gegen Staupe und alles Mögliche. Und Futter braucht er auch.«

Thomas schaute auf das Bündel im Wäschekorb. »Viel kann das ja nicht gerade sein. Was für 'ne Rasse wird das überhaupt?«

Das hatten sich Julia und ich vorhin auch gefragt und jedes Endergebnis von Dackel bis Dänische Dogge für möglich gehalten. Im Moment glich Max eher einem Maulwurf mit zu langen Ohren.

»Max kommt aus einer Kampfhundzüchtung. Bald wird er mir ungebetene Gäste vom Leib halten.«

Ich glaubte das nicht wirklich und machte mir eine mentale Notiz, demnächst mein Türschloss auszutauschen. Denn selbstverständlich bezog Thomas die »ungebetenen Gäste« nicht auf sich und würde kaum meine Wohnungsschlüssel herausrücken. Väter freuen sich über Besuch vom Sohn und erst recht, wenn sie ihm helfen können, davon war er überzeugt. Wahrscheinlich hatte ihm das seine Mutter versichert, von mir wenigstens konnte er diese Überzeugung nicht haben.

»Na, jedenfalls«, rückte Thomas endlich heraus, »hundert Euro oder so würden schon helfen.«

»Stimmt. Mir auch.«

»Nun komm schon. Ich weiß doch, wie sparsam du lebst.«

Auch das stimmte. Weil ich dazu gezwungen war, aber nicht, um das Ersparte meinem Herrn Sohn in den Rachen zu werfen. Zumal, wie ich ihm zu bedenken gab, er es ohnehin nur in irgendeiner Studentenpinte umsetzen würde, wo er auf verkanntes Genie machte.

»Kafka hat in Kneipen Weltliteratur geschrieben.«

War plötzlich Literat sein aktueller Berufswunsch?

»Ich glaube«, sagte ich, »das waren Kaffeehäuser, keine Kneipen.«

Wie erwähnt, verdanken wir beide dieses kulturelle Inselwissen der Mutter meines Sohnes, die uns in besseren Zeiten wiederholt und gerne mit solchen Details versorgt hat. Deshalb kannte ich ja auch Objekte wie den Barcelona-Stuhl von Mies van der Rohe oder die Le-Corbusier-Ledersessel. Und wusste, dass auch in Kneipen bedeutende Werke entstanden sind. Einige Klaviersonaten von Brahms zum Beispiel. Aber genau wie ich war Thomas nie über die gelegentliche Bedienung der Triangel im Kindergarten hinausgekommen, und Brahms war für sein Klavierspiel in den Kneipen wenigstens bezahlt worden.

»Es wäre nur ein kurzfristiges Darlehn. Der TÜV hat meine Bremsen moniert.«

Kein wirklich besseres Argument als Kneipe – ich habe schon seit fünf Jahren kein Auto mehr. Warum konnte mein Sohn nicht genauso mit den Öffentlichen und dem Fahrrad leben? Aber, meldete sich eine Stimme aus meinen hinteren Gehirnwindungen, er würde es nicht, und malte mir schnell ein Bild, wie Thomas mit versagenden Bremsen über die Leitplanke flog. Durch meine Schuld.

»Und du fährst weiter mit kaputten Bremsen durch die Gegend? Was ist mit deinem Job bei dem Pizza-Service? Zahlen die nicht?«

»Was ist das? Ein Verhör dritten Grades wegen ein paar Euro? Außerdem sollte ich mich doch auf mein Studium konzentrieren. Deine Worte.«

Gut möglich, dass ich so etwas mal gesagt hatte. Aber bestimmt nicht in Bezug auf seine kleine Nebenbeschäftigung als Pizzafahrer. Außerdem wusste ich gar nicht, was mein Sohn gerade studierte, zu oft schon hatte er das Fach gewechselt. Trotzdem, erneut sah ich ihn über die Leitplanke fliegen.

»Hör zu, fünfzig Euro kann ich kurzfristig erübrigen. Vielleicht sieht es nächste Woche besser aus.«

Gerade suchte ich nach meinem Portemonnaie, da klopfte es zurückhaltend an der Wohnungstür – Julia! Warum auch immer sie gekommen war: Ich ließ mir diese Gelegenheit, gegenüber meinem Sohn zu prahlen, nicht entgehen und winkte sie herein.

»Eigentlich wollte ich nur ...«

»Kommen Sie, Julia. Max hat schon nach Ihnen gefragt!«

Ich hatte mein Jackett bei ihr vergessen, damit natürlich auch mein Portemonnaie, das wollte sie mir bringen. Glück für mich – eine mögliche Panikattacke gespart – und Glück für Thomas, der jetzt seine (meine) fünfzig Euro bekam. Ich stellte Julia und Thomas einander vor und überlegte gerade, wie ich meinen Sohn los werden könnte, ohne dass auch Julia ging, als das Telefon klingelte.

»Hallo, er ist hier. Keine Ahnung, wie lange. Sie sollten sich schnell auf die Socken machen!«

Einen Moment lang war ich irritiert: eine junge, wenn auch etwas rauchige Frauenstimme, ein leicht konspirativer Ton. Wie viele junge Frauen kannte ich plötzlich?

Ach so, es war Manuela vom Krumpelbumpel, und offenbar war Julias Bruder bei ihr aufgetaucht. Die Gelegenheit für mich, ein paar Punkte zu machen! Ich legte auf und wendete mich meinen Gästen zu.

»Tut mir leid. Ich muss noch mal kurz weg.«

Ich entschied mich dagegen, Thomas um sein Auto oder seine Chauffeurdienste zu bitten, und ließ ihn allein mit Julia und Max zurück in meiner Wohnung.

Zum Krumpelbumpel sind es nur gut fünfzehn Minuten mit dem Fahrrad. Trotzdem, als ich dort eintraf, hatte die Zielperson das Objekt bereits verlassen.

»Hat er gesagt, wann er wieder hier auftauchen wird?«

»Nee, hat er nicht. Aber, vielleicht eine gute Meldung für Sie: Seine Schulden bei mir hat er bezahlt. Scheint bei Kasse zu sein, wenn Sie sich beeilen!«

Ich trat hinaus auf die Weserstraße und war überrascht: Jetzt sah ich, dass gegenüber ein in die Jahre gekommener Toyota Corolla stand, mit einigen Beulen und mit dem amtlichem Kennzeichen B-PC 178. Dieses Kennzeichen hatte ich mir gemerkt, vom Schreiben des Polizeipräsidenten von Berlin an Herrn Julius Baumgärtner an seine alte Adresse. Aber wo war der Fahrzeughalter? Sollte ich hier auf ihn warten? Wie lange könnte es dauern, bis Jules auftauchte? Stunden vielleicht, wenn er zum Beispiel gerade bei ein paar Bier Erinnerungen an die gute alte Zeit mit einem Freund in der Nummer 218 austauschte. Tatsächlich hatte ich schon eine bessere Idee, wie mir der gute Jules das nächste Mal nicht entwischen würde.

Als ich mein Fahrrad erfreulicherweise noch komplett mit Lampen, Luftpumpe und anderen leicht abschraubbaren Teilen am Laternenpfahl fand, sah ich aus dem Augenwinkel eine Gestalt aus dem Mardin-Grill herauskommen und in die andere Richtung abmarschieren. Dieses Mal nicht Öztürks Neffe, aber leider auch nicht Jules: Der Mann war deutlich älter als die beiden. Von Größe, Laufstil und Körpersprache her hätte ich schwören können, dass es mein Partner Herbert war.

»Herbert?«

Keine Reaktion, die Gestalt setzte ihren Marsch durch den Schneegriesel fort. Da hatte ich mich wohl geirrt.

Anschließend war ich ausreichend damit beschäftigt, mir auf dem Fahrrad nicht die Knochen zu brechen. Die Temperatur war wieder auf unter null gesunken, der Schneematsch gefährlich überfroren. Natürlich nur auf dem Fahrradweg. Für die Autos, die mich passierten, lag nach kräftigem Streusalzeinsatz der BSR genug Matsch auf der Fahrbahn, um mich damit zu bespritzen. Ich tröstete mich mit der unrealistischen Vorstellung, dass zu Hause Julia auf mich warten würde. Oder doch nicht so unrealistisch: Ich finde sie tatsächlich bei mir in der Wohnung – in inniger Umarmung mit meinem Sohn Thomas? Zumindest altersmäßig die wahrscheinlichere Variante, sagte mir mein gnadenloses Hirn.

13

Natürlich räkelte sich bei meiner Rückkehr keine Julia auf meiner Couch, aber immerhin war auch mein Sohn verschwunden. Ich gebe es nur ungern zu, aber als ich in der Nacht aufwachte, schaute ich aus dem Fenster und vergewisserte mich, dass auch sein Wagen verschwunden war. Wie gesagt, ich verfüge über eine gnadenlose Vorstellungskraft. Aber wahrscheinlich denken beziehungsweise handeln selbst mein eigener Sohn oder Julia nicht so eindimensional wie ich.

Am Sonntagmorgen erinnerte ich mich beim Zähneputzen an das amtliche Stück blaues Papier, das ich für Julia aus der Welt schaffen sollte. Klar, als verbeamteter James Bond hätte ich Freunde im gesamten Polizeiapparat, könnte jederzeit alte Schulden einfordern. Sogar bei den Kollegen von der Verkehrsüberwachung. Leicht würde dort die Forderung von dreißig Euro für »Überschreitung der zulässigen Höchstgeschwindigkeit innerhalb geschlossener Ortschaften um 14 km/h (nach Toleranzabzug)« gegen Julia Baumgärtner verschwinden, inklusive dem Foto vom Täter am Steuer.

Beim Blick in den Spiegel während der Rasur meinte ich zwar, dass man zur Not den nächsten Bond-Film auch mit mir besetzen könnte (wenigstens das Alter sollte kein Problem sein – Sean Connery buckelte bei seinem letzten Bond-Auftritt schon dreiundfünfzig Lebensjahre und sogar neunundfünfzig, als er zum *sexiest man alive* gewählt wurde!). Aber sowohl die James-Bond-Notbesetzung im Badezimmerspiegel wie auch ich wussten, dass wir beide keine Freunde oder Kollegen bei der Polizei hatten und die einzige Lösung darin bestand, Julias Bußgeld aus eigener Tasche zu bezahlen.

Fünfzig Euro für meinen Sohn und dreißig Euro Strafe für Julia (besser: Strafe für meine Lüge) sind selbst für jemanden, der sein Hartz IV mit einem Euro und achtzig Cent pro Stunde aufstockt, eine Menge Geld. Aber mein Sohn hatte recht. Ich war schon immer ein sparsamer Zeitgenosse, auch Zeiten relativen Wohlstands hatte ich ohne großes Interesse an schicken Autos, teuren Armbanduhren oder neuen Klamotten durchlebt. Mit Leuten wie mir hätte es nie ein Wirtschaftswunder gegeben und keine schnelle Erholung nach der letzten großen Finanzkrise. Aber vielleicht wäre es mit mehr Leuten wie mir von vornherein nicht zur großen Finanzkrise gekommen. Jedenfalls stand mein Notgroschen auf einem der Agentur für Arbeit unbekannten Konto in Österreich immerhin auf gut 1.600 Euro, da durfte mir ein Foto von Julia schon dreißig Euro wert sein. Denn das Foto wenigstens, Julias überraschter Blick in den radargesteuerten Blitz, hob ich auf.

Sonntagmorgen wird ausführlich Zeitung gelesen, alte Tradition. Manchmal gönne ich mir selbst an Wochentagen beim Frühstück eine halbe Stunde Zeitung. Herr Hermes, Vorderhaus vierter Stock, hat den *Tagesspiegel* abboniert – und steht regelmäßig nicht vor zehn Uhr auf. Bis dahin liegt seine Zeitung längst ordentlich gefaltet wieder vor seiner Wohnungstür, und ich bin rundum informiert. Wobei die großen Meldungen längst aus Radio oder Fernsehen bekannt sind, es geht mir mehr um die Geschichten wie »Siehste, denen geht es auch nicht besser« – oder sogar schlechter. Heute fand ich im Wirtschaftsteil etwas Entsprechendes, Überschrift »Absteiger des Jahres« – und ich war nicht gemeint! Einem Ekkehard Schulz, las ich, Chef bei ThyssenKrupp, hatte man sein Gehalt um 65 Prozent gekürzt. Nur gerecht, dachte ich, wahrscheinlich war auch der Gewinn von ThyssenKrupp um 65 Prozent eingebrochen. Nein, schrieb der *Tagesspiegel*, Manager Schulz hatte gar keinen Gewinn ermanagt, sondern einen Verlust von 2,3 Milliarden Euro. Aber ThyssenKrupp war offenbar ein Betrieb mit sozialem Gewissen gegenüber seinen Mitarbeitern. So hatte man nicht ein wenig von Schulz' letztjährigem Gehalt zurückgefordert oder ihn gar entlassen. Sicher war es nicht ganz leicht für Schulz, in diesem Jahr mit nur 1,3 Millionen Euro Gehalt auszukommen, und natürlich mussten, bei fehlendem Gewinn, diese 1,3 Millionen an anderer Stelle eingespart werden. Das war zum Glück kein Problem:

Schulz hatte inzwischen 12.000 der weniger gut bezahlten Thyssen-Mitarbeiter entlassen und für weitere 15- bis 20.000 die »Freisetzung« angekündigt.

Nach diesem Artikel war mir die Lust auf weiteres Zeitungsstudium vergangen. Vorsichtig entnahm ich dem Blatt noch die Seite mit der Titelzeile »In Deutschland fehlen 300.000 Ingenieure«, dann schlich ich ins Vorderhaus vierter Stock und legte die Zeitung bei Rentner Hermes zurück vor die Tür.

Wollte ich jedenfalls gerade – da ging die Wohnungstür auf. Hermes im Bademantel, ich mit seinem *Tagesspiegel* in der Hand. Verdammt, es war erst halb neun!

»Äh ... der lag unten auf der Treppe. Ich dachte, ich bringe ihn mit hoch.«

Aber warum sollte ich das tun? Was hatte ich im Vorderhaus zu suchen?

»Ich wollte gerade auf den Dachboden ...«

Glaubte mir Rentner Hermes? Oder hatte er nun endlich herausgefunden, warum seine Zeitung gelegentlich verspätet zugestellt wurde? Jedenfalls musste ich nun die Treppe weiter hoch, wenn ich auch gar keinen Schlüssel für den Dachboden hatte. Warum eigentlich nicht? War er an irgendjemanden vermietet? Und wenn ja, was trieb sein Mieter oder seine Mieterin auf einem nicht ausgebauten Dachboden? Ich setzte mich auf die oberste Treppenstufe und wunderte mich über einen Geruch, den ich nicht identifizieren konnte.

Gute fünf Minuten saß ich so, dachte an nichts, außer natürlich an Julia. Plötzlich bekam ich mächtige Kopfschmerzen. Da machte ich mich auf den Weg ins Hinterhaus, wo Sozialfälle wie ich hingehören.

Zurück in meiner Wohnung, war es Zeit für Max' Fläschchen. Herbert hatte mir zwei Babyflaschen mit Sauger und so einem Babyflaschenwärmer gegeben, damit klappte die Fütterung recht gut. Nachdrücklich hatte er mich ermahnt, verdammt aufzupassen, dass Max sich nicht an seiner Hundeersatzmilch verschluckte.

»Das kann eine böse Lungenentzündung machen! Und immer schön wiegen. So ein Hundebaby muss sein Gewicht in acht bis zehn Tagen verdoppeln.«

Alles war bereit. Die Küchenwaage (geborgt von Julia), die Babyflasche mit der Hundeersatzmilch (handwarm) – nur Max war verschwunden, seine Plastikwanne leer.

Panik! Wer war, während ich meine Zeit auf der Treppe zum Boden abgesessen hatte, hier eingedrungen und hatte Max entführt? Und warum? Und woher sollte ich das Lösegeld nehmen? Unglaublich, wie schnell das Hirn die entsprechenden Assoziationsketten aufbaut. Natürlich vollkommen sinnlose Assoziationsketten, begannen sie doch nicht mit der Frage »Warum sitzt Max nicht in seiner Wanne?« (zum Beispiel, das wäre naheliegend, in Folge eines furchtbar schiefgelaufenen quantenphysikalischen Experiments), sondern mit der schlimmstmöglichen Annahme und wilden Spekulationen dazu.

Endlich entdeckte ich eine brauchbare Spur. Nur ein paar Tröpfchen, aber immerhin. Tröpfchen, aber Gott sei Dank kein Blut! Eher Urin. Ich folgte der Spur. Max hatte es bis unter die Couch geschafft, da lag er nun und zitterte am ganzen Körper. Hundebabys, auch das wusste ich von Herbert, können ihre Körpertemperatur kaum eigenständig regulieren und brauchen die Körperwärme ihrer Mutter – oder eben die von Herberts Rotlichtlampe. Vorsichtig nahm ich den Kleinen auf und trug ihn zurück unter das Rotlicht. Da öffnete er seine Augen und sah mich an!

Eltern kennen das: Babys erstes Lächeln, erstes Glucksen, das erste »Mama« – oder was man als »Mama« verstehen möchte. Bei Max war es ein kurzes Blinzeln, aber doch, was für ein Moment!

Ich wartete ein wenig, bis das Zittern aufgehört und Max sich von seinem Abenteuer erholt hatte. Dann bekam er sein Fläschchen und nuckelte brav, verschluckte sich nicht. Und wenn er sich nun trotzdem, frierend unter der Couch, eine Lungenentzündung geholt hatte?

Vorerst konnte ich mir da nur Sorgen machen (eine Spezialität von mir), sonst nichts. Also, beschloss ich, sollte ich mich mit irgendeiner Aktivität ablenken. Was kann man mit einem Sonntag in Berlin anfangen? Ins schöne Umland fahren? Zu teuer. In den Zoo? Auch zu teuer und außerdem: ohne Kind an der Hand? Deutlich günstiger kommt ein Besuch im Technikmuseum, wo ich in der Regel die Zeit vergesse. Sicher aber nicht sonntags, wenn fröhliche Familien durch die Anlage toben. Aber, dachte ich, vielleicht ein guter Tag, um Brüderchen Jules einen Besuch abzustatten an der Adresse, die mir seine Schwester gegeben hatte. An einem Sonntag würde ich ihn womöglich sogar zu Hause antreffen.

Hellersdorf erreicht man, nach ein paarmal Umsteigen, mit der U-Bahn. Darüber informierte mich Google Maps, und auch darüber, dass die Stollberger Straße etwa in der Mitte zwischen dem Bahnhof Cottbusser Platz und dem Bahnhof Hellersdorf liegt. Mit Google Street View schaute ich mir schon einmal die Hausnummer 74 und meinen Weg vom Bahnhof dorthin an. So wäre ich gut vorbereitet und könnte unauffällig durch die Straßen laufen, als gehörte ich nach Hellersdorf. Anders als die besorgten Villenbesitzer in Stadtteilen wie Zehlendorf oder Dahlem hatten Bewohner und Besitzer in der Stollberger Straße nicht verlangt, Details zu ihrem Haus unkenntlich zu machen.

Max schlief friedlich in seiner Wanne, die Atmung hörte sich für mich normal an. Kein Rasseln oder Keuchen. Vorerst war ich beruhigt, packte aber lieber noch eine Decke drauf.

»Ich bin in spätestens zwei Stunden zurück. Auf jeden Fall rechtzeitig zum nächsten Fläschchen.«

Wer sagte mir, dass Hunde, die schon mal die Augen aufmachen, nicht auch gesprochene Worte verstehen?

Die erste Überraschung auf diesem Ausflug nach Hellersdorf erlebte ich am Bahnhof Wuhletal, wo ich auf demselben Bahnsteig direkt von der Stadtbahn in die Untergrundbahn wechseln konnte – eine Unternehmung, die an anderen »Umsteigebahnhöfen« in Berlin zumeist einen ausgiebigen Fußmarsch erfordert.

Die nächste Überraschung war Hellersdorf selbst. Inzwischen war der Zug ziemlich leer, mir gegenüber saßen nur noch drei junge Frauen, sogar jetzt im Winter mit den unvermeidlichen Wasserflaschen ausgestattet. Offenbar beginnt gleich hinter Hellersdorf die Sahara! Da stieg ich sicherheitshalber lieber schon am Bahnhof Cottbusser Platz aus.

In der Vorstellung des Ex-Westberliners, wie ich einer bin, gilt der Berliner Stadtbezirk Marzahn-Hellersdorf als Paradebeispiel einer sozialistischen Neubausiedlung, also jede Menge Plattenbau-Schließfächer. Deshalb fährt der Ex-Westberliner dort eigentlich nicht hin und hat die Gegend nie selbst gesehen. In der Realität wanderte ich nun zur Stollberger Straße durch eine ziemlich gepflegte Parklandschaft, die Wohnblocks großzügig über die Fläche verteilt. Die Straßen zwischen den zumeist fünfgeschossigen Häusern hatten fast Alleecharakter, gesäumt von schönen Bäumen und ausgesprochen sauber. Keine verrostenden Einkaufswagen oder Fahrradtorsos vor den Türen, keine Graffiti an den Hauswänden. Sicher, die Gegend war nach »Weststandard« saniert worden, dafür standen die Bänke und Geländer aus Edelstahl, aber schon die DDR-Architekten hatten hier viel weiträumiger geplant als ihre kapitalistischen Kollegen zum Beispiel im Westberliner Gegenstück Gropiusstadt.

Ich fand deshalb schon jetzt, dass sich die Fahrt hierher gelohnt hatte. Auch hielten sich die Kosten für meine Ermittlungstätigkeit im Rahmen, da bis Hellerdorf der Berliner AB-Fahrschein genügte. Trotzdem, bald würde ich wohl meine Reserve in Österreich angreifen müssen: immer wieder ein Pflichtbier bei Manuela im Krumpelbumpel, die Hundeersatzmilch, die fälligen Impfungen für Max – ganz zu schweigen von den fünfzig Euro für meinen Sohn und den dreißig für das unscharfe Porträtfoto der erschrockenen Julia.

Die Stollberger Straße Nummer 74 sah genauso aus wie bei Street View, aber, was man bei Street View nicht erkennen konnte: Links neben der Haustür, auf der Tafel mit den Namensschildern, waren nur knapp zwei Drittel der verfügbaren kleinen Rechtecke mit Namen oder Kürzeln belegt. Bedeutete das fünfunddreißig Prozent Leerstand, geschuldet dem schlechten Ruf von Hellersdorf? Oder war es ein Zeichen von Diskretion, dem Wunsch, es dem zuständigen Gerichtsvollzieher nicht zu einfach zu machen? Jedenfalls kein Namenschild oder Kürzel, das auf einen Mieter Julius Baumgärtner verwies. Ein Mangel, hoffte ich, der nur dem Wunsch von Jules nach Schutz der Privatsphäre entsprang. Denn Julias Bruder schien tatsächlich hier zu wohnen, sogar zu Hause zu sein: Fast unmittelbar vor der Nummer 74 stand sein Toyota Corolla, den ich gestern Nachmittag in der Weserstraße gesehen hatte.

Ich überlegte gerade, wo ich klingeln und mit welchem Spruch ich mir Zugang zum Haus verschaffen sollte (»Die Post!«, »Ein Paket für Sie!« usw. – aber am Sonntag?), da ging die Tür auf und eine ältere Dame schleppte eine Aldi-Tüte mit leeren Flaschen an mir vorbei. Eigennützig verzichtete ich auf den Hinweis, dass Flaschen in den Sammelcontainer zu entsorgen am Sonntag nicht besonders rücksichtsvoll sei, und schlüpfte mit einem höflichen »Danke« hinein in die Nummer 74.

Im Haus hielt ich mich an das ursprünglich in der Weserstraße geplante Vorgehen, diesmal also hoch in den obersten Stock und von dort aus nach unten vorarbeiten. Von irgendwo wummerte Rap-Musik, mit etwas Glück kam die aus Jules' Wohnung. Vorsichtig schlich ich abwärts und studierte die Namen an den Klingeln. Warum schlich ich eigentlich?

Die Rap-Musik kam nicht von Jules, die Tür zum Lärm-Maximum verkündete, dass hier Cindy, Kurt und Kevin wohnten. Kurt war mit wasserfestem Filzstift durchgestrichen, der hatte offenbar vor Kevin und seiner Musik kapituliert. Oder war bei Cindy nicht mehr erwünscht. Jedenfalls fand ich erst einmal kein Namenschild »Julius Baumgärtner«. Ich hätte mich selbst mit »J. Baumgärtner« zufrieden gegeben, das gab es aber auch nicht. Im zweiten Stock wurde ich dann doch fündig: »J. B.«. Das konnte natürlich auch für Josef Ballermann oder Josip Bukowski stehen, eventuell auch für irgendeine Jessica mit B. Endgültig konnte ich das so nicht klären. Wiederholtes Klingeln führte zu keiner wahrnehmbaren Reaktion hinter der Wohnungstür, auch nicht mein Klopfen und »Hallo, Jules, ich bin's!« Dann versuchte ich den alten Trick: betont geräuschvoll ein Stockwerk nach unten trampeln, dann wieder zurück nach oben schleichen. Aber auch mit dem Ohr direkt an der Tür zu »J. B.« hörte ich aus der Wohnung dahinter weiterhin nichts.

Für heute wenigstens beendete ich damit meine Ermittlungstätigkeit und stieg endgültig die Treppe hinab. Im zweiten Stock kamen mir zwei wenig Vertrauen erweckende südländische Gestalten entgegen. Schwer zu sagen, wer wen mit mehr Misstrauen musterte. Jedenfalls handelte es sich bei beiden Männern eindeutig um Mitbürger mit Migrationshintergrund und nicht um Bruder Jules. Sie trugen die entsprechende Uniform: blaue Trainingshose und weiße Sportschuhe, natürlich mit den drei Streifen. Weiß auf den Hosen, auf den Schuhen in Gold. Irgendetwas stimmte nicht mit ihren Schuhen, aber ich dachte nicht darüber nach, was mich eigentlich störte.

Auf dem Rückweg zum U-Bahnhof machte ich mir erneut Gedanken zur Finanzierung meines Sonntagsausflugs. Da er erfolglos geblieben war, sollte ich das Budget dafür weiter kürzen, schien mir. Die Expedition hatte bisher etwas über eine Stunde in Anspruch genommen. Würde ich mich beeilen, könnte ich die Rückfahrt eventuell innerhalb der Gültigkeit des Fahrscheins von insgesamt 120 Minuten schaffen. Allerdings sind »Rund- und Rückfahrten«, das heißt die Rückfahrt zum Ausgangsort, nicht erlaubt. Sollte ich es also wagen und bei einer eventuellen Kontrolle auf dummen Touristen machen? Am Bahnhof Cottbusser Platz angekommen, bot sich eine elegante Alternative.

»Willste 'n Fahrschein? Sind noch fast anderthalb Stunden drauf. Ein Euro!«

Ich wies den Anbieter auf meinen Hartz-IV-Status hin und wir einigten uns auf fünfzig Cent. Über zwei Euro gespart, freute ich mich unterwegs über meinen illegal erworbenen Fahrschein. Dann betrachtete ich ihn genauer: Der Vorbesitzer war auch aus Neukölln gekommen, ich war also doch auf einer nicht gestatteten Rückfahrt! Aber manchmal habe selbst ich Glück, ich erreichte ohne Kontrolle und die dann fällige Zahlung eines »erhöhen Beförderungsentgeltes« mein Zuhause.

Am Abend schaute ich bei Julia vorbei, immerhin musste ich sie doch auf dem Laufenden halten.

»Sehen Sie mal – Max guckt zurück!«

Selbstverständlich machte er genau das jetzt nicht, aber ich berichtete Julia von seiner Vormittagswanderung, seinen vorübergehend offenen Augen und dass er sich keine Lungenentzündung geholt hatte. Und natürlich von meinem Ausflug nach Hellersdorf.

»Haben Sie einen Zweitschlüssel für seine Wohnung? Dass man mal schauen kann, ob er wenigstens noch dort wohnt?«

Ich verschwieg meine eigentliche Befürchtung, dass Brüderchen sehr wohl heute zu Hause gewesen sein könnte, nur eben nicht öffnen konnte. Weil er inzwischen tot war. Vielleicht war es nicht seine beste Idee gewesen, gestern Abend im Krumpelbumpel aufzutauchen.

»Nein, habe ich leider nicht.«

Also, überlegte ich, würde ich mir demnächst, falls Jules erneut nicht anzutreffen wäre oder umständebedingt nicht öffnen konnte, auf jeden Fall Zugang zu seiner Wohnung verschaffen. Echte Polizisten machen das wahrscheinlich nicht, jedenfalls nicht ohne Durchsuchungsbefehl.

Es hatte auch Vorteile, nicht wirklich bei der Polizei zu sein.

Ich erwähnte noch kurz, dass sich das Problem mit den Leuten von der Verkehrsüberwachung erledigt hatte. Julia war erstaunt: am Sonntag? Ups, dummer Fehler, aber er brachte mir trotzdem meinen zweiten Kuss ein. Zwar wieder nur auf die Wange, aber schon deutlich dichter an meinem Mund als gestern. Das Leben war schön, hätte Julia es dabei belassen. Aber sie musste noch etwas loswerden.

»Allerdings bin ich traurig, dass Sie mich so angeschwindelt haben. Sie sind doch gar kein Polizist!«

14

»Was hältst du davon, wenn ich dich nachher zum Mittag einlade? Ich meine, was Richtiges, keine erpresste Currywurst oder so. Herrlicher Tag heute, oder?«

Mit zufriedenem Gesicht stand Herbert neben mir auf dem Bürgersteig vor dem Jobcenter, drückte die Schultern durch und streckte die Arme in den Himmel. Tatsächlich, der November spendierte zur Abwechslung ein paar Sonnenstrahlen. Aber das allein erklärte kaum seine ungewöhnlich gute Laune und sein für uns Ein-Euro-Jobber großzügiges Angebot.

»Was ist passiert? Hast du ...« Meine Worte gingen im Dröhnen eines schweren Lastwagens unter, der sich durch die nicht gerade breite Mainzer Straße quälte und den übrigen Verkehr zum Erliegen brachte.

»Was?«

»Ob du im Lotto gewonnen hast, habe ich gefragt.«

Herbert lächelte nur geheimnisvoll.

»Wir machen noch kurz die Pflichtrunde zu Ende, dann darfst du uns ein schönes Plätzchen aussuchen.«

Mein Partner holte mich gerade mit unserem Dienstfahrzeug vom Jobcenter ab. Während meiner angeregten Unterhaltung mit dem Case Manager hatte er schon den größten Teil unserer Mülltour für heute erledigt.

»Los, steig ein, Oskar. Uns bleibt noch die Gegend südlich vom Reuterkiez, die habe ich noch nicht geschafft.«

Wie immer psychisch erschöpft von meinem Gespräch mit Case Manager Müller-Jungblut, ließ ich mich auf den Beifahrersitz fallen. Max hatte den Ortswechsel mitbekommen, blinzelte kurz aus meiner Sporttasche, dann waren die Augen wieder geschlossen.

Der Verkehr auf der Mainzer Straße hatte sich normalisiert, unser Lupo schnurrte los. Während Herbert fuhr, überflog ich den Flyer, den man mir vor dem Jobcenter in die Hand gedrückt hatte. Eine Anwaltskanzlei bot mir ihre Hilfe bei staatlichen Bösartigkeiten wie Kürzung der Zuwendungen, Ablehnung oder Rückforderungen an, inklusive telefonischer Einschätzung. »Wir arbeiten auf Beratungshilfebasis (BerhG), daher ist unsere Tätigkeit für Sie kostenlos.« An der Erkstraße bogen wir Richtung Reuterkiez in die Sonnenallee ab. Plötzlich bremste Herbert scharf.

»Was ist denn da los? Das ist doch Öztürks Laden!«

Wir ließen den Wagen in zweiter Spur stehen und rannten los. Während dichter Rauch aus seinem Laden auf die Sonnenallee quoll, zog Gökhan Öztürk mit rußgeschwärztem Gesicht einen Halbzoll-Gartenschlauch vom Frisörgeschäft nebenan hinter sich her.

»Hast du schon die Feuerwehr gerufen, Gökhan?«

»Macht Frisör!«

Endlich kam jetzt Wasser, den Schlauch voran stürmte Gökhan durch den Rauch in seinen Laden, wir hinterher. Soweit man das in dem Qualm beurteilen konnte, schien das Feuer vom Boden etwa in der Mitte des Verkaufsraums auszugehen, wo die alten Holzdielen munter lodernde Flammen nährten.

»Was ist passiert?«

»Weiß nicht. Unfall!«

Mit dem Gartenschlauch bekam Gökhan die Flammen nicht unter Kontrolle, langsam breiteten sie sich in Richtung des kleinen Lagers aus, wo wir Gökhan letzte Woche bewusstlos gefunden hatten.

»Vay dschanina! Papier!«

Den Gartenschlauch unter dem Arm, lief Gökhan Richtung Lagerraum.

»Was für Papier, Gökhan?«

»Vertrag. Für Miete hier!«

Im Lager brannte es noch nicht, es gab aber schon ordentlich Qualm. Öztürk stürzte zu drei übereinandergestapelten leeren Obstkisten, die mit ein paar schmuddeligen Aktenordnern verschiedener Größe offenbar so etwas wie sein Büro darstellten. Auf der obersten Kiste lag ein Stapel noch nicht einsortierter Rechnungen und Papiere, beschwert von einer Art Fußball, nur kleiner und offenbar nicht aus Leder.

Öztürk griff nach dem Ball, anders kam er nicht an die Aktenordner.

Herbert holte aus.

»Aah!«

Unvermittelt hatte Herbert unseren Freund Gökhan hart auf den rechten Arm geschlagen und stieß ihn zur Seite.

»Weg!«

Ohne ihn zu berühren, begutachtete Herbert den Mini-Fußball.

»Hast du 'ne kleine Flachzange oder so was?«

Der Qualm im Hinterzimmer wurde immer dichter, während Gökhan mit zunehmender Hektik in einer Holzkiste kramte. Mehr durch Tasten fand er endlich eine Zange. Von draußen näherte sich das unverwechselbare Tatütata der Feuerwehr.

»Halt die Typen irgendwie auf, Gökhan!«

Gökan rannte los in den Laden.

»Halt!«

Gökhan stoppte, drehte sich um, war nun vollkommen konsterniert. Herbert, stoisch:

»Gib mir erst die Zange.«

Er nahm Gökhan die Zange aus den zitternden Händen. Nun sah ich es auch: Dieser Ball hatte einen Zünder!

»M38, aus dem früheren Jugoslawien. Kenne ich gut«, kommentierte Herbert ruhig.

Das Tatütata hatte aufgehört, man hörte jetzt das Getrampel schwerer Stiefel und Gökhans aufgeregte Stimme vorn im Laden. Herbert machte sich mit der Zange an der Zündung zu schaffen. Ich war zu der sprichwörtlichen Salzsäule erstarrt.

»Die dürfen hier um Gottes willen nicht rein! Geh mal und hilf dem Öztürk.«

Eine Aufforderung von Herbert, der ich nur zu gerne Folge leistete.

Am Ende hatten die Feuerwehrleute den Laden natürlich komplett unter Wasser gesetzt – was sie wenigstens davon abgehalten hatte, Herbert bei seiner Entschärfungsaktion zu stören.

Gökhan saß auf einer Obstkiste und starrte blicklos in die klebrige Brühe aus geschmortem oder zertretenem Obst und Gemüse, auf der weitere angekohlte Kisten schwammen. Vor ihm stand ein Feuerwehrmann, den ich für den Einsatzleiter hielt. Während seine Mannschaft damit beschäftigt war, ihre Schläuche einzurollen, hatte der Einsatzleiter ein paar Fragen an Gökhan. Aber Gökhan Öztürk verstand jetzt kein Deutsch mehr.

»Lass uns verschwinden, bevor der uns auch noch in die Mangel nimmt«, raunte Herbert mir zu. Das fand ich eine gute Idee. Insbesondere solange wir nicht wussten, was sich hier eigentlich abgespielt hatte.

Inzwischen war auch jede Menge Polizei eingetroffen, die aber erst einmal die Kompetenzverteilung mit der Feuerwehr klären musste. In dem allgemeinen Durcheinander erreichten wir ungehindert unseren Lupo und Herbert gab Gas.

»Ich wollte dich doch zum Essen einladen. Das machen wir jetzt! Den Müll, den die Kollegen von der Feuerwehr da gerade vor die Tür schippen, können wir auch morgen noch melden.«

»Und der Rest unserer Tour, südlich vom Reuterkiez?«

Herbert klopfte mir auf den Oberschenkel.

»Der wird uns auch nicht wegrennen. Glaub's mir!«

Ganz offensichtlich war Herbert nicht bereit, sich seine erstaunlich gute Laune verderben zu lassen.

15

Wir saßen in der Sonne im Körnerpark. Sonne ist kostbar im Berliner November, deshalb hatten wir Herberts Restauranteinladung auf später mal verschoben. Außerdem würden wir hier im Freien unseren Brandgeruch besser aus der Kleidung bekommen. Aber es gab heute nicht wieder Döner oder Currywurst, sondern Original Thüringer Bratwurst. Darauf hatte Herbert bestanden. »So was Leckeres hat der Rest von Deutschland nie hervorgebracht, auch eure goldene BRD nicht.«

Für mich zählt der Körnerpark mit seinen Wasserspielen, der großen Freitreppe und der Orangerie mindestens zu den zehn schönsten Parks in Berlin. Er liegt in einer Senke, die durch den Kiesabbau für die Häuser und Straßen Ende des 19. Jahrhunderts im rapide wachsenden Neukölln, damals noch Rixdorf, entstanden war. Nach Ausbeutung der Kiesgrube hatte Unternehmer Franz Körner der Gemeinde das Areal geschenkt, einzige Bedingung: Der Park müsse nach ihm benannt werden. Bis ich irgendwann die kleine Hinweistafel zur Kenntnis genommen hatte, war ich davon ausgegangen, dass der Park nach Theodor Körner benannt war, Dichter und Schriftsteller wie sein Kollege Fritz Reuter, der Namensgeber des Reuterparks im erwähnten Reuterkiez.

Ich streckte das Gesicht in die Sonne und ließ die Ruhe auf mich wirken. Nervös machte mich nur Partner Herbert neben mir. Ziemlich nervös sogar.

»Das ist doch kein Spielzeug, Herbert.«

»Nee, ist es nicht. Auch wenn es leider oft dafür gehalten wird. Es ist ein Mythos, dass die bösen Israelis, die bösen Amerikaner oder sonst wer Sprengsätze in Steifftieren oder so was abwerfen. Aber diese kleinen bunten Bomben, zu Hunderten verpackt in Streubomben, werden von den Kindern leider oft für Spielzeug gehalten.«

»Du bist sicher, dass das Ding jetzt nicht mehr explodieren kann?«

Herbert förderte etwas aus seiner Jackentasche hervor und hielt es mir vor die Nase.

»Oskar, ich war über zehn Jahre bei der NVA! Das hier ist der Zünder, den ich vorhin bei Gökhan rausgeschraubt habe. Nun ist er fein getrennt vom Sprengsatz.«

Intellektuell war die Sache klar, aber als gelernter West-Berliner und Zivilist machte mir das Ding in Herberts Händen trotzdem Angst.

»Warum hast du das Ding eigentlich bei Gökhan rausgeschmuggelt?«

»Ich denke, unser türkischer Freund hat so schon genug Probleme, der Feuerwehr den Brand zu erklären. Da steht kein Ofen im Laden, aus dem 'ne brennende Kohle auf die Holzdielen gefallen ist, 'ne Elektroleitung unter den Dielen halte ich auch für ausgeschlossen. Ich hoffe nur, Gökhan kann mit etwas Besserem aufwarten als der berühmten glimmenden Zigarette.«

»Du meinst, er hat seinen Laden selbst angezündet?«

»Na, ist doch auffällig, dass es genau dann bei ihm brennt, wenn das Wasser nicht läuft.«

»Warum sollte Gökhan das gemacht haben?«

»Was weiß ich. Vielleicht ist ein ordentlicher Batzen von der Versicherung allemal besser als ein kleiner Gemüseschuppen mit immer mehr Konkurrenz von diesen großen Läden.«

Für ausgeschlossen hielt ich das nicht. Aber würde ich, um ganz sicher zu gehen, gleich noch eine Streubombe mit ins Spiel bringen? Würde jemand wie Gökhan in Kauf nehmen, dass die eventuell hochgeht, wenn die Feuerwehr schon da ist? Und war nicht anzunehmen, dass seine Versicherungspolice, so er denn eine hatte, auch in seinem »Büro« direkt unter der Bombe abgelegt war?

Ich beschloss, wenigstens aktuell lieber die Sonne zu genießen.

Jetzt, Ende November, plätscherten im Körnerpark weder Wasserspiele noch leuchteten bunte Blumenrabatten, trotzdem freute ich mich an der Ruhe in der Senke und den filigranen Strukturen, die die Äste der entlaubten Ahornbäume gegen den Himmel zeichneten. Zu meiner Beruhigung hatte Herbert Bombe und Zünder zurück in seinen Rucksack gepackt. Damit war der Sprengsatz zwar nicht wirklich weiter entfernt als vorher, aber ich sah ihn wenigstens nicht mehr. Aus meiner Sporttasche befreit, hatte Max ein wenig in die Sonne geblinzelt, war aber längst wieder eingeschlafen. Zwischen uns gekuschelt, hob und senkte sich regelmäßig seine kleine Hundebrust. Eigentlich war das Leben ganz in Ordnung.

»Wie ist es eigentlich im Jobcenter gelaufen? Hast du noch gar nicht erzählt, Oskar.«

Oh, Herbert! Erst machte er mir eine Scheißangst mit dieser Bombe und jetzt verdarb er mir vollkommen die Laune. Ich sagte nichts.

»Ich meine, hat dir unser verehrter Herr Case Manager ein Bewerbungsgespräch bei der Kripo vermittelt? Für deine neue Freundin?«

Herbert amüsierte sich immer noch köstlich über meinen Schreck bei Julias »Sie sind ja gar kein Polizist« gestern Abend, von dem ich ihm erzählt hatte. Mir war das Herz stehen geblieben, bis sie mir einen Kuss auf die Wange gab, begleitet von »Dafür sind Sie viel zu nett!«.

Natürlich hatte mir unser Case Manager nirgendwo ein Bewerbungsgespräch vermittelt. Das hatte ich auch nicht erwartet. Ich hatte ihn ohnehin nur wegen der Bewerbungsschreiben besucht. Nicht etwa, dass ich als Langzeitarbeitsloser in der Vorstellung lebte, auch nur eine meiner artig geschriebenen Lebensläufe und Angaben zu meinen Qualifikationen würde zu einer Einstellung führen, natürlich sofortig und mit ebenso sofortigem Gehaltsvorschuss. Nein, aber die Agentur für Arbeit zahlt fünf Euro für jedes Bewerbungsschreiben. Macht bei fünfzehn Bewerbungen, half mir mein Ingenieurstudium zu berechnen, 75 Euro. Damit hätte ich sowohl das Darlehen an meinen Sohn als auch das Foto von Julia knapp gegenfinanziert.

Die Sache hat nur einen Haken: Man muss dafür einen Antrag ausfüllen. Deshalb hatte ich Herbert telefonisch gebeten, unsere Müllrunde schon einmal alleine zu beginnen – »Kein Problem, wilde Nacht gehabt mit der Nachbarin, was, haha?« – und unseren persönlichen Sachbearbeiter um ein kurzes Gespräch. Ich konnte es kaum glauben, nach nur einer Stunde Wartezeit gewährte der mir tatsächlich eine Audienz.

»Auf was wollen Sie sich denn bewerben, Herr Buscher?«

»Na, auf Stellen als Ingenieur. Ingenieur habe ich studiert und als Ingenieur habe ich über fünfzehn Jahre gearbeitet, wie Sie wissen. Ungekündigt!«

Klar wusste mein Case Manager das. Herr Müller-Jungblut betreut zwar weit mehr als die vorgesehenen fünfzig Klienten, aber wir kannten uns inzwischen lange genug. Trotzdem gönnte er mir einen Blick, der fragte, warum ich mich nicht gleich als CEO bei Siemens oder als Astronaut bewarb.

»Es geht Ihnen nur um die fünf Euro pro Bewerbung, oder?«

Ich warf ihm den Artikel »In Deutschland fehlen 300.000 Ingenieure«, den ich aus dem *Tagesspiegel* von Rentner Hermes geklaut hatte, auf den Tisch.

»Herr Buscher!«

»Herr Müller-Jungblut?«

»Das sind wir doch oft genug durchgegangen. Wann, erinnern wir uns bitte einmal, haben Sie zuletzt als Ingenieur gearbeitet?«

»Nach meiner Rechnung bis vor drei Jahren.«

»Aber diese Rechnung wird kein potenzieller Arbeitgeber so nachvollziehen. Ihre Anstellung als Ingenieur haben Sie vor fast sieben Jahren verloren. Ein potenzieller Arbeitgeber wird sagen, mit Ihrem Ingenieurbüro Buscher danach wollten Sie seinerzeit nur das Existenzgründerdarlehen abgreifen.«

»Immerhin hatte ich Aufträge.«

»Für die Sie aber niemand bezahlt hat.«

»Weil auch diese Firmen pleitegegangen sind.«

Herr Müller-Jungblut ist nicht wirklich bösartig, nach meiner Einschätzung nicht einmal übermäßig faul. Es war einfach so, dass er sich lieber auf die aussichtsreicheren Fälle konzentrierte. Und auf dringendere, denn mir hatte er schließlich diesen schönen Ein-Euro-und-achtzig-Cent-Job vermittelt. Außerdem nahm er immer noch übel.

»Ihre Chancen stünden weitaus besser, wenn Sie sich unseren Qualifizierungsangeboten nicht verweigert hätten.«

Auch das waren wir oft genug durchgegangen.

»Auf die Gefahr hin, mich zu wiederholen, Herr Müller-Jungblut: Bei Ihrem EDV-Kurs musste ich dem Ausbilder beibringen, wie man bei Excel die Daten von Fuß in Meter konvertiert.«

Resigniert hob Müller-Jungblut die Schultern. Er hatte ja recht: Was versprach ich mir von Kursen, die von der Agentur für Arbeit finanziert wurden? Bei Aldi oder Lidl würde ich auch keine qualifizierte Beratung zu verschiedenen Kaviar-Sorten erwarten. Er schob mir das Formular über den Tisch, auf dem ich verschiedene Spalten ausfüllen musste, um an die fünf Euro pro Bewerbung zu kommen.

»Aber Sie wissen: Ihnen stehen maximal 260 Euro pro Jahr für Bewerbungen zu. Wir sind nicht dazu da, Ihnen den Unterhalt für einen Hund zu finanzieren!«

Hier war wahrscheinlich nicht der günstigste Ort für Max, um plötzlich seine Nase aus meiner Umhängetasche zu stecken. Auch nicht die günstigste Zeit: Fast wären wir schon draußen gewesen aus diesem Büro. Weder war Müller-Jungblut besonders unfreundlich gewesen noch hatte ich mehr erwartet. Trotzdem war ich wie immer nach meinen Besuchen bei Agentur für Arbeit ziemlich deprimiert. Herberts ungewohnt gute Laune kam mir da sehr entgegen. Wenn mir ihr Grund auch bisher unbekannt geblieben war.

»Köstlich, deine original Thüringer. Was hat mir eigentlich das Vergnügen verschafft?«

Herbert strahlte über sein senfverschmiertes Gesicht. Er strahlte zweifach, als Thüringer Patriot und weil ein Wessi wie ich tatsächlich Produkte aus der ehemaligen DDR zu würdigen wusste. Obgleich ich ziemlich sicher war, dass auch die Wurstfabriken in Thüringen, sofern noch am Markt, längst von Oetker oder Nestlé aufgekauft waren. Dann zeigte er mir den Grund für seine gute Laune.

»Hier, dreihundert gute Gründe für gute Laune!«

Grinsend zählte er mir dreihundert Euro in kleinen Scheinen auf unsere Bank im Körnerpark.

»Was hast du getan, Herbert? 'ner alten Dame die Handtasche geklaut?«

»Da staunst du, was? Und wo das her kommt, ist noch mehr!«

»Mit anderen Worten, du bist auf eine Goldader gestoßen. 'ne legale?«

»Goldader … könnte man so sagen.« Herbert grinste immer noch, wischte sich jetzt den Senf mit dem Handrücken aus dem Gesicht. »Und ziemlich legal.«

»Ziemlich? Also nicht ganz koscher.«

»Soweit es mich betrifft, alles legal. Und praktisch ohne Risiko!«

Die Mauer in Berlin hatte erst ein paar wenige Löcher, schon waren die Glücksritter und Geschäftemacher mit schrottreifen

Gebrauchtwagen und unnützen Versicherungen über die Brüder und Schwestern in der DDR hergefallen, um die fünfzig DM Begrüßungsgeld und etwas später die eins zu eins eingetauschten D-Mark zurück in den Westen zu holen. Wie konnte Herbert nach gut fünfundzwanzig Jahren Kapitalismus immer noch an risikolose und legale Goldadern glauben?

»Wenn ich dich nicht besser kennen würde«, maulte er jetzt, »würde ich glauben, du bist neidisch. Im Moment ist die Sache noch top secret, aber wenn du schön brav bist, lasse ich dich vielleicht mitmachen. Zumal ich die Entdeckung der Goldader eigentlich dir verdanke.«

»Es gibt keinen Haufen Knete ohne Risiko«, wiederholte ich.

»Ach ja? Und was ist mit den Bankstern, Ackermann und seinen Nachfolgern? Was gehen die für ein Risiko ein? Hat der Ackermann was Tolles erfunden und eigene Knete in seine Idee gesteckt? Eine eigene Firma aufgebaut mit der Gefahr einer Totalpleite? Nee, mein Lieber, gerade im Kapitalismus gibt es Geld ohne Risiko. Du musst nur auf der richtigen Seite stehen. Das Schlimmste, was diesen Leuten passieren kann, wenn sie Mist bauen, sind ein paar Millionen Abfindung.«

Ich ließ die Sache auf sich beruhen, neidisch wollte ich nun wirklich nicht erscheinen. Denn Herbert hatte ja recht. Nur bezweifelte ich ganz stark, dass ausgerechnet Herbert oder ich auf der richtigen Seite standen in einem System, dass unter anderem auf Billigarbeitskräften wie uns beiden beruht. Weil wir dafür sorgen, dass die Löhne für die, die es nicht ins Management geschafft hatten, auf dem gewünschten Teppich bleiben in Deutschland.

Herbert hielt dem schlafenden Max den Rest seiner Wurst vor die kleine Nase. Keine Reaktion. Schon bald würde das sicher anders sein.

»Was, meinst du, wird aus ihm?«, fragte Herbert.

»Du meinst Wimbledon-Sieger oder Stardirigent?«

»Ich meine Pinscher oder Bulldogge.«

Intensiv musterten wir das kleine Bündel Leben.

»Für Pinscher ist er jetzt schon zu groß. Irgendwie, denke ich, wird es was Verknautschtes. Boxer vielleicht? Aber dafür scheint mir der Schwanz zu lang.«

»Mensch Oskar, du hast aber wirklich null Ahnung von Hunden. Boxer haben ganz normal lange Schwänze. Die werden ihnen nur abgeschnitten. Ist Gott sei Dank in Deutschland inzwischen verboten.«

Während Herbert unser Dienstfahrzeug in Richtung Dienststelle steuerte, wo wir pünktlich unsere Schicht beenden würden, füllte ich unseren Tätigkeitsnachweis für heute aus, der ungelesen in irgendeinem Ordner landen würde. Unser heldenhafter Einsatz bei Gökhan Öztürk fand darin keine Erwähnung, auch nicht, dass mein Partner den ersten Teil der heutigen Route allein absolviert hatte. Dafür beschrieb ich detailliert deren zweiten Teil, unsere nicht erbrachte Inspektion südlich des Reuterkiez.

»Habe ich dir eigentlich schon dafür gedankt, dass du unsere Morgentour ohne mich gemacht hast?«

»Hast du, Oskar. Kein Problem. Heute ist mein Tag der guten Taten.«

Das war die Gelegenheit, Herbert gleich noch eine gute Tat vorzuschlagen.

»Würde dich nicht einmal was kosten, Herbert!«

Aber es brauchte mehr als diesen Hinweis, um meinen Partner zu überzeugen. Denn der verwies darauf, dass trotz des aktuellen Sonnenscheins Novembernächte kalt sind, in der Regel nasskalt, und er jedenfalls sein warmes Bett vorziehe.

Da appellierte ich an seine heilige Wut von neulich.

»Immerhin könnten wir einen Mord aufklären, hoffe ich.«

»Einen dreifachen Mord«, kam es nun bedrohlich zurück und verhieß den Mördern, sollten wir sie stellen, nichts Gutes.

»Stimmt, Herbert. Dreifacher Mord. Und ein Mordversuch.«

Welche Rasse oder Rassen bei Max am Ende zum Vorschein kommen würden, blieb weiterhin unbeantwortet.

16

»Also, ich bin ziemlich sicher: kein Pudel, kein Pinscher, kein Pumi. Auch nichts mit S, also kein Schäferhund oder Setter. Ich denke, eher was Großes mit M, wie Mastiff oder so.«

Eine interessante Herangehensweise, die Hunderasse nach dem möglichen Anfangsbuchstaben zu bestimmen. Wonach sonst? Nach Form und Länge des Schwanzes vielleicht? Jedenfalls ein Beweis, dass in manchen Dingen Frauen anders denken als Männer.

»Kein Pumi? Was soll denn das für ein Hund sein?«

»Ungarischer Hütehund, so eine Art Terrier. Eine Freundin hatte mal so einen.«

Julia steckte heute Nachmittag noch in ihrer Business-Uniform. Der fein gestreifte dunkelgraue Anzug stand ihr vorzüglich, die silberne Weste aber gab ihr eine Strenge, die nicht zu den weichen Linien ihres Gesichts passte. Diskrete Zeichen von Anspannung und ein wenig Müdigkeit verstärkten diesen Eindruck.

»Viel los gewesen in Ihrem Laden?«

»Na ja, kurz vor einer Versteigerung ist es immer hektisch. Die Bilder müssen gehängt werden, manche sind schon verkauft. Dann meint jeder Einlieferer, sein Bild müsse in die Mitte als Blickfang und natürlich ganz nach vorne im Versteigerungskatalog, am besten auf den Titel. Überhaupt, der Katalog! Da können Sie alles akribisch vorbereiten, idiotensicher, denken Sie. Aber der Druckerei gelingt es problemlos, ein Bild auf dem Kopf zu stellen oder die Bilder zu vertauschen!«

Ich ergriff die Gelegenheit, ein wenig von meinem Kunstsachverstand einzubringen.

»Bei vielen Werken Ihrer Nachkriegsmoderne dürfte das kaum auffallen.«

Tatsächlich hatte ich so ein kurzes Lächeln auf Julias Züge gezaubert.

»Das sehen die Einlieferer ganz anders. Außerdem, die Bilder werden nach Titeln aufgerufen bei der Versteigerung. Da muss der Katalog schon stimmen.«

»Müssen Sie sich denn alleine um alles kümmern? Was macht Ihr Chef, der Herr Keiser?«

Nun war Julias Lächeln deutlich gequält.

»Keiser sitzt mit dickem Bauch und dicker Zigarre in der Mitte, verpestet die Luft, schwadroniert über Kunst und wie die Bilder nach seiner Expertenmeinung hängen sollen.«

»Und – ist er das?«

»Ist er was?«

»Ein Experte?«

»Auf jeden Fall für Zigarren und Geldverdienen.«

Ich sah die Szene vor mir: Ein dicker Kerl mit stinkender Zigarre, der Julia die Leiter hoch und runter hetzt. Mit einem Auge für ihren Knackpo, stellte ich mir vor. Doch an diesem Punkt, musste ich zugeben, schloss ich wahrscheinlich von mir auf Keiser. Bei dem Gedanken an den Geruch von Keisers Zigarren fiel mir etwas auf: der Geruch in Julias Wohnung. Jetzt hatte ich es! Er war hier diskreter, aber es war derselbe Geruch, den ich am Sonntag vor dem Dachboden wahrgenommen hatte, während der Ewigkeit, in der ich gewartet hatte, bis Herr Hermes mit seinem *Tagesspiegel* endlich wieder in der Wohnung verschwunden war. Nur – was war das für ein Geruch? Ich kannte ihn weder aus meinem früheren Leben als Ingenieur noch meinem aktuellen als Müllschnüffler.

»Aber«, fuhr Julia fort, »man muss den Keiser auch bewundern. Ich meine, wie er sich hochgearbeitet hat. Mit Wohnungsauflösungen hat er angefangen, sich allerdings gleich die richtigen Gegenden in Berlin ausgesucht. Irgendwann ist ihm dann aufgefallen, dass die Hinterbliebenen oft eine übertriebene Vorstellung haben, wie viel die Briefmarkensammlung des viel zu früh Verstorbenen wert ist oder sein Geschirr mit Zwiebelmuster, das deshalb noch lange kein Meißen sein muss, aber in der Regel die ›Abendstimmung über der Heide‹ aus der Glaserei um die Ecke nicht von einem Leistikow unterscheiden können. So kam Keiser zur Kunst.«

»Und nun hält er sich für einen Experten?«

»Gegenüber den Kunden jedenfalls gibt er schon gerne den Sachverständigen.«

»Immerhin war er schlau genug, Sie einzustellen.«

Diese Bemerkung verschaffte mir Kuss Nummer vier, rechte Backe.

»Sie sind und bleiben mein Lieblingspolizist. Wie soll ich Ihnen nur danken, wenn Sie schließlich auch noch meinen Bruder finden!«

Da hatte ich unverändert meine Vorstellungen, die näher auszuführen weiterhin nicht angebracht war. Zumal aus Julias Stimme, mehr als aus den eigentlichen Worten, eine deutliche Dringlichkeit sprach. Die bevorstehende Versteigerung war ganz offensichtlich Stress genug für sie. Ich versprach, noch heute dem Bezirk Hellersdorf einen erneuten Besuch abzustatten, und verabschiedete mich.

»Viel Glück, Oskar. Passen Sie auf sich auf!« Und, ich war schon in der Tür: »Vielleicht sollten sie sich vorher eine neue Hose anziehen.«

Tatsächlich – ich hatte mich vorhin in den Senf der original Thüringer Bratwürste gesetzt!

17

»Passen Sie auf sich auf!«

Was hatte Julia damit gemeint? War das nur so eine Floskel, so wie man in den USA einem Freund *take care* mit auf den Weg gibt? Oder hatte sie andeuten wollen, dass Brüderchen zur Gewalt neigte? Zumindest entsprechende Freunde hatte? Vielleicht hatte sie auch nur sagen wollen, ich solle dieses Mal die weite Reise nach Hellersdorf nicht wieder ohne die für ihre Generation überlebenswichtige Flasche Mineralwasser unternehmen.

Aber erneut hatte ich ohne Flüssigkeitsvorrat überlebt. Der Toyota Corolla war, schien mir, keinen Zentimeter bewegt worden seit meinem letzten Besuch. Dafür sprach auch der schmierige Belag auf der Windschutzscheibe, in den ein ordnungsliebender Nachbar »SAU« geschrieben hatte.

Wieder öffnete mir niemand, als ich mehrmals die Klingel bei J.B. läutete. Aber heute war ich darauf vorbereitet, ohne wirklichen Widerstand gab das Schloss klein bei. Vorsichtig stieß ich, Öztürk und der Sprengsatz steckten mir noch deutlich in den Knochen, mit dem Fuß die Tür auf und trat etwas zurück.

»Julius? Jules?«

Keine Antwort. Aber, immerhin, auch keine Explosion.

Weiterhin vorsichtig, machte ich einen Schritt in die Wohnung. Die Tür ließ ich offen, zur Sicherheit. Sollte ich zum Beispiel schnell flüchten müssen.

Stille im Haus, diesmal kein Hämmern aus irgendwelchen Tieftönern. Aber ein Stöhnen von irgendwo hier in der Wohnung, schwach nur, aber deutlich. Ich kratzte meine Mutreserven zusammen und verschaffte mir einen schnellen Überblick. Eine Einraumwohnung, wie man in diesem Teil Berlins sagt: Zimmer, Küche, Bad. Kein toter Jules, weder einer mit Axt im Kopf noch einer mit Einschussloch im Bauch. Aber auch kein stöhnender Jules. Was ich als schwaches Stöhnen wahrgenommen hatte, stellte sich als das Klagen der Pumpe im altersschwachen Kühlschrank heraus. Ich war allein in der fremden Wohnung.

Küche und Kühlschrank waren eine gute erste Möglichkeit zur Klärung der Frage, ob diese Wohnung noch aktiv bewohnt wurde oder ihr Eigentümer schon irgendwo anders untergetaucht war. Vielleicht auch die einzige, da Jules seine Post noch an die Adresse Weserstraße geliefert bekam und vermutlich keine Tageszeitung abonniert hatte. Immer noch auf der Hut vor Sprengsätzen, öffnete ich auch die Kühlschranktür nur millimeterweise. Aber der spärliche Inhalt, den es zu inspizieren galt, half mir nicht recht weiter. Angebrochene Bio-Milch: Verfallsdatum zwei Tage überschritten, angebrochene Bio-Butter: Verfallsdatum noch nicht überschritten. Ein paar Scheiben Käse, kein Bio: Verfallsdatum knapp überschritten. Das war's, abgesehen von ein paar Flaschen Bionade und ein paar Dosen Bier.

Nächste Station für den professionellen Ermittler: Badezimmer. Eine einsame Zahnbürste, trocken. Keine zweite Zahnbürste, keine weiblichen Accessoires wie Lippenstift oder Haarentfernungscreme. Jules lebte hier eindeutig allein. Ich fasste die Handtücher an: trocken. Aber kein Hinweis, ob erst seit ein paar Stunden oder schon seit Wochen.

Was mir auffiel, war, wie aufgeräumt Jules seinen Haushalt hielt. Studentenwohnungen stellt man sich chaotisch vor, ungemachtes Bett, leere Wein- oder Bierflaschen, leere Tüten von McDonalds. Entweder lebte Jules Baumgärtner bewusst gegen das Klischee an oder er war einfach von Hause aus ein ordentlicher Mensch.

Die Inspektion im Wohnzimmer, meinem nächsten und letzten Stopp, brachte keinen Erkenntnisgewinn. Die ständig erreichbare Generation Smartphone braucht keinen Festnetzanschluss, somit erst recht keinen Anrufbeantworter. Leider auch keinen altmodischen PC oder Laptop, der mir wenigstens das Datum des letzten Zugriffs verraten hätte. Laptops waren längst durch Tablet-PCs ersetzt worden. Wenigstens fand ich hier den Beweis, dass ich in die richtige Wohnung eingebrochen war: Brüderchen hatte ein hübsches Foto von Schwesterchen in ein Regal gestellt, ein weit netteres als meines von der Verkehrsüberwachung. Bei so viel Geschwisterliebe, warum besuchten sich die beiden nicht einfach mal?

Die Antwort fand ich auf dem Flur, als ich meine Inspektion, die bisher nicht einmal fünf Minuten in Anspruch genommen hatte, schnell beenden wollte. Beim Öffnen der Wohnungstür hatte ich offenbar einen Zettel auf dem Boden gegen die Wand und damit hinter die Tür geschoben, der mir deshalb beim Hereinkommen entgangen war. Eindeutig war er vom Hausflur aus unter der Tür hindurch geschoben worden. Ich hob ihn auf und las ihn, wegen des besseren Lichts, in der Küche.

Jules, wo bist Du??? Warum meldest Du Dich nicht? Ich mache mir GROSSE Sorgen!! Du weißt, die AUKTION! Melde Dich! Alles Liebe, Julia.

P. S. was ist mit Deinem Handy? Abgestellt? Vertrag nicht bezahlt?

Endlich eine Antwort auf meine Frage, warum Julia nicht selbst hier nach ihrem Bruder suchte, an der ihr bekannten Adresse. Sie hatte, wahrscheinlich wiederholt. Der Zettel erklärte auch, warum ausgerechnet ich an den Auftrag gekommen war, Jules zu suchen. Aus zwei Gründen, schien mir, obwohl sie mit einem voll daneben lag. Julia glaubte offenbar tatsächlich an irgendwelche weitergehenden Möglichkeiten der Polizei, wobei diese – unterhalb der Schwelle Fahndung – in Wahrheit auch nur aus Melderegister, Befragung von Nachbarn, Nachforschungen bei Freunden und dem berühmten Kommissar Zufall bestanden.

Trotz aller Verschwörungstheorien und den Wunschträumen unserer Sicherheitsdienste gibt es in Berlin wenigstens bisher weder eine flächendeckende Videoüberwachung noch eine wirklich funktionierende automatische biometrische Gesichtserkennung. Im Gegensatz zu mir konnte sich die Polizei ohne Gerichtsbeschluss nicht einmal Zugang zur Wohnung eines Gesuchten verschaffen.

Überschätzte Julia auch die polizeilichen Mittel, so lag sie aber, zweitens, goldrichtig, sich mit ihrem Anliegen an den netten Nachbarn und vermeintlichen Kriminalisten zu wenden: Dieser Oskar würde einer schönen jungen Frau gerne einen kleinen Gefallen tun, ohne, innerhalb gewisser Grenzen, bei Erfolg ihren Bruder gleich ans dienstliche Messer zu liefern.

Ich musste Julia fragen, wann sie den Zettel hier unter der Tür durchgeschoben hatte. Und natürlich, was Jules mit der Auktion zu tun hatte und was dabei so dringend war. Es ging sicher um die unmittelbar bevorstehende Auktion bei Keiser – wann genau sollte die noch mal sein? Julia hatte neulich erwähnt, dass Jules sich gelegentlich ein paar Euro als Hilfskraft bei Keiser verdiente. Bestimmt konnte man ihn bei dieser Auktion wieder gut brauchen. Irgendjemand musste schließlich die Bilder auf die Auktionsbühne schleppen, wenn der dicke Keiser sie zur Versteigerung aufrief. Aber sicher meinte Julia nicht, dass die Auktion ohne Jules' Tätigkeit als Bilderschlepper auf der Kippe stand. Denn noch etwas war interessant an ihrer Nachricht: Es ging offenbar nicht nur um ihren Bruder, sondern auch um sie selbst.

Sorgfältig faltete ich den Zettel zusammen und steckte ihn ein. Zeit, das Feld zu räumen.

Da hörte ich plötzlich Schritte hinter mir. Hatte ich ein verdammtes Glück, dass Jules ausgerechnet jetzt nach Hause kam!

Mit einem freundlichen »Guten Tag, Jules« wollte ich mich gerade umdrehen, da rammte mir ein Pferd beide Hufe in den Hinterkopf.

Das war das Letzte, woran ich mich erinnerte. Neben der Tatsache, dass ich die Wohnungstür ja absichtlich offen gelassen hatte.

18

Keine Ahnung, wie lange meine Ohnmacht und die folgende Reise gedauert hatten. Eine halbe Stunde? Tage? Hatte man mich immer wieder mit irgendwelchen Spritzen weiterschlafen lassen? Als die Reise vorbei war, fand ich mich jedenfalls irgendwo auf dem Balkan wieder. Oder war es sogar der Nahe Osten?

Das Erste, was mir auffiel, war der fremdartige Geruch. Etwas abgestanden zwar, aber er deutete sicher mindestens auf Südosteuropa hin. Eindeutig Kurkuma, eindeutig auch Knoblauch, mehr aber noch war es die Mischung verschiedenster Gewürze. Optisch gaben Orientteppiche den Ton an. Teppiche auf dem Boden, Teppiche an der Wand, eine Art Läufer auch auf einer Couch, die an die Ottomane von Siegmund Freud erinnerte. Fehlte nur noch ein Pascha mit Turban, Pumphosen und besticktem Gewand.

Zwischen den Teppichen hatte man die Wände mit Reisepostern geschmückt, etwas verschüchtert hing sogar ein kleiner Expressionist in Öl dazwischen: eine eher düstere Häuserzeile mit abgeplatztem Putz. Der hätte vielleicht auch Julia gefallen. Die bunten Poster zeigten Sandstrände unter mediterraner Sonne, eine Stadt mit Palmen, eleganten Hotels und Minaretten, römische oder griechische Tempelruinen. Natürlich waren diese Poster auch beschriftet, wahrscheinlich mit dem Namen der Strände und der einladenden Stadt. Aber das konnte ich nicht lesen: Die Schrift war arabisch.

Na toll, also eher nicht Balkan, auch nicht Türkei, ich war noch weiter weg verschleppt worden. Wohin? Vorsichtig drehte ich den Kopf nach rechts. Das führte zwar zu akuter Übelkeit, aber auch zu mehr Erkenntnis. An der Wand rechts von mir hingen weitere Reiseposter. Sie zeigten ähnliche Motive und forderten, auf Englisch und Französisch, dringlich zum Besuch des Libanon auf, speziell des seinerzeit wohl wirklich noch wunderschönen Beirut. Aktueller war ein anderes Poster, in dieser Umgebung ein wenig überraschend, das zum Auftritt eines deutschsprachigen Rappers einlud, der mit frauen- und schwulenfeindlichen Texten einen gewissen Grad von Bekanntheit erreicht hatte.

Irgendjemand hatte mich in einen ziemlich bequemen Sessel gesetzt. Ich stellte fest, dass ich nicht gefesselt war – warum also nicht einfach aufstehen? Keine gute Idee: Sofort drehten sich mein Magen und die bunten Teppiche um mich herum um die Wette.

Stimmt, man hatte mich schlecht behandelt. Irgendwann war ich aufgewacht, hatte aber nichts sehen können. Vollkommene Dunkelheit. Mein Gott, was hatten die mit meinen Augen gemacht! Und warum schlugen sie immer weiter auf meinen Kopf, mal schwächer, mal stärker? Und woher hatten die Typen gewusst, dass sie mich in der Wohnung von Jules erwischen würden? Von diesem Besuch, so war mir schmerzlich bewusst, hatte ich vorher nur Julia erzählt.

Erst als man mich vorhin aus dem Kofferraum gezogen hatte, war mir die Ursache der vollkommenen Dunkelheit klar geworden und dass die anhaltenden Schläge auf den Kopf ein Effekt der schlechten Straßen in dieser Gegend der Welt gewesen waren.

»Kopf runter« hatte man mir, mich links und rechts untergehakt, wie einen Kartoffelsack über einen Innenhof schleifend, zugeraunt. Unnötige Anweisung, denn nur der Versuch, den Kopf hoch zu heben, führte zu sofortiger Übelkeit. Wenigstens eine mittelschwere Gehirnerschütterung, so viel war klar. Und deshalb brauchte es auch keine Fesseln, um mich schön auf diesem Sessel zu halten. Wie lange wohl schon? Und, wichtiger: wie lange noch?

Dann kam er tatsächlich, der Auftritt des Pascha. An seiner Seite ein riesiger Kampfhund, ohne Leine und ohne Maulkorb, der mich auf den leisesten Wink seines Herrchens hin mit drei

Bissen verspeisen würde. Gegebenenfalls (»Gib mir nur einen klitzekleinen Grund, Zweibeiner!«) auch ohne Wink.

Daneben bestand Paschas Hofstaat lediglich aus zwei Typen, die mich unverschämt angrinsten und die ich trotz meiner Gehirnerschütterung wiedererkannte. Die beiden waren mir bei meinem ersten Besuch in Hellersdorf im Treppenhaus entgegengekommen. Die Erkenntnis erleichterte mich, denn von diesem Ausflug hatte ich Julia vorher nicht informiert, soweit ich mich erinnerte.

Pascha trug keinen Turban, auch seine Kleidung – schwarze Hose und weißes Hemd, beide deutlich gespannt in der Gegend seines Schmerbauchs – war eher unauffällig. Äußerliches Zeichen seines Status war allein der klobige Goldring mit einem riesigen Stein auf dem rechten Ringfinger. Er war hier offensichtlich der Chef, und er war ebenso offensichtlich sauer. Wenigstens wurde schnell klar, dass seine üble Laune nicht direkt mir galt. Kaum sah er mich, zischte er den beiden Typen irgendetwas sehr Unfreundliches zu, so viel war zu verstehen. Schon weil die Typen jetzt nicht mehr grinsten.

Dann wandte sich Pascha an mich.

»Wer bist du?«

Perfektes Deutsch, nur minimaler Akzent.

»Oskar Buscher.«

Das lernt man aus der einschlägigen Literatur und sicher auch auf der Polizeischule: in solchen Situationen möglichst kurz und nur auf das antworten, was man gefragt wird.

»Und was hattest du, Oskar Buscher, in der Wohnung von Jules zu suchen? Bist du ein Freund von Jules?«

Was war die richtige Antwort? Wem würden weitere Unannehmlichkeiten, auf deren Ausführung die beiden Höflinge in ihrem Ärger sicher ganz scharf waren, erspart bleiben? Dem Freund von Jules oder seinem Nicht-Freund? Die Chancen standen fünfzig zu fünfzig.

»Nein. Kein Freund.«

»Kein Freund, nein?« Traurig abschätzend musterte mich Pascha, wog meine Antwort auf Glaubwürdigkeit ab. Ergebnis: Er glaubte mir, vorerst wenigstens. Einer wie ich, dachte er wohl wie Manuela bei meinem ersten Besuch im Krumpelbumpel, hätte sicher sowieso nur einen eher begrenzten Kreis von Freunden. So kamen wir, wie befürchtet, zurück zu Frage eins.

»Also dann, was wolltest du in seiner Wohnung?«

Mein erschüttertes Gehirn arbeitete verlangsamt, aber weitgehend logisch. Inzwischen schien klar, dass die beiden Typen in der Drei-Streifen-Uniform nicht mir aufgelauert hatten, sondern dem guten Jules. Den ihr Pascha kannte, sie aber wohl nicht.

Offenbar hatte der Pascha die Stollberger Straße 74 mehr oder weniger unter Dauerbeobachtung gestellt, und hätten die beiden mich beim ersten Mal in Jules' Wohnung erwischt, wäre ich schon am Sonntag gekidnappt worden. Der Pascha tat mir ein wenig leid mit seinem Personal. Bestimmt hatte er die beiden doch wenigstens informiert, dass Jules um die zwanzig und nicht um die fünfzig war.

»Ich suche Jules.«

Pascha musterte mich mit erneutem Interesse, während sich mein Hirn nach und nach erholte. Warum sollte ein perfekt Deutsch sprechender Paschatyp an Julias Bruder interessiert sein – ausgerechnet in Beirut? Hatte man mich nicht eher nur ein wenig über die Schlaglöcher in den Straßen Berlins geschaukelt? Und war es, addierte ich zu dem Deutsch sprechenden Pascha den Dönergeruch und die Poster von diesem Berliner Rapper, die mir neulich bereits über den Glücksspielautomaten in der Gaststube aufgefallen waren, nicht sogar ziemlich offensichtlich, wohin man mich verschleppt hatte? Dass die Reiseposter von Beirut und Umgebung nur eine Erinnerung an die Herkunft meiner Kidnapper waren? Würde es mir also helfen, darauf hinzuweisen, dass letztlich auch ich einen Migrationshintergrund hatte, wie fast alle Berliner? Dass meine Familie damals, als der Große Kurfürst die im heimischen Frankreich verfolgten Hugenotten nach Preußen eingeladen hatte, Bouché hieß?

»So, du sucht also Jules.« Der Pascha akzeptierte vorerst meine Antwort mit überlegendem Nicken. »Und warum? Schuldet er dir auch Geld?«

Ha! Pascha hatte einen Fehler gemacht, mir mehr verraten als notwendig. Aber sicher sah er unsere Unterhaltung nicht als Schachspiel unter gleichwertigen Gegnern und war bereit, befriedigende Antworten bei Bedarf aus mir herausprügeln zu lassen.

Ich dachte an Max. Wie viele Stunden waren inzwischen seit seiner letzten Aufbaumilch vergangen? Ich musste hier weg!

»Ja, tut er.«

Kein Grund, Julia in die Sache mit hineinzuziehen. Pascha legte mir grinsend seinen Arm um die Schultern. Der schwere Duft seines süßlichen Parfüms aktivierte meine für sofortige Übelkeit zuständigen Messfühler.

»Mein lieber Freund, da musst du dich ganz hinten anstellen. Ganz, ganz hinten. Hast du verstanden!?«

Daumen und Zeigefinger der rechten Hand unter meine Kiefergelenke geschoben, zwang er mich, ihn direkt anzusehen. Sein Goldring drückte mir dabei das Kinn hoch – gegebenenfalls, war die Nachricht, taugte das edle Schmuckstück auch zum Schlagring. Ich versuchte, trotzdem zustimmend zu nicken.

»Und wenn du ihn findest, diesen Jules, dann mach ihm klar, dass ich einen Sicherheitsdienst betreibe, kein Pfandhaus.«

Ich hatte schon bessere Umschreibungen für Schutzgelderpressung gehört. Aber nun war klar, warum Herbert und ich Öztürks Neffen aus dem Mardin-Grill hatten kommen sehen: Weil er hier, in diesen Geschäftsräumen hinter der Gaststube, die ausstehende Monatsrate für Paschas Sicherheitsdienst abgegeben haben dürfte. Um es nicht zu einer erneuten Zahlungserinnerung kommen zu lassen, als deren Ergebnis wir den zusammengeschlagenen Öztürk gefunden hatten. Wenn aber Öztürk tatsächlich gezahlt hatte, warum sollte dann der

Pascha noch seinen Laden in Brand gesteckt haben? Hatte Herbert recht, hatte Öztürk das Feuer selbst gelegt? Um über die Versicherung den Schutzgeldforderungen nachzukommen und, vielleicht, um den Laden überhaupt loszuwerden und damit auch Pascha und seinen Sicherheitsdienst?

Der Pascha unterbrach meine Überlegungen.

»Wir machen das so, Freund Oskar: Du suchst weiter den Jules, nein?«

Wieder versuchte ich zu nicken, ging aber nicht. Pascha drückte jetzt auf meine Halsschlagadern.

»Also, wie gesagt, du suchst weiter den Jules, nein? Und wenn du ihn gefunden hast, dann sagst du mir Bescheid. Sofort, nein?«

Er verstärkte den Druck auf beide Halsschlagadern, mir wurde schummrig. Er ließ los.

»Alles verstanden, mein Freund?«

Ich massierte meinen Hals und schielte nach den Höflingen. Inständig schienen die auf ein Nein von mir zu hoffen, damit sie mir das Anliegen ihres Chefs auf ihre Weise nahebringen könnten.

»Ja, verstanden.«

Würde ich jetzt gehen können? Max!

»Und wenn ich Jules gefunden habe – wie sage ich Ihnen dann Bescheid? Soll ich herkommen?«

Lächelnd tätschelte mir Pascha beide Wangen.

»Mach dir keine Sorgen, mein Freund. Wir werden uns schon rechtzeitig bei dir melden.«

Das klang wie der übliche traurige Abschluss meiner seltenen Bewerbungsgespräch: »Don't call us. We'll call you.« Kannte ich. Nur, meinte der Pascha tatsächlich, ich wüsste inzwischen nicht längst, wo wir waren? Eine Botschaft jedenfalls hatte er noch für mich.

»Übrigens, vielleicht bist du kein Freund von Jules, nein? Oder du bist Freund von Jules. Ist mir egal. Ich sage dir nur: Für Jules ist es besser, *du* findest ihn und sagst mir Bescheid. Besser für ihn, wie wenn meine Söhne« – er nickte in Richtung der Jungs, die ich für seine Höflinge gehalten hatte – »ihn zuerst finden. Nein?«

Er streute einen theatralischen Seufzer ein.

»Weißt du, Oskar Buscher, ich selbst, also ich bin einfach zu weichherzig. Viel zu weichherzig. Erst am Samstag ist Jules hier gewesen und hat mir fest versprochen, er zahlt seine Schulden. Noch am selben Abend. Und seitdem ist er endgültig verschwunden. Findest du das in Ordnung?«

Das konnte stimmen, wenigstens soweit es Jules betraf. Offenbar hatte er sich vor seinem Besuch im Mardin-Grill noch seelische Stärkung im Krumpelbumpel geholt, wo ich ihn nach Manuelas Anruf zwar nicht mehr angetroffen hatte, wohl aber sein Auto in der Weserstraße.

Die Audienz war beendet, Pascha bedeutete mir, ihm zu folgen. Es ging nach nebenan, in einen Raum wie ein Zolllager: Regale an allen Wänden, bis unter die Decke vollgestopft mit Kartons von Sony, Adidas und Apple. Die neuesten Playstations, die neuesten Sportschuhe, die neuesten iPhones. Aber ich bekam kein neues iPhone als Abschiedsgeschenk, keine Entschädigung für meine Verschleppung. Auf Befehle wartend, trotteten uns die Söhne hinterher. An der Tür zum Innenhof legte mir der Pascha den Arm auf die Schultern.

»Hast du auch Kinder, Freund Oskar?«

»Ja, einen Sohn.«

»Ich hoffe, du hattest mehr Glück mit deinem Sohn als ich mit meinen.« Pascha seufzte erneut und schaute auf seine Brut. »Sind alle in Deutschland geboren und hier zur Schule gegangen, bis zu Ende. Und, sprechen sie vernünftig Deutsch? Nein! Richtiges Kurdisch dann? Auch nein! Aber du weißt auch, man muss seine Kinder lieben. Schließlich hat Allah sie mir geschickt.«

Wie ich vermutet hatte: Pascha hatte für seine Söhne vielleicht kein Foto von Jules Baumgärtner gehabt, aber ihnen doch wenigstens dessen ungefähres Alter verraten. Offenbar kann sein Allah genauso gemein sein wie unser christlicher Gott.

Er gab seinen Söhnen einen Wink, mich zu übernehmen, und rauschte ab. Nicht ohne dass sein Kampfhund mir noch ein kurzes Knurren gegönnt hätte. Durch Max war ich inzwischen ein wenig in Hündisch bewandert und verstand: »Nächstes Mal vielleicht, Zweibeiner. Du weißt doch, man sieht sich immer zweimal ...«

»Kopf runter, Arschloch!« Das kannte ich schon. Wieder flankierten mich links und rechts die beiden Söhne. Im Gegensatz zu vorhin konnte ich jetzt aber leidlich selbst laufen. Die Jungs führten mich mit festem Griff an den Oberarmen über eine Art Hof, schätzte ich. Denn weiterhin war es in meinem Interesse, den Befehl »Kopf runter« zu beherzigen. Außerdem wusste ich ohnehin, wo wir waren. Warum sollte ich mir diesen Ort anhand irgendwelcher Details merken? Ich hatte wenig Lust, hier jemals wieder herzukommen. Trotz der berühmten kurdischen Gastfreundschaft.

»Kopf runter« galt weiter, als ich auf dem Hof in ein Auto verfrachtet wurde, diesmal wenigstens nicht in den Kofferraum, sondern ich durfte es mir auf dem Boden vor der hinteren Sitzbank bequem machen. Dann ging es kreuz und quer durch die Gegend, wahrscheinlich sollte ich verwirrt werden, mir den Weg später nicht zusammenreimen können. Vielleicht aber kurvten sie einfach nur gerne mit Vaters dickem BMW durch die Gegend. Nach etwa einer halben Stunde wurde angehalten, ich sollte aussteigen. Tat ich gerne.

»He, Scheiße-Deutscher, haste vergessen!«

Mit quietschenden Reifen hatten die beiden den BMW auf Touren gebracht, jetzt warfen sie etwas hinaus, das in hohem Bogen in meine Richtung flog. Ich bückte mich und fischte meine Brieftasche aus einer Pfütze. Daher hatten sie also meine Adresse, Paschas »Wir werden uns rechtzeitig bei dir melden!« war nicht mehr so beeindruckend.

Ich streckte mich ausgiebig und fand es bemerkenswert, wie ich-bezogen unsere Sicht der Dinge ist. Denn wider besseres Wissen war ich erstaunt, dass die Welt von meiner Verschleppung keine Notiz genommen hatte, das Leben einfach weitergegangen war. Die in dicke Winterklamotten eingepackten Leute arbeiteten unbeeindruckt ihre Liste mit Weihnachtsgeschenken ab oder suchten nach Ideen für diese Liste. Mich nahmen sie höchstens als Hindernis wahr.

Natürlich war ich nicht in Beirut, das wusste ich ja schon. Ich stand in der Werbellinstraße, Ecke Karl-Marx-Straße. Nur ein paar Schritte zum U-Bahnhof. Keine zehn Minuten vom Mardin-Grill, und, wichtiger, nur drei U-Bahnstationen von zu Hause. Ich sollte Paschas Söhnen dankbar sein, immerhin hätten mich auch irgendwo in der brandenburgischen Pampa aussetzen können. Ein Blick zur Uhr vor der Forum-Apotheke – es war kurz nach halb neun. Wenn ich mich beeilte, würde Max seine nächste Ration gar nicht so verspätet bekommen. Und tatsächlich, kaum kam ich die Stufen zum Bahnsteig hinunter, fuhr schon die richtige U-Bahn ein und nahm mich mit. Am Ende war alles doch nicht so schlimm.

Aber kaum war der Zug angefahren, da sah ich sie: Die beiden Männer, die am Bahnhof Rathaus Neukölln gemeinsam mit mir zugestiegen waren. Sie hatten alle Zeit der Welt, sich vom anderen Ende des Waggons zu mir vorzuarbeiten. Denn sie wussten: Ich saß in der Falle!

19

»Dann steigen Sie mal bitte mit uns aus.«

Auf dem Bahnsteig schätzte ich erneut meine Fluchtchancen ein. Ergebnis: Ich hatte keine. Die beiden Kerle waren deutlich jünger als ich, ein Wettrennen wäre sehr kurz und somit nur peinlich gewesen. Würde mich ein beherzter Sprung ins Gleisbett retten? Wären die beiden motiviert genug, mir in das Dunkel des U-Bahnschachts zu folgen? Wie war die aktuelle Zugfrequenz auf der Linie 7? Wie breit der Tunnelquerschnitt? Was ich als Ingenieur sicher wusste, war die Betriebsspannung: 750 Volt. Lohnte sich das Risiko, elektroexekutiert oder zwischen 38 Tonnen Doppeltriebwagen und Tunnelwand plattgedrückt zu werden?

Wahrscheinlich sollte ich lieber versuchen, mich herauszureden. Zum Beispiel an die Solidarität unter uns Langzeitarbeitslosen beziehungsweise Ein-Euro-Jobbern appellieren. Oder ihnen die besonderen Umstände klarmachen. Schließlich hatte ich heute den ersten Einbruch meines Lebens hinter mir, zudem war ich ein eben erst entlassenes Entführungsopfer und zu Hause verhungerte gerade ein kleiner Hund. Ich versuchte es mit den besonderen Umständen, ließ den Einbruch aber weg.

Ja, meinten die Kontrollettis, sie würden natürlich viele Ausreden von Schwarzfahrern hören, aber meine wäre doch recht originell. Besonders das mit der Entführung. Darüber hinaus würde ich in den nächsten Tagen eine Zahlungsaufforderung bekommen von den Berliner Verkehrsbetrieben und müsste diesen dann entweder vierzig Euro überweisen oder schriftlich darlegen, warum ich das Beförderungsentgeld nicht gezahlt hätte. Sie drückten mir die Kopie eines Protokolls in die Hand, in der Tat und Täter sowie Ort, Datum und Uhrzeit der Untat festgehalten waren.

»Das gilt auch als Fahrschein für eine Fahrt. Damit kommen Sie zu Ihrem Hund.«

Endlich zu Hause angekommen, war Max tatsächlich noch nicht verhungert.

Empfinden ganz kleine Hunde überhaupt schon Hunger? Dumme Frage, sicher tun sie das. Aber sie haben ein tolles Rezept, damit umzugehen: Sie schlafen sich da durch. Immerhin nuckelte Max jetzt aber seine Portion Spezialmilch in einem Zug, ohne dass ich ihn wie sonst zwischendurch wecken musste. Auch die anschließende Aftermassage zeitigte umgehenden Erfolg. Alles war wieder gut. Nun musste ich nur noch jemandem von meinen neuesten Heldentaten berichten.

»Sollen wir mal bei Julia vorbeischauen?«
Keine Antwort. Max war eingeschlafen.
Ich schlich mich auf Wollsocken zur Wohnungstür, Schuhe in der Hand. »Keine Angst. Diesmal bin ich wirklich nur ganz kurz weg!«

Bei Julia antwortete niemand auf mein Klingeln. Nur Herr Hermes aus dem vierten Stock, der gerade die Treppe hinaufkam, musterte mich misstrauisch, so schien mir wenigstens. Was hatte der Typ aus dem Hinterhaus schon wieder im Vorderhaus zu suchen? Hatte er das mit seinem *Tagesspiegel* gemerkt? Ich jedenfalls war enttäuscht. Bei wem außer Julia konnte ich mir sonst noch ein wenig Bewunderung abholen? Ich schaute auf die Uhr – es war nicht zu spät, meinen Müllpartner Herbert anzurufen.
»Guten Abend, Oskar. Tut mir leid, Herbert ist nicht zu Hause. Musste noch dringend etwas erledigen, hat er gesagt.«
Herberts Frau klang ein wenig nervös. Oder verunsichert. Wie, verdammt noch mal, hieß sie mit Vornamen? Sollte ich wissen, war ich doch mehr als ein Mal bei Herbert und ihr zum Essen eingeladen gewesen. Dabei hatte sie mir das Du vorgeschlagen und einmal sogar – ganz ohne Hintergedanken natürlich – eine offenbar schwer zu vermittelnde Freundin neben mich platziert. Aber inzwischen kann ich ganz gut mit meinem schlechten Namensgedächtnis umgehen.
»Glaub mir, äh, meine Liebe, wenn Herbert eine Geliebte hätte, das wüsste ich.«
»Das glaube ich dir. Nur – würdest du es mir sagen? Ihr Männer haltet doch immer zusammen.«
»Herbert hat nur eine Geliebte – das bist du.«
»Das hast du nett gesagt. Ich mache mir auch keine Sorgen wegen einer Geliebten. Aber er verschwindet jetzt ziemlich häufig plötzlich am Abend, und ich weiß nicht, wohin.« Herberts Frau (die, verdammt, natürlich auch einen Vornamen hatte) machte eine Pause, dann rückte sie doch damit heraus.

»Und dann ist da noch die Sache mit dem Geld ... Ich meine, nicht dass wir es nicht gebrauchen könnten ...«

Jetzt war ich wirklich überrascht – auch Renate (ha!) wusste nicht, woher Herberts plötzlicher Geldsegen kam.

»Ich dachte, vielleicht würdet ihr wieder Hunde züchten.«

Damit hatte ich Renate wenigstens zum Lachen gebracht.

»Ja, das war schon damals der absolute Renner. Genau wie seine Idee mit den T-Shirts für die Frauen-WM. Die trage ich immer noch auf.«

So lange ich ihn kannte, kam Herbert immer wieder mit neuen Ideen zur Aufbesserung der finanziellen Lage, alle waren todsicher, und alle waren fehlgeschlagen. Warum lief es dieses Mal anders? Und warum hatte er nicht einmal seiner Frau erzählt, wie er das anstellte?

»Renate, du kennst deinen Mann besser als ich. Ich bin sicher, dass er nie etwas Illegales tun würde. Dazu ist er einfach nicht der Typ.«

»Ich weiß, Oskar. Aber irgendwie ... Soll er dich nachher zurückrufen?«

»Nee, ist nicht so wichtig«, sagte ich wahrheitsgemäß. Ich wünschte nur, von meiner angeblichen Überzeugung, dass Kumpel Herbert nichts Illegales tat, könnte man das ebenso behaupten.

Ich war immer noch aufgeregt nach den Ereignissen der letzten Stunden, brauchte unbedingt ein wenig sozialen Kontakt. Noch einmal versuchte ich es bei Julia. Kein Erfolg.

Wen könnte ich noch belästigen? Mit meinem sozialen Abstieg (jedenfalls in den Augen meiner Umwelt) hatten sich auch meine sozialen Kontakte tatsächlich erheblich reduziert, da lagen Manuela und der Pascha nicht ganz falsch. Auf jeden Fall die Anzahl von Leuten, die ich jetzt noch, nach zehn Uhr, anrufen konnte. Letztlich fiel mir nur mein Sohn Thomas ein. Nicht dass ich ihm die ganze Geschichte einschließlich Einbruch (schlechtes Vorbild) oder Entführung (kein wirkliches Heldenepos) erzählen wollte. Aber am Ende würde er mir sowieso noch die zweiten fünfzig Euro aus den Rippen leiern, also könnte er auch etwas Nützliches dafür tun.

Ich rief Thomas auf seinem Handy an und bestellte ihn zu Manuela ins Krumpelbumpel. Als ich ihm erklären wollte, wo das sei, hatte er es schon auf seinem Smartphone lokalisiert, inklusive dem kürzesten Weg dahin. Die Aussicht auf weitere fünfzig Euro hatten ihn überzeugt, daneben war er neugierig geworden.

»Was ist denn das für ein Auftrag?«
»Sage ich dir im Krumpelbumpel. Bis gleich.«

20

»Und was mache ich, wenn der Typ hier tatsächlich auftaucht? Falls das jemals passiert.«

Manuela hatte Thomas den gewünschten grünen Tee gebracht und mir, unter seinem überlegen-verständnisvollen Blick, ein Bier. Einmal mehr fragte ich mich, ob das mir gegenüber wirklich meine Gene waren – immerhin rechnet die Wissenschaft mit mindestens zehn Prozent Kuckuckskindern.

»Das wird bestimmt passieren, und dann rufst du mich sofort an. Bis ich hier bin, hältst du ihn irgendwie auf. Verwickle ihn in ein Gespräch, das dürfte nicht schwer sein. Er ist in deinem Alter. Und ich muss ihn dringend sprechen!«

Thomas sah sich wenig interessiert das Foto von Julias Bruder an, das ich ihm über den Tisch geschoben hatte.

»Worum geht es eigentlich?«
»Um die zweiten fünfzig Euro für dich. Ist doch egal, in welcher Kneipe du deinen Tee trinkst, oder?«
»Und was ist so dringend?«

Tja, das hätte ich auch gern gewusst. Insbesondere nach der Nachricht von Julia, die ich in Brüderchens Wohnung gefunden hatte. Aber Julia war zurzeit ebenso verschwunden. Das alles brauchte mein Sohn nicht zu wissen. Ebenso wenig, warum die Sache jetzt auch für mich dringlich war: Ich hätte sie gerne erledigt, bevor Pascha seine Söhne schickte, um mich daran zu erinnern.

Das Krumpelbumpel war nur mäßig frequentiert. Manuela würde heute Abend kaum ihre Unkosten einspielen, ganz abgesehen von irgendeiner Kompensation für ihre Arbeitszeit. Nachher durfte sich die verdarlehnte Existenzgründerin sicher noch die tragische Lebensgeschichte eines letzten Halbtrunkenen anhören, während sie sich nur nach dem Bett sehnte. Selbstausbeutung nennt man das.

Zwischen Thomas und mir war alles Notwendige besprochen und eine wenn auch bekannte, so immer noch peinliche Vater-Sohn-Stille eingetreten.

Sollte ich ihm doch von meinen heutigen Abenteuern berichten? Nein, lieber sollte ich ein wenig über meinen Sohn erfahren, wusste ich doch nicht einmal sicher, welchen Studiengang er aktuell belegt hatte. Andererseits, direkt danach fragen wollte ich nicht. Wie lästig waren mir die Fragen meines Vaters gewesen. »Was war denn heute in der Schule?«, in der Erwartung, dass jeden Tag erneut der Schulbeste gewählt wurde und damit natürlich sein Sohn. Außerdem war ich mir nicht sicher, ob er mir nicht irgendwann von seinem aktuellen Studienfach erzählt hatte.

Ich hatte nach einer neutralen Frage gesucht und, dumm von mir, mich nach seiner Mutter erkundigt. Eigentlich hatte ich ja etwas über meinen Sohn erfahren wollen. Der blickte mich an, als hätte ich ihn aufgefordert, ein schmutziges Geheimnis zu lüften. Aber dann lächelte er.

»Lena macht jetzt wieder Yoga … und 'nen Tangokurs.«

Aha, aber das hätte ich mir denken können. Jazztanzen in Kasernenhofaufstellung ist längst out, inzwischen wünschen die gelangweilten Mittelstandsmuttis wieder ein wenig Körperkontakt.

»… und einen neuen Freund hat sie auch. Guter Typ. Künstler. Deutlich jünger als du übrigens.«

Ja, ja, ich hatte gefragt. Im Fußball, das hatte ich von Herbert gelernt, spricht man in so einem Fall von einem »schweren Deckungsfehler« oder einer »Einladung zum Tor«.

»Schön. Tja, ich werde dann mal.«

Mein Sohn blieb zurück im Krumpelbumpel. Ich hatte mein großes Bier längst geschafft, sein Teeglas war noch gut gefüllt – und sicher kalt. Aber Kräutertee war kalt wahrscheinlich noch gesünder. Mich hingegen würde er bei seiner Mutter als Immer-noch-Alkoholiker melden.

Ich zahlte Bier und Tee und bereitete Manuela darauf vor, dass sie Thomas jetzt häufiger sehen werde, was sich allerdings kaum positiv in ihrem Umsatz widerspiegeln dürfte. An einem Tisch neben der Eingangstür saßen zwei attraktive Mädchen in Thomas' Alter. Aber nach allem, was ich über ihn nicht wusste, konnte er inzwischen ebenso gut schwul sein. Wo genau verläuft die Grenze zwischen Nichteinmischung in das Leben des eigenen Sohnes und Desinteresse?

Ich trat hinaus in den Berliner Dezemberregen und tröstete mich mit dem Gedanken, dass auch Eltern, deren Kinder noch zu Hause leben, sich oft nur der Illusion hingeben, sie wüssten mehr über diese Kinder als ich über meinen Sohn.

Am nächsten Morgen regnete es noch immer oder schon wieder, keine Ahnung. Die Ermittler Oskar und Herbert jedenfalls führten unbeirrt ihren unermüdlichen Kampf für ein sauberes Neukölln weiter. Dieses Mal im Schillerkiez, für uns immer eine lohnende Gegend.

»Du hast gestern Abend bei mir angerufen?«

»Ja. War nichts Wichtiges.« Ich brannte inzwischen nicht mehr so darauf, Herbert von meinem Einbruch und der Entführung zu erzählen. Misstraute ich meinem Partner plötzlich? Er erzählte ja auch nicht, warum er gestern »noch einmal kurz weg« gemusst hatte. Aktuell hatte ich ohnehin ein wichtigeres Thema: unseren kommenden Nachteinsatz.

»Du bist doch noch dabei, Herbert, oder?«
»Klar doch. Hast du gehört, wie das Wetter werden soll?«
»Da brauchen wir keinen Wetterbericht. Geh einfach vom Schlimmsten aus.«

Natürlich machte ich mir Gedanken zum Wetter für unsere kommende Nachtaktion. Mehr Gedanken aber noch, warum mein Klingeln bei Julia nach wie vor ohne Antwort blieb.

21

Selbstverständlich hatte ich recht behalten mit dem Wetter, alles wie gehabt: In einer fiesen Mischung aus Schnee und Regen hockten Herbert und ich hinter meinem Brombeerbusch und warteten auf die Müllverbrecher und Hundemörder. Immerhin war ich besser vorbereitet als neulich, kein Tropfen würde heute Nacht meine Haut erreichen. Dafür war ich eingepackt wie ein Astronaut im Außeneinsatz oder das Michelinmännchen. Und mindestens ebenso beweglich.

Herbert war noch besser ausgerüstet, unter anderem hatte er eine große Thermosflasche mit heißem Tee mitgebracht. Daran hatte sicher seine Frau gedacht. Dann zauberte er das i-Tüpfelchen seiner Ausrüstung hervor.

»Hier. Schau mal durch«

Unglaublich. Herbert hatte sogar ein Nachtsichtgerät dabei! Brauchte er das für seine geheimnisvolle neue Nebenerwerbsquelle?

»Wo hast du denn so ein teures Ding her?«

»Die bekommst du auf ebay für unter fünfzig Euro. Das hier ist allerdings absolute Profi-Qualität, damit siehste fast schärfer als bei voller Sonne. Und es war sogar kostenlos, aus dem Nachlass der Nationalen Volksarmee gerettet.«

»Gerettet?«

»Mit nach Hause genommen. Wäre sonst von euch genauso sinnlos verschrottet worden wie alles andere.«

Ich wollte was in Richtung Schwerter zu Pflugscharen erwidern, aber Herbert legte den Zeigefinger an den Mund. Er deutete nach rechts, von wo sich drei Gestalten näherten, die jeder eine reichlich beladene Sackkarre vor sich her bugsierten. Kein einfaches Unternehmen auf dem matschigen Boden und dementsprechend von Flüchen und gegenseitigen guten Ratschlägen begleitet. Nahm ich an, verstehen konnte ich die Sprache nicht. Um ein eher geräuschloses, vorsichtiges Vorgehen jedenfalls bemühten sich die Leute nicht.

»Woher wusstest du, dass die heute Nacht hier auftauchen?«, flüsterte Herbert.

»Weil der gemeine Müllverbrecher ein Gewohnheitstier ist, wie andere Menschen auch. Zum Beispiel setzen wir beide uns im Wartezimmer beim Arbeitsamt immer auf dieselbe Bank – ist dir das noch nie aufgefallen? Das hat was mit unserem Versuch zu tun, Ordnung in ein an sich chaotisches Leben zu bringen.«

»Das nennt sich schon seit Jahren Jobcenter, und hör auf zu philosophieren. Hier kommt die Action!«

Diese Action bestätigte meine eben zum Besten gegebene Theorie. Genau an derselben Stelle wie vor zwei Wochen, keine zehn Meter von uns entfernt, luden die Typen einen Haufen Kartons von ihren Sackkarren ab.

»Was meinst du wohl, was die da entsorgen?«

»Keine Ahnung. Ist ein Nachtsichtgerät, keine Röntgenbrille.«

»Gib mal her.«

Immerhin konnte ich durch das Ding die Täter sehen – und erkennen, als stünden sie direkt vor mir. Zwei von ihnen jedenfalls.

»Das sind die Kerle, die mich in den Mardin-Grill entführt und dann auf die Karl-Marx-Straße geworfen haben.«

»Was für 'ne Entführung?«

Geflüstert bekam mein Partner nun doch eine Kurzversion zu hören, während wir meine Freunde weiter bei der Arbeit beobachteten.

Ich justierte gerade die Feineinstellung nach, als Herbert mir das Ding mitten im Satz einfach wegnahm.

»Diese Typen sehen doch alle gleich aus. Erst recht als kleine grüne Männchen im Restlichtverstärker.«

Eben noch hatte er von »absoluter Profi-Qualität« gesprochen!

»Jedenfalls haben wir sie auf frischer Tat erwischt. Und jetzt werden wir sie uns schnappen!«

»Und sollen riskieren, eins auf die Rübe zu bekommen?«

»Das sind Dreifachmörder, Herbert. Schon vergessen?«

Längst hatte ich mich erhoben. Jetzt kam auch Herbert endlich hoch, hielt sich aber mit einer Hand an mir fest, während er mit der anderen seinen Unterschenkel bearbeitete.

»Eingeschlafen...«

Die Typen hatten uns entdeckt. Sie ließen ihre Sackkarre Sackkarre sein und rannten in die Richtung, aus der sie vorhin aufgetaucht waren. Ich schüttelte Herbert ab und stürmte hinterher.

»Tut mir leid, Herbert!«

Schnell musste ich erkennen, dass ich die Jungs so nie einholen würde. Aber sicher waren sie mit irgendeiner Art Transporter gekommen, hatten ihre Sackkarre bestimmt nicht zu Fuß durch halb Neukölln geschoben. Das war meine Chance, ihnen den Weg abzuschneiden, denn auch wir waren motorisiert. Ich schlug einen Haken in die Richtung des 92er Ford, den sich Herbert ausgeliehen hatte. Herbert schloss zu mir auf.

»Haben wir genug Benzin für eine Verfolgung?«

»Klar, mein Schwager tankt immer voll.«

Also rannten wir weiter über das ehemalige Fabrikgelände und versuchten, Baumstümpfe und Fallgruben trotz der Dunkelheit zu vermeiden. Tatsächlich hätten wir es vielleicht sogar

geschafft, wäre ich in der Dunkelheit nicht doch gestolpert –
über das Bein meines Partners!

»Tut mir leid«, meinte er.

Als wir unser Gefährt erreicht hatten, hörten wir nur noch
ein Motorengeräusch, das sich schnell entfernte. Verfolgung
sinnlos.

»Lass uns wenigstens kurz gucken, was die da abgeladen
haben.«

Mit Taschenlampen bewaffnet, stapften wir zurück zu der
Sackkarre und den Kartons, an deren Pappe bereits der
Schneeregen arbeitete. Sie aufzureißen war somit kein Problem. Fünf, sechs Kartons öffneten wir, alle mit dem gleichen
Ergebnis: Uns purzelten jede Menge modischer Sportschuhe
mit den bekannten drei Streifen entgegen.

»Das ist das neueste Modell«, informierte mich Herbert.
»Dafür legst du glatt sechzig, siebzig Euro auf den Ladentisch.
Oder sogar mehr. Die würden Luise bestimmt gefallen.«

Herbert begann, nach der passenden Größe zu suchen. Seine Tochter Luise war vierzehn, also kannte er sich aus.

»Ich denke, Luise spielt Geige?«

»Tut sie. Aber Sport macht sie auch. Soll ja nicht zu so einer
zerbrechlichen Musikelfe werden.«

Das hielt ich genetisch für ziemlich unwahrscheinlich, falls
Luise kein Kuckuckskind war.

»Ich glaube nicht, dass diese Schuhe hier deiner Tochter gefallen würden, mein Lieber. Und schon gar nicht, dass für die
jemand siebzig Euro auf den Ladentisch legt.«

Ich hielt die Sportschuhe in das Licht meiner Taschenlampe
und erinnerte mich, dass schon neulich, im Treppenhaus von
Jules' Wohnung, fand, dass irgendetwas mit den Drei-Streifen-Schuhen meiner späteren Kidnapper nicht gestimmt hatte.

»Adidas schreibt sich diese Firma, nicht Addidas. Im arabischen Schriftraum könnten diese Schuhe vielleicht noch
durchgehen. Oder in China. Aber hier: keine Chance. Schon
gar nicht bei einem markenbewussten Teenager.«

»Mist!« Herbert hatte bereits die passende Größe für seine Tochter gefunden. Enttäuscht warf er die Schuhe zurück in den Karton.

»Genug für heute. Lass uns morgen während der Dienstzeit noch einmal ordentlich nach Spuren gucken. Jetzt ab in die Heia!«

Herbert setzte mich vor meiner Haustür ab. Ich schaute hoch zu Julias Fenster: kein Licht. Zum Klingeln war es heute zu spät.

22

»Im Prinzip ist das eine Sache für die Zollfahndung!«

Wenigstens der Schneeregen hatte gegen Morgen aufgehört, und entgegen Herberts Protest, wir hätten Wichtigeres zu tun, durchwühlten wir den Pappkarton-Müllhaufen jetzt innerhalb unserer offiziellen und bezahlten Dienstzeit. Bisher jedoch ohne konkreten Hinweis auf die Täter beziehungsweise den Empfänger der schicken Adidas-Schuhe mit Doppel-D. Auf einem der Kartons war immerhin der Absender zu entziffern – wahrscheinlich jedenfalls, allerdings nur für Leute, die chinesische Schriftzeichen lesen können. Sollten sich doch, wenn überhaupt, die Kollegen vom Zoll die Hände schmutzig machen, meinte Herbert.

»War doch sowieso 'ne Schnapsidee, sich die halbe Nacht um die Ohren zu schlagen. Wir melden das dem Zoll und der Stadtreinigung, mehr ist nicht unsere Aufgabe. Die transportieren das Zeug ab und fertig.«

Herbert hatte vergessen, dass wir auf der Treptower Straßenseite standen, dass hier offiziell gar nicht unser Gebiet war.

»Und die Hundemörder kommen davon?«

»Wer sagt denn, dass das deine Hundemörder waren?«
»Mein Bauchgefühl. Und dass gestern wieder Mittwoch war.«

Natürlich hatte Herbert recht. Weder war es unser Job, nachts Müllsündern aufzulauern, noch gab es einen Beweis, dass die Addidas-Entsorger auch die waren, die Max' Geschwister im Müllcontainer deponiert hatten. Außerdem musste ich jetzt ganz dringend pinkeln. Und da ich nicht aus meiner bürgerlichen Haut kann, verzog ich mich dazu hinter die Reste der Fabrikmauer.

Aber eines war erstaunlich: Trotz seines nachdrücklich verkündeten Unwillens wühlte sich Herbert derweil unverdrossen weiter durch den Sportschuhhaufen, und als ich erleichtert zurück um die Ecke kam, sah ich gerade noch, wie er ein Stück abgerissenen Karton in seiner Jackentasche verschwinden ließ.

»Was gefunden?«
»Nö«, antwortete mein Partner, ohne mit der Wimper zu zucken. Hätte er es doch wenigstens bei diesem »Nö« belassen! Tat er aber nicht.
»Wie ich gesagt habe. Vollkommen sinnlose Aktion von uns, vertane Zeit. Die haben ganze Arbeit geleistet, keine Spuren hinterlassen.«
»Ja, so muss man das wohl sehen«, antwortete ich betrübt. Betrübt weniger über die angeblich vertane Zeit als über meinen Kumpel. »Lass uns überlegen, wo wir wenigstens ein vernünftiges Frühstück bekommen.«

Tatsächlich Frühstückszeit war es jetzt eher für die beneidenswerte Klientel von gastronomischen Einrichtungen wie dem Krumpelbumpel; aufgrund des nahen Mittags entschieden wir uns für ein paar Frühlingsrollen im Little Bambusgarten, das gerade aufmachte. Die letzte Müllsünde des Ladens war schon eine Weile her, jedenfalls die letzte, die wir entdeckt hatten. Aber die Familie Vang, vor Jahrzehnten aus Vietnam als Vertragsarbeiter in die DDR zwangsverschickt, bemühte sich immer um gute Kontakte zur Autorität, was in ihren Augen Herbert und mich einschloss. Für unsere Frühlingsrollen mussten wir deshalb nicht nach einer neuen Müllsünde suchen, vom Zahlen ganz zu schweigen, sondern uns nur die neuesten Erfolgsgeschichten ihres Sprösslings Ho anhören.

»Der wird es sicher auch zum Minister bringen, wenigstens!«, sagte Herr Vang.

Vorsichtig legte ich Herbert eine Hand auf den Unterarm. Es bestand kein Anlass, Herrn Vang daran zu erinnern, dass mit unserem ehemaligen Gesundheits- und Wirtschaftsminister aus Vietnam als Parteivorsitzendem die FDP aus dem Bundestag geflogen war. Aber, kam mir in den Sinn, vielleicht lag es doch nicht an unserem Schulsystem und der bösen Mehrheitsgesellschaft, dass Gökhans Neffe die Schule als Analphabet abgeschlossen hatte. Denn die Kinder mit Eltern aus Vietnam oder Griechenland schaffen es häufiger zum Abitur als unsere »einheimischen«.

»Ja«, stimmte ich dem stolzen Vater zu, »eure Kinder werden dieses Land noch übernehmen.«

Mit breitem Lächeln verschwand Herr Vang in der Küche. Und Herbert, ohne Lächeln, in Richtung Toilette.

Das gab mir die Gelegenheit, die Jackentasche meines Kollegen zu kontrollieren. Ich brauchte nur einen kurzen Blick auf das abgerissene Stück Karton zu werfen: die Leute mit den Addidas-Schuhen hatten wirklich an einem Karton vergessen, die Lieferadresse zu entfernen. Und die überraschte mich nicht, jedenfalls nicht mehr seit letzter Nacht, als ich durch die Nachtsichtbrille Paschas Söhnchen erkannt hatte. Pascha konnte ich nur wünschen, dass er wenigstens die Playstation- und iPhone-Imitate aus seinem gut gefüllten Lager würde vermarkten können.

Als Herbert zurückkam, saß ich längst wieder an unserem Tisch und Herr Vang servierte gerade unsere Frühlingsrollen. Dazu spendierte er noch ein paar scharf gebratene Hühnerflügel mit seiner Spezialsoße.

»Ganz frisch, alles hausgemacht. Müssen Sie probieren!«

Herberts manchmal etwas zurückhaltende Einstellung gegenüber Migranten schloss deren Küche nicht ein, da war er großzügig. Ich betrachtete meinen mir eigentlich so vertrauten Partner.

Warum hatte er diese Adresse vor mir versteckt? Was verheimlichte er? Wollte er dort doch noch nach ein paar passenden Schuhen für seine Tochter fragen? Oder als einsamer Rächer in der Hundegeschichte auftreten?

So naiv, das anzunehmen, war ich nun auch wieder nicht. Natürlich war mindestens zu vermuten, dass die Verheimlichung seines Fundes vor mir etwas mit der Goldader zu tun hatte, aus der vielleicht noch mehr zu holen war. Und dass er sich gestern Nacht wohl nicht zufällig erst an meinem Bein festgehalten hatte und ich wenig später über sein Bein gestolpert war. Jedenfalls kam es nicht unerwartet, dass Herbert jetzt, während er sich die Reste der hausgemachten Spezialsoße vom Kinn wischte, anbot, sich um das Protokoll zu unserem Fund und die Weitergabe an den Zoll zu kümmern. Genau die Art von Schriftkram, vor dem er sich sonst immer drückte.

23

Ob mein Partner mich in der Tat hinterging – wonach es aussah – oder es doch eine harmlose Erklärung dafür gab, dass er den Besitzer der Addidas-Schuhe vor mir geheim hielt: Ich fühlte mich jedenfalls hintergangen, im besten Fall von seinem Vertrauen ausgeschlossen. Ein unschönes Gefühl. Ähnlich fühlte ich mich hinsichtlich der verschwundenen Julia, denn weiterhin führte mein Klingeln bei ihr zu keiner Reaktion.

»Was ist los mit unserer Julia? Wohin ist die wohl verschwunden?«

Max schaute mich aus seinen inzwischen immer häufiger geöffneten Augen groß an, hatte aber offenbar auch keine Antwort. Oder meinte er, ich solle mich nicht so haben, Julia sei nicht mehr als eine freundliche, aber eben doch zufällige Nachbarin, ich hingegen entwickle die spätpubertäre Obsession eines alten (na ja: älteren) Mannes gegenüber einer jungen Frau?

Falsch, entschied ich. Ich hatte Grund, interessiert, inzwischen sogar besorgt zu sein. Wo war Julia? Auf einer Urlaubsreise? Davon hätte sie mir doch sicher wenigstens beiläufig erzählt. Zu einem Geliebten gezogen? Da war sie wieder, die Obsession ... Nein, ich sei nur besorgt, schaltete sich ein anderer Hirnteil entschuldigend ein. War Julia in Schwierigkeiten? Ich rief mir ihre Nachricht an Bruder Jules ins Gedächtnis: die Dringlichkeit, die Betonung der bevorstehenden Auktion. War Julia jetzt auch untergetaucht, wie Brüderchen? Und endlich: Sie konnte auch ernsthaft erkrankt und vollkommen hilflos, komatös und unterkühlt in ihrer Wohnung liegen! Sollte ich mir in geübter Weise dort Zugang verschaffen?

Das ginge dann doch zu weit, schien mir. Vielleicht war alles nur Zufall, ich hatte schlicht immer dann geklingelt, wenn sie einfach gerade nicht zu Hause gewesen war. Eine Untersuchung der Hausbriefkästen ergab keine Klärung, Julias Briefkasten quoll nicht über. Meiner auch nicht, obgleich ich mich vergangene Woche doch wieder einmal auf Stellenanzeigen beworben hatte.

Das Ausbleiben von Einladungen zum Bewerbungsgespräch gab mir die Zeit, die Frage nach Julias Verbleib zu klären. Dabei konnte ich gleich etwas für meine lückenhafte Bildung in Sachen schöne Künste tun. Auch Max, beschloss ich, könnte eine Einführung in die mitteleuropäische Kultur nichts schaden. Er kam wieder in die Sporttasche.

Das Auktionshaus Keiser hatte am allgemeinen Umzug in die nach der Wende angesagte neue alte Mitte Berlins nicht teilgenommen oder nicht teilnehmen können. Da aber mittlerweile eine Rückwanderung der Geschäftswelt in die City West stattfand, hatte Keiser letztlich nichts falsch gemacht. Er residierte in der Bleibtreustraße, einer Seitenstraße des Kurfürstendamms, und zwar »seit vierzig Jahren«, wie im Schaufenster verkündet wurde. »Nächste Auktion Mittwoch ab 10:00 Uhr, Vorbesichtigung ab 5. November täglich 11:00 Uhr bis 20:00 Uhr« las ich daneben. Das passte, ich trat ein.

»Würden Sie Ihre Tasche bitte hier abstellen?«

Ein ziemlich geschniegelter Mittdreißiger war aufgetaucht, einen Stapel Versteigerungskataloge unter dem Arm.

»Das möchte ich eigentlich nicht.«

»Ich fürchte, ich muss darauf bestehen.«

Machte ich wirklich einen so kriminellen Eindruck? Sollte ich nicht beleidigt sein? Ein kurzer Blick in die Tasche zeigte mir, dass Max wie üblich schlief, also gab ich nach und drückte dem verdutzen Mittdreißiger die Tasche in die Hand.

»Dann passen Sie mal gut auf meine Tasche auf. Deren Inhalt ist nämlich auch ziemlich wertvoll.«

Als zusätzliche Bestrafung kaufte ich ihm keinen seiner Versteigerungskataloge ab, die waren mir mit zehn Euro ohnehin zu teuer.

Ich schaute mich um. Das Auktionshaus war früher offenbar eine normale Wohnung im Hochparterre gewesen, das gab der Ausstellung ein eher gemütliches Ambiente und passte irgendwie gut zu ihrer nostalgischen Location im ehemaligen West-Berlin. Obgleich Gemälde ganz offensichtlich der Schwerpunkt bei Keiser waren, standen auch einige mehr oder weniger antike Möbel auf wahrscheinlich sehr edlen Perserteppichen herum, was den wohnlichen Charakter unterstrich. Besonders angestrahlt war eine barocke Vitrine mit Schmuck und altem Porzellan.

Die Wände waren sämtlich dicht mit Bildern behängt; ich bekam wahrscheinlich einen Überblick über die Periode, die mir Julia als »Nachkriegsmoderne« erklärt hatte. Das meiste war abstraktes Gemale, ein paar wenige Bilder waren fast oder sogar komplett gegenständlich. Alle zusammen machten einen eher düsteren Eindruck. Kann keine fröhliche Zeit gewesen sein, die Nachkriegsmoderne. Wer hängt sich so etwas in die gute Stube?, fragte ich mich.

Ein eher kleines Bild, das halbwegs gegenständlich eine düstere Häuserzeile mit abgeplatztem Putz zeigte, hatte den größten Teil der Stirnwand für sich allein, offenbar der Star der bevorstehenden Auktion. Es weckte sofort mein Interesse, ich trat näher heran.

Ein Pederowski, belehrte mich das kleine Schild rechts unter dem Bild. Aus seiner Berliner Periode, aha! Ausführlich studierte ich den Pederowski, aus der Nähe und dann mit ein wenig Abstand.

»Das ist ein wirklich außergewöhnlicher Pederowski, nicht wahr?«

Auf leisen Sohlen hatte sich der geschniegelte Mittdreißiger angeschlichen, wo er doch eigentlich auf Max aufpassen sollte.

»Ja«, stimmte ich zu, »besonders weil, so viel gibt es ja nicht aus seiner Berliner Zeit.«

Das war natürlich reine Spekulation meinerseits. Aber wenn dieses Bild, dessen große Besonderheit sich mir nicht unmittelbar erschloss, immerhin der Star der Auktion war, sollte es doch etwas Seltenes sein.

»Na ja, jedenfalls nicht von dieser Qualität«, sagte der Geschniegelte.

Aha, ich hatte falsch spekuliert, dieser Pederowski war auch in seiner Berlin Zeit nicht ganz faul gewesen. Mr. Geschniegelt ließ mir den Fehler durchgehen, vielleicht war ich ja doch ein potenzieller Kunde, zuletzt gar ein potenter, wenn auch ein wenig exzentrisch. Schon lange konnte man nicht mehr nach der Kleidung urteilen.

»Haben Sie eine Idee, was das Bild bringen wird?«, fragte ich.

»Wer weiß schon, was auf einer Versteigerung passiert. Es wird mit 5.000 aufgerufen. Wir denken, mindestens 20.000 sollten aber drin sein.«

Ich nickte nachdenklich wie jemand, der ernsthaft überlegte, ob 30.000 Euro aus der Portokasse nicht gut ganz angelegt wären für einen Pederowski von dieser Qualität. Dann wechselte ich das Thema.

»Sagen Sie, wo ist eigentlich Frau Baumgärtner? Die arbeitet doch hier bei Ihnen, nicht wahr?«

Der Geschniegelte musterte mich mit neuem Interesse, seine Antwort kam leicht verzögert.

»Frau Baumgärtner ist auf Dienstreise.«

»Auf Dienstreise, aha. Und wann wird sie zurück erwartet von dieser Dienstreise?«

Jetzt war das Zögern deutlicher. »Sie werden verstehen, Herr ...« Damit bekam er mich nicht, ich guckte nur weiter freundlich. »Wir geben prinzipiell keine Auskunft über unsere Mitarbeiter.«

Klar, das verstand ich. Ich könnte ja ein Stalker sein oder ein Serienmörder. Oder vom Finanzamt. Der Geschniegelte wollte sich langsam zurückziehen, ich hatte aber noch eine mir wirklich wichtige Frage.

»Einen Moment noch, bitte. Zurück zum Pederowski. Wie lange hängt der eigentlich schon hier?«

»Wie meinen Sie das?«

»Genau wie ich es gefragt habe. Ist das Bild bei Ihnen erst seit ein paar Tagen zu besichtigen oder schon länger? Das meine ich.«

»Das ist doch wohl klar. Der Pederowski hängt hier, seit die Vorbesichtigung läuft. Also seit fast drei Wochen.«

Das fand ich bemerkenswert. Wie konnte dasselbe Bild dann ein paar Kilometer entfernt von hier zwischen Reisepostern aus dem Libanon bei meinen Addidas-Freunden hängen?

24

Zurück im trauten Heim, bestand Max auf Erholungsschlaf, ich auf das tägliche Wiegen. Max war wenig begeistert, schließlich war der Besuch bei Keiser recht aufregend für ihn gewesen. Als ich das Auktionshaus voller Gedanken und Hypothesen zum doppelten Pederowski verlassen wollte und dabei selbstverständlich nicht meine Sporttasche vergaß, fiel es mir sofort auf: zu leicht!

Schließlich war es der Geschniegelte, der Max fand und mich mit ernstem Gesichtsausdruck auf den verursachten Großschaden hinwies: Bei seiner eigenen Vorbesichtigung im Auktionshaus hatte mein Kleiner eines der grazilen Beine der erwähnten Barockvitrine angeknabbert.

»Der hat nur Milchzähne, ist doch kaum zu sehen. Ein wenig Politur und alles ist verschwunden.«

Ich hatte keine Ahnung, ob Hundebabys tatsächlich Milchzähne haben, deshalb betonte ich noch, dass die Sache außerdem kaum meine Schuld wäre, hätte ich doch gerne die Tasche und damit den Übeltäter mit mir herumtragen.

»Sie haben darauf bestanden, dass ich die Tasche abstelle. Also hätten Sie auch aufpassen müssen!«

Der Geschniegelte regte sich weiter auf, sein Gejammer wurde mir zunehmend lästig.

»Wenn Sie meinen, dass das ein Schaden ist, lassen Sie ihn reparieren und schicken mir die Rechnung. Schönen Tag noch.«

Nun hatte er zwar von mir weder Namen noch Adresse, beides aber könnte er wegen meiner Nachfrage vielleicht von Julia erfahren. Trotzdem war ich ziemlich sicher, dass ich nie eine Rechnung vom Auktionshaus Keiser bekommen würde.

Die angeknabberte Barockvitrine hatte zwei erfreuliche Aspekte, weit wichtiger als die kaum sichtbaren Kratzer: Zum einen bestätigte mir das Knabbern, dass unser allmählicher Übergang auf feste Nahrung richtig und die Saug- und Säugephase langsam vorbei war. Den anderen erfreulichen Aspekt hatte Julias Kollege in seiner Empörung vorhin übersehen, inzwischen aber wahrscheinlich auch entdeckt: Max setzte seine kleinen Kotbällchen nun auch spontan, ohne meine Aftermassage, ab. Ich hoffte, das klappte nicht nur auf antiken Perserteppichen.

Man konnte Max praktisch beim Wachsen zusehen, er passte inzwischen gerade noch eben so in die Schale von Herberts Küchenwaage. Der schlechte Start in der Mülltonne hatte seine Entwicklung nicht beeinträchtigt, wir hatten die Vorgaben von www.hundeinfoportal.de bisher vorbildlich eingehalten. Fast auf den Punkt hatte sich Max' Geburtsgewicht bis zum zehnten Lebenstag verdoppelt. Noch zwei Wochen und wir näherten uns der sechsten Lebenswoche, dann sollte Max sechs- bis zehnmal schwerer sein als am Tag seiner Geburt. Auch das würden wir sicher schaffen. Zum Problem könnte die letzte Vorgabe zum Gewichtsverlauf auf dem Hundeinfoportal werden: »In einem Alter von fünf bis sechs Monaten haben die meisten Hundewelpen die Hälfte ihres Endgewichtes im Erwachsenenalter erreicht.« Bis dahin mussten wir also geklärt haben, zu was für einer Rasse oder zu welcher Art Mischling Max schlafend, säugend, wachsend und jetzt auch Holz anknabbernd unterwegs war.

Es klingelte. Mein erster Gedanke: Julia! Mein zweiter Gedanke: Julia! Max im Arm, eilte ich zur Tür und machte auf, ohne vorher den Spion zu konsultieren.

Was sich als Fehler erwies: Kaum hatte ich die Wohnungstür geöffnet, stürmten zwei andere inzwischen gute Bekannte an mir vorbei.

»Du alleine, eh?«

Mindestens eines teilen Leute mit und ohne Migrationshintergrund in Deutschland: das hier so verbreitete Misstrauen. Ohne die Antwort abzuwarten, kontrollierten die beiden meine Wohnung. Zimmer, Küche, Bad, das ging schnell.

»Setzen Sie sich doch.«

Breitbeinig hatten sich die beiden längst auf meiner Bettcouch eingerichtet. Beide mit Schirmmütze, einer mit Schirm nach hinten (War das nicht out?, fragte ich mich), sein Kumpel mit Schirm nach vorne. Unempfänglich für den feinen Humor meiner nachträglichen Einladung zum Sitzen, polterte der Paschasohn mit Schirm nach vorne los.

»Du hast Auftrag von Chef. Chef hat nicht gehört von dir. Ist scheiße für dich, verstehst du?«

Ich schaute die beiden betont verständnislos an.

»Wie sollte ich Ihren Chef erreichen? Ihr Chef hatte ganz ausdrücklich gesagt, er würde sich melden. Also darf ich mal annehmen, dieser Absprache verdanke ich Ihren Besuch.«

Die beiden kauten noch an der Bedeutung von Konjunktiv und Relativsatz, während ich von Verteidigung auf Gegenangriff überging.

»Jedenfalls passt es gut, dass Sie sich melden, da brauche ich nicht nach Ihnen zu suchen. Es gibt da nämlich ein Problem, das ich mit Ihnen habe: illegaler Import von raubkopierten Sportschuhen.«

Jetzt schauten meine Besucher verständnislos. Vielleicht hatte ich mich zu kompliziert ausgedrückt.

»Falsche Adidas. Aus China. Bei der alten Fabrik entsorgt.«

Erster Fehler meiner Besucher: Statt erst einmal ahnungs- oder wenigstens weiter verständnislos zu tun, wandten sie mir ihre Aufmerksamkeit zu. Natürlich trugen beide wieder blitzneue Sportschuhe der einschlägigen Marke, heute jedoch mit korrekt buchstabiertem Logo. War das schon die Ersatzlieferung?

»Genauer gesagt: Adidas-Treter mit goldenen Streifen und falscher Aufschrift. Adidas mit drei d! Illegal produziert, illegal ins Land gebracht, illegal entsorgt. Und zwar mit jeder Menge Beweise gegen Sie!«

Das war ein wenig dick aufgetragen für ein abgerissenes Stück Pappe, das Herbert vielleicht längst beseitigt hatte, aber wenigstens der Typ mit Mützenschirm nach vorne hatte verstanden, worum es ging. Ich konnte seine Hirnrädchen bei ihrer schweren Arbeit an der Frage beobachten, wie auf eine Situation zu reagieren sei, die so nicht geplant gewesen war. Während er sich intensiv im Schritt kratzte, ließ er sich genug Bedenkzeit, um auf Fehler Nummer zwei zu kommen: telefonische Rückfrage beim Chef.

Die Sprache, in der dieses Telefonat geführt wurde, dürfte eine Art Arabisch gewesen sein. Also verstand ich kein Wort, außer Adidias, das kam häufiger vor. Klar aber war, dass auch Pascha diesen Anruf als schweren Fehler rügte, jedenfalls wenn er nicht grundsätzlich mit sich überschlagender Stimme ins Telefon brüllte. Schirm nach vorne schaute zunehmend bedröppelt aus der Wäsche. Schirm nach hinten demonstrierte derweil, dass diese Entwicklung nicht ihm zuzurechnen sei, und konzentrierte sich auf sein schickes iPhone. Soweit zu erkennen, scrollte er vorwiegend durch Porträtfotos von irgendwelchen Leuten, vertrieb sich seine Zeit offenbar auf facebook. Suchte er sich schon einmal neue Freunde? Ich konnte es ihm kaum übel nehmen. Dann kam mir eine andere, wenig erfreuliche Idee: Genauso gut konnte er gerade über facebook places Verstärkung hierher dirigieren! Diese Vorstellung war allerdings ein wenig paranoid, denn falls nötig, würden die beiden ganz gut alleine mit mir fertig werden.

Das Telefonat mit Pascha war beendet, und ich wartete besorgt ab, ob Schirm nach vorne nun meinte, mir gegenüber seine angeknabberte Autorität wiederherstellen zu müssen, mit ein wenig körperlicher Gewalt zum Beispiel. Machte er aber nicht. Im Gegenteil schien er sogar um Höflichkeit bemüht.

»Chef hat super Angebot für dich. Will dir sagen. Kannst gleich mitkommen zu Chef.«

Ich erlaubte mir, seinen Chef zu zitieren. »Ihr Chef soll sich keine Sorgen machen, mein Freund. Ich werde mich rechtzeitig melden. Heute passt es wirklich schlecht.«

Wie zu erwarten war auch dieser kleine sprachliche Witz an den beiden vorübergegangen, seine Bedeutung aber hatten sie mitbekommen. Einen Moment waren sie unschlüssig: Sollten sie mich auch gegen meinen Willen mitnehmen? Sollten sie den Chef noch einmal telefonisch konsultieren? Aber inzwischen war klar, dass Pascha wenigstens für den Moment einen halbwegs pfleglichen Umgang mit mir befohlen hatte. Am Ende warfen die beiden einen Zettel mit einer Handynummer auf den Tisch, murmelten etwas von »lieber ganz bald bei Chef melden« und schoben ab.

»Hast du verstanden, was das sollte?«

Max schaute mich aus großen Augen an. Sicher war er verwirrt, hatte er doch nie vorher menschliche Wesen kennengelernt, die sich nicht sofort streichelnd auf ihn stürzten. Dann fielen ihm die Augen wieder zu.

Im Nachhinein überlegte ich, ob ich während des Telefonats von Pascha-Sohn mit seinem Papa auch das Bild hätte erwähnen sollen, den doppelten Pederowski aus seiner Berliner Periode. Aber mir war bewusst, dass ich auch so einen Vorteil herausgespielt hatte. Ich wusste allerdings nicht, worin dieser Vorteil eigentlich bestand und, wichtiger, was ich damit anfangen konnte. Wenn es mir einfiel, würde ich den Chef anrufen. Seine Handynummer hatte ich ja nun.

Immerhin hatten mir seine beiden Hiwi-Söhne in Erinnerung gerufen, dass ich Julias Bruder immer noch nicht gefunden hatte. Nicht dass ich mich gegenüber ihrem Chef in dieser Angelegenheit besonders verpflichtet fühlte, auch wenn es mich schon interessierte, was für ein super Angebot der wohl für mich haben mochte. Aber ich hatte schließlich auch Julia versprochen, ihren Bruder zu finden, und die konnte von einem halbwegs kompetenten Polizisten diesen Gefallen endlich erwarten.

Ich rief meinen Sohn Thomas an, erreichte aber nur seine Mailbox und hinterließ eine Nachricht. Vollkommen überraschend rief er mich wenig später tatsächlich zurück. Nein, dieser Jules sei bisher noch nicht im Krumpelbumpel aufgetaucht, jedenfalls nicht, während er dort war. Und schließlich hätte er, Thomas, auch noch andere Dinge zu tun, als in einer Kneipe herumzusitzen.

»Das sollte mich wahrscheinlich freuen. Jedenfalls wenn es bedeutet, dass du dein Studium jetzt ernst nimmst.«

Darauf ging mein Sohn zum Glück nicht weiter ein, denn nach wie vor war mir nicht klar, ob ich sein aktuelles Studienfach eigentlich wissen müsste oder nicht. Wieder versäumte ich die Chance, ihn einfach danach zu fragen. Immerhin versicherte er mir, er werde seine Augen weiter offen halten und mich, falls er Jules sähe, sofort informieren. Und ja, natürlich werde er seine Mutter von mir grüßen, falls ich das tatsächlich wolle. Ich antwortete nicht, sollte mein Sohn doch entscheiden, was ich tatsächlich wollte.

Nach diesem Telefonat schaute ich Max beim Schlafen zu. Das mag sich ein wenig einfältig anhören oder langweilig. Ist es aber nicht. Es hat etwas sehr Beruhigendes. Tiere scheinen bei dem, was sie tun, immer ganz bei der Sache zu sein. Anders als wir, die beim Duschen die Aufgaben des kommenden Tages durchgehen oder beim Beischlaf schon mal unbezahlte Rechnungen. Unsere Babys und Kleinkinder haben sie noch, diese unbedingte Hingabe an den Augenblick. So wie ich jetzt einfach dasaß, das regelmäßige Heben und Senken von Max' Brustkorb beobachtete und das Wunder des Lebens spürte, hatte ich vor Jahren am Bettchen von Thomas gesessen. War ich damals frei gewesen von Vorstellungen, was ich für ihn in der Zukunft erwarten würde? Sicher nicht, aber hatte ich wirklich nur Erwartungen für ihn gehabt, nicht auch an ihn? Auch wenn ich ihm nur das Beste gewünscht hatte. Das tat ich natürlich heute noch. Aber, zugegeben, woher sollte er das wissen? Wahrscheinlich gab es bei twitter oder facebook Diskussionsforen, auf denen man sich über seinen Vater beschweren konnte. Zu dieser Diskussion konnte Thomas sicher eine Menge beitragen.

Dieser Gedanke erinnerte mich an Paschas Sohn mit dem Smartphone und brachte mich auf eine Idee: Sollte Jules Baumgärtner nicht auch auf facebook existieren? Wenn ja, hatte er dort seine Freunde gelistet? Die ich dann nach seinem Verbleib fragen konnte? Ich warf meinen Uralt-Computer an, um zu schauen, ob Jules tatsächlich seine facebook-Freunde freigegeben hatte, selbst wenn es mehr als unwahrscheinlich war, dass ich seine eventuellen Freunde kennen würde.

Indem wir Ereignisse oder Konstellationen als unwahrscheinlich, aber damit eben nicht als unmöglich klassifizieren, geben wir dem Irrsinn des Lebens und der Irrationalität des Zufalls Raum. Tatsächlich kannte ich einen von Jules facebook-Freunden. Er war erst vor ein paar Tagen als Freund dazugekommen. Aber ebenso tatsächlich war dies weder ein unwahrscheinlicher Zufall noch war es eine erfreuliche Entdeckung.

25

Der nächste Morgen hatte noch ein paar mehr Überraschungen in petto gehabt – erstaunlicherweise allesamt positiv. In die erste war ich gleich auf meinem Weg zum Bad getreten, und sie bestätigte, dass Max inzwischen nicht nur gelegentlich selbstständig das engeres Wohnumfeld inspizierte, sondern sehr wohl in der Lage war, sich auch unabhängig von echten Perserteppichen und gepflegtem Antik-Mobiliar seiner Verdauungsreste ohne Aftermassage zu entledigen. Die zweite war mindestens ebenso positiv – an diesem Morgen stand beim Klingeln tatsächlich Julia vor der Tür, auf dem Weg zur Arbeit, attraktiv wie immer. Keine Erklärung für ihre Abwesenheit während der letzten Tage, aber: Da sei am kommenden Freitag eine Vernissage mit Bildern einer Freundin, ob ich Lust hätte, sie zu begleiten? Zugegeben, mit Rücksicht auf mich hatte sie nicht von Vernissage gesprochen, sondern von der Eröffnung einer Ausstellung, aber ja, ich hatte Lust und versprach, ihr keine Schande zu machen und von den Werken der Freundin angemessen begeistert zu sein.

Die größte Überraschung war mit der Post gekommen und hatte mich heute auf dieses triste Gelände in der Stadt Brandenburg an der Havel geführt. Es erinnerte stark an die Industriebrache, auf der ich Max das Leben gerettet hatte. Ehemals dürfte hier irgendein großer volkseigener Betrieb der halben Stadt Brandenburg Arbeit oder wenigstens eine Beschäftigung gegeben haben, jetzt wurde die Tristesse eher verstärkt durch das magere Tannenbäumchen, dessen glimmende Weihnachtskerzen die Dunkelheit des Morgens nur unterstrichen. Und natürlich regnete es weiter nasskalt in den Dezember hinein.

Immerhin drangen aus einigen der kleineren Gebäude gedämpftes Licht wie auch gedämpfter Lärm. Firmen mit zeitgemäßen Namen wie SAT-Technology, General Logistics und Brandenburg Optomechanics, sicher mit reichlich Steuergeldern hierher gelockt, verhinderten den endgültigen Tod des ehemaligen Industriestandortes, hatten ihn aber noch nicht entscheidend wiederbelebt. Zu diesen Unternehmen gehörte auch die Messtechnik Brandenburg GmbH und Co KG, deren Einladung zum Vorstellungsgespräch mir am Morgen der positiven Überraschungen ins Haus geflattert war. Ausgiebig, wenn auch nicht ganz erfolgreich, nutzte ich die Fußmatte am Eingang zu meinem eventuellen neuen Arbeitgeber. Zu Recht, denn im Gegensatz zum verschlissenen Äußeren des Gebäudes strahlte mir im Inneren chrom- und edelstahlblitzende Modernität entgegen.

Auch ohne Schneeregen und Matsch war der Weg in diese Hightech-Welt nicht einfach gewesen. An der Bahnverbindung von Berlin mit dem Regionalexpress gab es nichts zu meckern, die zwanzig Minuten Warten am Bahnhof Brandenburg auf den Bus und den finalen Fußmarsch von fünfzehn Minuten fand ich akzeptabel. Die eigentliche Hürde hatte in meinem Case Manager bei der Agentur für Arbeit bestanden, als ich dort wegen der Reisekosten vorstellig wurde.

»Zeigen Sie mal her!«

Ungläubig studierte Müller-Jungblut das Einladungsschreiben der Firma Messtechnik Brandenburg GmbH und Co KG an Herrn Dipl-Ing. Oskar Buscher: »... können wir uns sehr gut vorstellen, dass Sie dem Anforderungsprofil entsprechen ... bitten um Kontaktaufnahme zur Terminvereinbarung mit unserer Frau Busch unter der Telefonnummer 03381...« Ingenieur Buscher wird eingeladen von Frau Busch, wenn das kein gutes Omen war, hatte ich gedacht. Mein Case Manager offenbar nicht.

»Das ist ja – hm – erstaunlich.«

»Was genau finden Sie erstaunlich? Dass es offene Stellen für Ingenieure gibt im allgemeinen Aufschwung? Oder dass man eine dieser Stellen ausgerechnet mir anbietet?«

»Ja, nein, ich meine nur ...«

Mein Case Manager wusste offenbar nicht wirklich, was er meinte, oder wollte es mir nicht sagen. Vielleicht meinte er, ich hätte das mit den fünf Euro pro Bewerbungsschreiben falsch verstanden, die seien als kleine Zusatzunterstützung gedacht, nicht tatsächlich ernst zu nehmen? Auch wenn aktuell in Deutschland über 60.000 Ingenieure gesucht wurden? Oder sogar 300.000, wie der *Tagesspiegel* geschrieben hatte? Vielleicht meinte er, Deutschland sollte diese Stellen lieber mit Chinesen besetzen, weil China jedes Jahr zwischen 300.000 und 600.000 Ingenieure ausbildet?

»Also, was ist nun mit meinen Fahrtkosten?«

Inzwischen war Mister Case Manager zu der Überzeugung gekommen, dass es sich bei dem vorgelegten Schreiben nicht um eine Fälschung handelte ... Man weiß ja nie bei den Langzeitlern, vielleicht wollen die sich nur einen schönen Tag in der wunderschönen Stadt Brandenburg machen.

»Eigentlich sind eventuell entstehende Reisekosten vor der Bewerbung bei uns zu beantragen, nicht erst vor dem Vorstellungsgespräch.«

Nun hatte es mir fast die Sprache verschlagen.

»Meinen Sie das ernst?«

»Na, nächstens bewerben Sie sich mal eben auf einen Job in der Südsee ...«

Ich neige nicht wirklich zur Gewalt, war aber kurz davor, meine Einstellung zu ändern. Hatte Mister Case Manager gemerkt, dass er zu weit gegangen war? Jedenfalls hatte er sich noch ein paarmal das rechte Ohr gekratzt und schließlich einen Gutschein für die Bahn herausgerückt. Aber er blieb unverbesserlich.

»Nicht schwarz tauschen und das Geld versaufen! Sie bringen mir eine Bestätigung vom Arbeitgeber, dass Sie wirklich dort waren.«

Meine linke Hand legte sich beruhigend auf meinen rechten Arm, der jetzt antworten wollte. An dessen Stelle sagte ich nur: »Ich muss dort noch einen Bus vom Bahnhof nehmen, hin und zurück, und etwas zu Mittag essen zum Beispiel.«

»Den Bus rechnen Sie später mit mir ab. Und zum Essen können Sie sich 'ne Stulle mitnehmen, oder nicht? Übrigens, die Leute in Brandenburg müssen Ihnen auch bestätigen, dass die Ihre Reisekosten nicht übernehmen, klar?«

Wortlos hatte ich mir den Gutschein für die Bahn und das Formular, das mein hoffentlich zukünftiger Arbeitgeber abzeichnen sollte, geschnappt und das Jobcenter verlassen. Nun stand ich also vor Frau Busch. Die war wirklich so freundlich wie erhofft, übersah sogar die Matschspur, die ich trotz meiner Bemühungen am Eingang über die hochwertige Auslegeware hinter mir her zog.

»Schön, dass Sie zu uns gefunden haben, Herr Buscher«, begrüßte sie mich mit einladendem Lächeln. Ein kurzer Satz nur, der nicht erlaubte, ihre Herkunft eindeutig festzulegen. Sicher aber war sie nicht aus Brandenburg, wo selbst das einstudierte »Schönen Tag noch« an der Supermarktkasse eher klingt, als solle man von einem nächsten Besuch doch bitte Abstand nehmen. Leider war Frau Busch nicht für Neueinstellungen zuständig. Das wäre eigentlich der Herr Schliff senior, sagte sie, der aber sei heute wider Erwarten nicht im Hause. Dafür würde ich mit dem Juniorchef sprechen.

Natürlich hatte ich die Messtechnik Brandenburg gegoogelt. Auf ihrer Homepage www.messtechnikbrandenburg.de stellt sich die Firma als »hochinnovatives und zukunftorientiertes mittelständisches Unternehmen« vor. Wie viele Leute hier hochinnovativ und zukunftorientiert arbeiteten, wurde nicht angegeben. Insofern war unklar geblieben, ob ich es mit einem Personalchef oder dem Mittelständler persönlich zu tun haben würde.

Immerhin aber wusste ich, dass man sich in einem hochinnovativen Unternehmen nicht durch die Suche nach dem Türschild »Personalabteilung« outen durfte, sondern gegebenenfalls nach der Abteilung HR zu suchen hätte, »human resources«, und eben nicht nach dem Personalchef, sondern dem HR-Manager. Aber nun war klar, dass ich es direkt mit dem Juniorchef von Messtechnik Brandenburg zu tun bekäme.

»Nehmen Sie doch bitte dort Platz. Herr Schliff wird sofort für Sie Zeit haben.«

Offenbar war Frau Busch Optimistin und ihr Juniorchef ein viel beschäftigter Mann. Oder er wollte einfach nicht sein Frühstück mit mir teilen. Nach einer guten halben Stunde kam die Sache dann doch in Schwung, Junior Schliff stürmte aus seinem Büro, direkt an mir vorbei.

»Wo ist denn nun dieser Ingenieur aus Berlin, Doris?«

Ich erhob mich ein wenig erstaunt. Er musste mich doch gesehen haben! Doris wies in meine Richtung, Herr Schliff folgte ihrem Blick, schien mich aber immer noch nicht wahrzunehmen.

»Ich bin Oskar Buscher ...«

Fast hätte ich noch »zu Diensten« gesagt.

Jetzt schaute der Juniorchef mich an, Verwirrung und Ungläubigkeit in seinem Blick.

»Sie sind das?«

Was stimmte hier nicht? Kannte Schliff junior mich irgendwoher, hatte mich aber in schlechter Erinnerung? Ich konnte mich nicht entsinnen, diesen Geltyp je gesehen zu haben.

Sicher nicht Ingenieur, schätzte ich, eher BWL. Er blätterte, soweit ich sehen konnte, meine Bewerbungsunterlagen durch, die ihm Frau Busch in die Hand gedrückt hatte, suchte etwas Bestimmtes, fand es, zeigte es Doris und bedachte sie mit einem bösen Blick. Dann, zu mir gewandt:
»Na, wo Sie schon einmal da sind ...«
Definitiv kein guter Start für ein Bewerbungsgespräch. Ich folgte dem Juniorchef in sein Büro und freute mich, wenigstens mit einer Vermutung richtig gelegen zu haben: Doris Busch folgte uns auf dem Fuße und räumte die Reste von Chefchens Frühstück von seinem Schreibtisch, während ich mich – unaufgefordert – setzte.
»Tja, wie Sie sehen, Herr ...«
»Buscher«
»... Herr Buscher, sind wir ein ausgesprochen junges Unternehmen mit entsprechend jungen Mitarbeitern.«
Verdammt! Starrte ich so auffällig auf Frau Buschs Hintern? Langzeitarbeitsloser Jobbettler zeigt unangemessenes Interesse an Chefchens Eigentum? Wahrscheinlich gehörten sein Ohrring und seine Sonnenstudiobräune zu seiner Vorstellung vom »jungen Team«. Oder wollte er seine Verbundenheit zur Unterschicht demonstrieren?
»Alle hoch motiviert! Zum Bespiel arbeiten wir vollkommen papierlos. Papier ist streng verboten, alles CAD und so. Tatsächlich bin ich hier, einmal abgesehen von meinem Vater, der Älteste!«
Selbstgefällig strich er durch seine gegelte Designerfrisur. »Wir sind eine absolute High-tech-Veranstaltung.« Er zog sein iPhone aus der Jacketttasche. »Ein Klick, und ich bin drin in unseren neuesten Konstruktionsplänen, egal, wo ich gerade zu tun habe auf der Welt!«
Es klappte sogar, irgendein Schaltplan erschien auf dem Display, viel zu erkennen war nicht. Chefchen strahlte wie ein Schneekönig, als hätte er das iPhone persönlich erfunden. Dass die NSA auch an deutschen Konstruktionsplänen höchst interessiert war, schien er noch nie gehört zu haben.

»Morgen zum Beispiel bin ich in Hamburg, bei Airbus. Und«, er stockte kurz, offenbar selbst überrascht, mich in dieses Geheimnis einzuweihen, »bald, da bin ich sicher, werden wir mit unserer Messtechnik aus Brandenburg den Weltraum erobern.«

Zufrieden lehnte er sich zurück, sah sich wahrscheinlich mit seiner Technik und einem Laserschwert die Königin eines fernen Planeten befreien. Ob ihm bekannt war, dass Menschen bereits Jahre vor seiner Geburt auf dem Mond herumspaziert waren? »Junges Unternehmen«, »junge Mitarbeiter« – mir war inzwischen klar, weshalb Chefchen mich nicht als den potenziellen Stellenbewerber identifiziert hatte. Wem immer ich dieses Bewerbungsgespräch zu verdanken hatte, war mein Geburtsdatum entgangen.

Schliff junior schwadronierte inzwischen munter weiter in seinem deutsch-englischem BWL-Jargon über »flexibility«, »Humankapital«, »employability«, »Teamfähigkeit« usw., und über die »advanced technology«, mit der hier gearbeitet werde, alles »high end« natürlich. War ihm bewusst, dass Handy, Computer, das Internet, der MP3-Standard und CAD von meiner Generation oder sogar früher erfunden worden waren? Dass seine Generation sich bisher höchstens mit der Entwicklung von Computerspielen, facebook oder kostenpflichtigen Apps für sein Smartphone hervorgetan hatte? Wahrscheinlich hielt er Leute wie mich für die Erfinder der Dampflokomotive!

Gel-Chefchen lehnte sich zurück, die Hände hinter dem Kopf verschränkt, was trotz langärmligem Hemd seine Kraftstudio-Muskeln zur Geltung brachte. Ich vermutete, dass sich unter dem Hemd wahrscheinlich ein Tattoo verbarg. Aber Schliff hatte ein Problem. Er konnte mir nicht einfach sagen: »Sie sind zu alt für den Job!« Sicher kannte er das Anti-Diskriminierungsgesetz. Also versuchte er es anders.

»Meinen Sie denn, Sie könnten sich wieder an regelmäßiges frühes Aufstehen gewöhnen? Sind Sie sicher, dass Sie auch mal länger als acht Stunden pro Tag durchhalten? Bei unserer

Betriebsgröße können wir uns Ausfallzeiten durch Krankheit kaum leisten. Hier herrscht übrigens ein striktes Alkoholverbot!«

Plötzlich sah ich nur noch verschwommen. Zu viel Adrenalin? Ein meinem Alter angemessener kleiner Schlaganfall? Brauchte ich doch endlich eine Brille? Alles nein. Vollkommen unbemerkt hatten sich mir Tränen in die Augen geschlichen. Ich war plötzlich wieder im vierten Schuljahr, der kleine Oskar, der vollkommen ungerechtfertigt vor versammelter Klasse vom Lehrer gedemütigt wird.

Die zuverlässige Frau Busch meldete über die Gegensprechanlage, dass Herrn Schliffs Neun-Uhr-dreißig-Termin warte. Schliff erhob sich und dabei auch bedauernd seine Schultern.

»Eigentlich, das tut mir natürlich furchtbar leid, ist die Stelle schon so gut wie besetzt. Wir melden uns, wenn sich doch noch eine Möglichkeit ergibt, Herr Busch.«

Schön, mein Case Manager hat recht behalten. Warum sollte eine der 60.000 oder 300.000 offenen Ingenieurstellen ausgerechnet mit mir besetzt werden? Einem Langzeitarbeitslosen, der mindestens dreimal die Woche nicht pünktlich zur Arbeit erscheinen und sich spätestens im Zug nach Brandenburg seinen Frühstücksflachmann reinziehen würde? Der – wenn überhaupt – noch mit dem Abakus rechnete?

Ich ignorierte die ausgestreckte Hand von Schliff, verabschiedete mich nicht einmal von der sicher unschuldigen Frau Busch. Natürlich vergaß ich meine Bewerbungsmappe mit den Zeugnissen und meinen zwei Patentschriften, zusammen fast sieben Euro Kopierkosten. Erst während ich wieder durch den Matsch zurück zur Bushaltestelle stapfte, fiel mir ein, dass ich auch ohne die Unterschrift zur Bestätigung eines wahrgenommenen Vorstellungstermins abgezogen war. Egal.

Es gibt ein Pilotprojekt der Bundesregierung: die anonyme Bewerbung. Keine Namen, keine Altersangabe. Einmal abgesehen von Grammatik und Rechtschreibung in der Bewerbung, müssen sich der Achmed, die Cindy oder der Ingenieur

Jahrgang 1962 ihrem potenziellen Arbeitgeber aber am Ende nun einmal vorstellen.

Am Kiosk im Bahnhof Brandenburg kaufte ich mir dann tatsächlich einen Flachmann. Doppelkorn. Bis Berlin war die Flasche leer.

26

»Mein Gott, wie sehen Sie denn aus?«

Mein Kurzzeitgedächtnis war noch intakt: Es hatte geklingelt, ziemlich lange, ich hatte es irgendwie zur Tür geschafft, hatte die Tür geöffnet. Jetzt strahlte Julia mich an.

Der Doppelkorn war ein Fehler gewesen. Nicht gewöhnt an Hochprozentiges und schon gar nicht an einen kompletten Flachmann, hatte ich offenbar nach meiner Rückkehr aus Brandenburg den Rest des Tages auf der Couch verschlafen, gewärmt von meinen erst gestern Abend aufgebügelten Bewerbungsgesprächsklamotten. Ich wollte gar nicht wissen, wie die jetzt aussahen – oder ich. Julia hingegen, offener Mantel über eng anliegendem schwarzem Kleidchen, sah zum Anknabbern aus.

»Haben Sie unsere Verabredung vergessen?«

Ach ja, die Vernissage. Mehr noch: ein Abend mit Julia! Dafür hatte ich mir gestern extra fünfzig Euro von Herbert geborgt, die sollten für einen lauschigen Wein nach dem Kunstgenuss reichen. Und übler, als mir ohnehin war, würde mir auch durch einen oder zwei Wein nicht werden.

»Äh – nee. Nein, natürlich nicht. Muss irgendwie eingeschlafen sein. Harter Tag gewesen. Ausgesprochen unerfreulicher Einsatz.«

Wir einigten uns: Julia würde schon einmal vorgehen, ich mich so schnell wie möglich restaurieren und dann nachkommen.

»Das gibt Ihnen Zeit, bis dahin einen noch attraktiveren Mann als mich aufzutun.«

»Höchst unwahrscheinlich«, antwortete Julia und ich staunte, wie elegant man sich umdrehen und eine stinknormale Berliner Hinterhaustreppe hinabschreiten kann.

Unter der Dusche wärmten mich der heiße Wasserstrahl und der Gedanke an junge Frauen, die nett zu mir sein würden, wie Julia, oder gewesen waren, wie Frau Busch bei Messtechnik Brandenburg. Ich zog inzwischen in Erwägung, dass meine Einladung zum Bewerbungsgespräch kein Irrtum gewesen war, sondern einfach schlechtes Timing: Vielleicht hatte mich Frau Busch eingeladen in der Annahme, dass ich mit dem Seniorchef sprechen würde, der aber heute unerwartet nicht im Hause war.

Trotz beginnender Übelkeit hatte ich Frau Busch noch vor meinem Doppelkorn-Knockout angerufen und gebeten, mir die Bewerbungsunterlagen und die Bestätigung des wahrgenommenen Vorstellungstermins per Post zu schicken. Eigentlich war es mir um etwas anderes gegangen: Sie solle doch einmal ihren Juniorchef, der mir so stolz über seine Verbindungen zu Airbus erzählt habe, fragen, ob er Jürgen Thomas kenne. Dieser Herr Thomas, das erzählte ich ihr nicht, war Ingenieur wie ich, allerdings noch älter, fast dreißig Jahre älter, Jahrgang 1937. Man nennt ihn allgemein »Vater des Super-Airbus 380«, weil er dieses Projekt konzipiert und maßgeblich mit entwickelt hat. Jetzt allerdings kam mir der Gedanke, dass ich den Anruf vielleicht besser hätte verschieben sollen. Ich selbst hatte zwar den Eindruck gehabt, klar und verständlich zu reden, aber Frau Busch könnte vielleicht die Vorurteile ihres Chefchens gegenüber Langzeitarbeitslosen bestätigt gefunden haben. Nein, beruhigte ich mich beim Abtrocknen. Geist und Seele waren nun erfrischt und ich deshalb sicher, dass die nette Frau Busch eventuelle Auffälligkeiten in meiner Stimme höchstens einer mangelnden Verbindungsqualität zugeschrieben hätte.

Eine gute halbe Stunde später tauchte ich ein in die aktuelle Hochkultur und mischte mich unter ihre Fans. Wahre Hochkultur, das weiß sogar ich, findet heute nicht mehr in Museen statt, sondern in »locations« – aufgegebenen Wasserwerken, ausrangierten Getreidespeichern, ehemaligen Luftschutzbunkern. Hatte schon jemand die Klos im Untergeschoss des berühmten Bahnhof Zoo als supergeilen Ausstellungsort entdeckt? Location der heutigen Vernissage war eine vormalige Glühlampenfabrik, deren Manager nicht rechtzeitig auf den Siegeszug von Halogen, Quecksilber und LED reagiert hatten. Als Folge drängelte sich hier heute Abend zwischen aktueller Hochkultur und zum Teil nicht demontierten Maschinen das zu erwartende bunte Völkchen, bunt im wahrsten Sinne des Wortes: Insbesondere bei den vorwiegend nicht mehr ganz jungen Frauen standen Federboas und stark gemusterte Wickelkleider hoch im Kurs, bei den Männern kahle Köpfe und/oder runde Käppchen, wie man sie sich beim klassischen Hotelpagen vorstellt, im Unterschied zum Modell Hotelpage jedoch reich bestickt. Im Rahmen Ihrer Erziehungsbemühungen hatte mich meine Ex-Frau Lena wiederholt zu solchen Veranstaltungen mitgeschleppt; das Publikum hatte sich seitdem nicht verändert. Sogar ein guter alter Irokesenschnitt war noch vertreten. Lila-grün-gelb überragte er deutlich die Federboas und Pagenkäppis, und irgendwie schienen mir seine Bewegungen bekannt.

Julia entdeckte ich im zweiten Stock (falls ich richtig gezählt hatte), in ein angeregtes Gespräch mit einem jungen Mann vertieft. Dieses Stockwerk war vorwiegend der Malerei vorbehalten, eine zurzeit dominierende Stilrichtung konnte ich nicht erkennen. Dafür erkannte ich im Näherkommen den jungen Mann neben Julia und blieb stehen, denn ich hatte wenig Lust, den Juniorchef des Auktionshauses Keiser an Hundehäufchen auf vielleicht echten Perserteppichen oder angenagte Beine von vielleicht echten Barockvitrinen zu erinnern. Passend zu seinem unverändert geschniegelten Haar repräsentierte Keiser junior kleidungsmäßig die kleinere, aber ebenfalls in Anzahl vertretene Fraktion der Anzugträger. Sicher Leute, die weniger an der Kunst selbst als an Geschäften mit der Kunst interessiert waren. Wahrscheinlich Banker, die ihren Finanzkrisenbonus einigermaßen krisensicher oder gar gewinnbringend anlegen wollen. Die beiden diskutierten mit einem weiteren Anzugtyp etwa in meinem Alter. Keiser senior?

Ein leichtes Pochen in den Schläfen begann mich zu malträtieren. Ein Tribut an den Flachmann heute Vormittag? Ich ignorierte das Pochen und stieg ein Stockwerk tiefer. Hier durfte man bewundern, was allgemein, wie mich meine Ex-Frau Lena seinerzeit fortgebildet hat, als Objektkunst bezeichnet wird. Mich, den Kunstbanausen, erinnerte das meiste an die Müllhaufen, die Herbert und mir dienstlich begegnen und für deren Beseitigung wir zu sorgen haben. Ich bewunderte gerade die zerschlagenen Teile eines vormals offenbar viel genutzten Urinals, als mir jemand von hinten auf die Schulter tippte.

»Da sind Sie ja endlich.« Julia lächelte mich an, und sofort nahm das Pochen in den Schläfen ab. »Schon lange hier?«

»Nein«, behauptete ich, »eben erst gekommen.«

»Und? Wie gefallen Ihnen diese Sachen?«

»Na ja«, antwortete ich, »so etwas sehe ich eigentlich jeden Tag, berufsbedingt.«

»Wie? Beschäftigt sich die Kripo auch mit Objektkunst?«

Achtung! Schwerer Ausnahmefehler 909, meldete mein sofort wieder stärker pochender Arbeitsspeicher. Aber die automatische Fehlerkorrektur griff schnell. Erstaunlich, wie einfach mir inzwischen das Lügen fiel.

»Äh – nein, aber das hier sieht ziemlich genau so aus wie die ausgedienten Pissoirs bei uns auf der Dienststelle.« Was im Prinzip stimmte, nur dass diese Dienststelle eben kein Polizeikommissariat war.

»Tatsächlich«, lobte mich Julia, »ausgesprochen richtig beobachtet.«

Wir traten näher an das Kunstwerk, ich meinte, noch etwas von dem Geruch tausender Portionen Männerpisse wahrzunehmen, und dachte an die diskreten Penisgrößenvergleiche, die vor diesem Pissoir stattgefunden hatten, und an meine Schwierigkeiten, mich öffentlich zu erleichtern, wenn es neben mir demonstrativ plätschert.

»Das ist der Witz an den Readymades«, unterbrach Julia meine bildhaften Erinnerungen. »Sie sind eine Unterform der Objets trouvés, also gefundener Gegenstände. Das sind Kunstwerke aus vorgefundenen Alltagsgegenständen oder Abfällen, oder Teile davon. Readymades heißen sie, wenn der Künstler am vorgefundenen Objekt keine oder kaum Bearbeitungen vornimmt, sie aber in einen anderen, ganz neuen Zusammenhang stellt.«

»Zum Beispiel in eine Museumsvitrine statt in ein Klo?«

»Genau. Das Pissoir hier ist allerdings nicht sehr originell, es zitiert lediglich Marcel Duchamps ›Fountain‹. Das Original landete damals leider auf dem Müll.«

Es lief mir kalt den Rücken herunter. Wie viele unwiederbringliche Kunstwerke hatte ich in meinem Ein-Euro-Job der Vernichtung anheim gegeben?

Julia fuhr fort: »Tatsächlich hat Marcel Duchamps die Readymades erfunden – und zwar schon vor dem Ersten Weltkrieg. Also, wirklich revolutionär ist das heute nicht mehr.«

Plötzlich pflügte die Irokesenfrisur durch die Menge, und mir wurde klar, warum mir ihre Bewegungen vorhin so bekannt erschienen waren. Es war Lena, meine Ex-Frau! Eigentlich nicht wirklich überraschend, sie hier zu treffen. Ich wollte mich noch wegdrehen, aber zu spät.

»Ossi! Du und die Kunst?! Hast du eine neue Liebe entdeckt?«

Klar, das kam mit taxierendem Seitenblick auf Julia. Ich hasse es, wenn Lena mich Ossi nennt. Das weiß sie natürlich.

»Interessante neue Frisur«, kommentierte ich und erledigte die Vorstellungen.

»Julia – Lena, Lena – Julia. Lena ist meine Ex-Frau.«

Was Julia betraf, konnte Lena kontern. Mit zwei Gläsern in der Hand tauchte hinter ihr eines der bestickten Pagenkäppis auf, dazu wurden in diesem Fall Pumphosen vom Typ Haremswächter getragen mit Hintern bis zum Boden. Très chic! Lena nahm gnädig ein Glas entgegen, verzichtete darauf, uns Pagenkäppi vorzustellen.

»Ich bin der Rolf«, musste der das selbst erledigen.

Rolf war tatsächlich deutlich jünger als Lena, da hatte mich unser Sohn also korrekt unterrichtet. Im Chor informierten uns die beiden, was von der Gegenwartskunst im Allgemeinen und von dieser Vernissage im Besonderen zu halten sei. Das Urinal fanden sie ganz toll, »revolutionär«, meinte Lena. Ich verzichtete darauf, mein eben erst erworbenes Wissen einzubringen. Hätte ich aber machen sollen, denn plötzlich wechselte Ex-Lena das Thema.

»Was machen die Bewerbungen? Und wie geht's deinem Müll?«

»Alles unter Kontrolle, sieht nicht ungünstig aus«, antwortete ich unverbindlich und fürchtete ein Nachhaken, da kam mir die rettende Frage:

»Rolf, wo haben Sie eigentlich den Wein her?«

Zwei Stockwerke höher, informierte mich Rolf, und zum Glück fand es auch Julia eine gute Idee, dort vorbeizuschauen. Einen Moment lang hatte ich befürchtet, sie würde mich allein zum Weinholen schicken und derweil ein trautes Gespräch mit meiner Ex-Frau führen.

»Bis Weihnachten dann«, verabschiedete uns Lena, während wir uns bereits in Richtung Treppe kämpften. Man konnte, nahm ich zur Kenntnis, die Männer noch weiter ihrer Kopftracht nach einteilen: neben kahl rasiert und/oder Pagenkäppi gibt es auch die Variante großer schwarzer Hut mit breiter Krempe.

»Den Trend mit dem Käppi hat Ernst Fuchs kreiert. Nun machen ihm das alle nach«, erklärte mir Julia. »Wenigstens die, die nicht große Hüte à la Joseph Beuys tragen.«

Genau so einer blockierte gerade breitschultrig meinen Griff zum Wein. Wir hatten das empfohlene Stockwerk erreicht und drängelten inzwischen kräftig mit am Büffet.

»Sie feiern gemeinsam Weihnachten, Sie und Ihre Frau?«

»Ex-Frau! Am zweiten Weihnachtsfeiertag ist immer Familientreffen, nur Lena, ich und unser Sohn Thomas. Hat sich so eingebürgert. Mindestens einmal im Jahr müssen wir ja technische Sachen besprechen, in der Regel wegen Thomas. Der Irokese ist übrigens neu.«

Ich machte ein paar mehr Zentimeter in Richtung Wein gut.

»Dann kenne ich jetzt Ihre komplette Familie!«

Richtig, fiel mir ein. Sohn Thomas hatte Julia ja neulich bei mir getroffen. Ich hatte die beiden sogar alleine in meiner Wohnung zurückgelassen.

»Ja, mehr Familie ist nicht.«

Während ich es weiter mit Drängeln und Arm-ganz-lang-Machen versuchte, hatte Julia plötzlich eine ganze Flasche Wein in der Hand, ihr mit freundlichem Grinsen überreicht von dem Joseph-Beuys-Typ. Ein schönes Beispiel für die ständige gesellschaftliche Benachteiligung der Frau!

Irgendwoher hatte sie inzwischen auch zwei Gläser organisiert. Wir setzten uns auf eine Couch, von der Julia ziemlich sicher war, dass es sich nicht um einen Teil der Ausstellung handelte.

»Ja«, stimmte ich zu, »sieht nicht nach Sperrmüll aus.«

Wir ließen die bildende Kunst und das gebildete Publikum auf uns wirken.

»Ich bin nun wirklich kein Kunstexperte, aber irgendwie sehen diese Bilder für mich einfach schlampig gemalt aus, handwerklich, meine ich.«

Julia drückte meine Hand.

»Sie sind mehr Kunstexperte, als Sie selber wissen, mein Lieber. ›Bad painting‹ und ›Unskillfulness‹ sind die aktuellen Richtungen in der Malerei, führen zu Begeisterungsstürmen in der offiziellen Kunstkritik.«

Das musste ich erst einmal verdauen. Schlechte Malerei und eindeutig fehlendes Können als Ausweis künstlerischer Perfektion? Wie sehr mussten sich diese Maler wohl anstrengen, ihre wahre Kunstfertigkeit nicht zu offenbaren? Einige

vielleicht nicht besonders, schien mir. Ich entdecke am Weinbüffet wieder Keiser junior, weiterhin im Gespräch mit dem älteren Anzugträger von vorhin.
»Ist das da Keiser senior?«
Julia schien erstaunt.
»Wen meinen Sie?
»Der Mann, mit dem Ihr Juniorchef dort so angeregt diskutiert.«
»Nee. Kein Ahnung, wer das ist.«
Seltsam – erst vorhin war sie Teilnehmerin der angeregten Diskussion mit ihm gewesen! Julia kam meiner Nachfrage zuvor.
»Jedenfalls haben Sie dem jungen Keiser mit Ihrem Besuch in unserem Laden neulich einen ganz schönen Schreck eingejagt.«
Fragend schaute ich sie an.
»Ja, Sie können nichts dafür, aber man riecht bei Ihnen den Polizisten drei Meilen gegen den Wind!«
Schön, mein Cover hält noch, stellte ich zufrieden fest und fragte:
»Und Keiser muss sich fürchten vor der Polizei?«
»Blödsinn«, protestierte Julia überraschend heftig. »Aber wer hat schon gerne die Polizei in seinem Geschäft …«
Diskret, aber deutlich nahm inzwischen das Klopfen und Hämmern in meinen Schläfen wieder zu. War das der Wein? Julia meinte, es könnte der frische Firnis auf den Bildern sein. Manche Leute vertrügen den nicht, reagierten mit Kopfschmerzen. Ob ich den Firnis denn nicht röche?
Natürlich hatte ich den Geruch wahrgenommen, erfuhr jedoch erst jetzt, dass es sich um Firnis handelte. Einiges sprach für Julias These, hatte ich die Kopfschmerzen doch heute Abend immer nur auf den Etagen, wo Bilder hingen. Und es meldete sich eine vage Erinnerung. Irgendwo, vor nicht zu langer Zeit, hatte ich auf denselben Geruch mit demselben Pochen in den Schläfen reagiert. Aber wann und wo war das gewesen?

Ich wollte Julia noch einmal auf den Anzugträger ansprechen, mit dem ihr Juniorchef so lange diskutiert hat, aber inzwischen waren die beiden verschwunden. Außerdem tauchten jetzt Ex-Lena und ihr Haremswächter beim Weinbüffet auf, und eine weitere Unterhaltung zwischen Lena und Julia fand ich nach wie vor nicht unbedingt notwendig.

»Wie sieht es bei Ihnen aus? Was mich betrifft, bin ich für heute ausreichend versorgt mit Gegenwartskunst. Oder haben Sie hier noch Ziele oder Verpflichtungen?«

Habe sie nicht, hatte Julia gesagt, und dass ihr Kunstbedarf für heute ebenfalls gestillt sei. Nun bummelten wir Seite an Seite in Richtung Heimat. Immerhin regnete es nicht mehr, und auf mich wenigstens wirkte die gelegentliche Weihnachtsdekoration romantisch.

»Was hat Ihre Frau gemeint mit Bewerbung und wie es Ihrem Müll gehe? Suchen Sie einen neuen Job?«

Die Fragen hatte ich erwartet und war entsprechend vorbereitet.

»Die Arbeit der Kriminalpolizei« – als kleines Trostpflaster für mein Gewissen formulierte ich nicht »meine Arbeit bei der Kriminalpolizei« – »ist für Lena wühlen im Müll der Gesellschaft. Mit den Bewerbungen meinte sie meine Bewerbung auf einen anderen Arbeitsbereich.«

Der Glanz der Weihnachtslichter spielte auf Julias Gesicht, machte sie noch begehrenswerter. Kaum nachvollziehbar, dass so eine Frau ihren gut zwanzig Jahre älteren Nachbarn mit in die Kunstfabrik geschleppt hatte. Aber sie hatte.

»Was grinsen Sie so?«

»Wäre ich ein Auerhahn, würde ich nicht nur grinsen, weil ich Sie begleiten darf. Ich würde meine Brust aufpumpen und meine Federn zum Rad aufschlagen.«

»Das ist nett gesagt.«

»Ich frage mich nur, wie ich zu der Ehre komme?«

»Wie meinen Sie das?«

»Na, dass eine so tolle Frau sich mit mir in der Öffentlichkeit zeigt. Ich habe einen Verdacht!«

»Einen Verdacht?«

»Ja. Sie wollten vielleicht jemanden ärgern. Zum Beispiel haben Sie ein Verhältnis mit Ihrem Juniorchef und wollten dem mal zeigen, dass er nicht ganz ohne Konkurrenz ist.«

Julia lachte, hakte sich unter. »Aktuell sind Sie mein einziges Verhältnis, Oskar!«

Wir kamen jetzt durch die relativ dunkle Neuwedeller Straße. Hier gab es keine Läden und kaum Weihnachtslichter in den Fenstern des Plattenbaus an der Ecke Mittelweg: unser örtlicher Frauenknast, oder, amtlich, die Justizvollzugsanstalt für Frauen, Teilanstalt Neukölln. Aber die verglaste Tür links neben dem eigentlichen Eingang war beleuchtet und warb mit von den Insassinnen gemalten Bildern für den JVA-Weihnachtsbasar.

»Sehen Sie, Julia, wenn es bei Ihnen mal hart auf hart kommt, können Sie sich hier drinnen voll aufs Malen konzentrieren. Sicher sind Sie nicht so unbegnadet, wie Sie mir weismachen wollten.«

Natürlich war das scherzhaft gemeint, aber ich fühlte, wie sich Julia plötzlich verkrampfte. Der Rest unseres Heimwegs verlief weitgehend stumm. Immerhin, nachdem ich die Haustür aufgeschlossen hatte, stellte sie sich auf Zehenspitzen und gab mir einen flüchtigen Kuss.

»Großes Danke für den schönen Abend, Oskar.«

Dann entschwand sie ihre Vorderhaustreppe hoch.

Während ich mich – mit Sicherheit weniger anmutig – das Hinterhaus hinaufarbeitete, war mir klar, dass meine launige Bemerkung vor dem Knast zunichte gemacht hatte, was auch immer der Abend noch versprochen haben mochte.

Welchen Nerv hatte ich da bei Julia getroffen? War sie oder ihr Bruder in weit größeren Schwierigkeiten, als ich gedacht hatte?

Ich gebe es nicht gerne zu, aber ich habe in dieser Nacht die Wohnungstür nur angelehnt gelassen und wider alle Rationalität auf die Möglichkeit spekuliert, dass Julia für heute doch noch nicht genug von mir hatte. Oder käme, um ein mitternächtliches Geständnis beim netten Kripobeamten von nebenan abzulegen und sich dabei aktiv seiner Fürsprache zu versichern. Männerfantasien! Na gut, hier meine Entschuldigung: Wein auf Doppelkorn war sicher noch nicht vollständig abgebaut.

Als mich am Morgen der Wecker aus meinen Träumen riss, lag tatsächlich etwas Warmes neben mir im Bett – Max. Wie in aller Welt hatte das kleine Wesen den Aufstieg geschafft?

27

Hätte ich die Nacht ohne meine pubertären Julia-Fantasien verbracht, hätte ich mir vielleicht nicht erst am nächsten Morgen ein paar Fragen gestellt, die auf der Hand lagen.
　Zum Beispiel, was den »dritten Mann« in der Unterhaltung von Julia und Keiser junior betraf, den sie angeblich nicht kannte. Dieser Mann war tatsächlich nicht Keiser senior, hatte ich erfahren, während Julia vor unserem Heimweg noch kurz auf der Designertoilette verschwunden war. Tatsächlich war er der Gastgeber des Abends, ein bekannter Kunstsammler und Mäzen, mit schickem Penthaus auf dem Dach der ehemaligen Glühlampenfabrik. Warum hatte mir Julia das nicht erzählen wollen?
　Zweitens rief mir meine Erinnerung den Firnisgeruch und meine Kopfschmerzen ins Gedächtnis – und endlich auch, wo ich schon einmal mit Kopfschmerzen auf diesen Geruch reagiert hatte: vor der Tür zum Dachboden, als ich mich dort neulich nach meinem sonntäglichen Zeitungsklau verstecken musste.

Außerdem war seltsam, dass sich Julia gestern zu keinem Zeitpunkt nach ihrem Bruder und meinen diesbezüglichen Bemühungen erkundigt hatte. Dann hätte ich sie endlich nach der Bedeutung ihrer Nachricht an Jules fragen können, danach, was da so dringlich war mit Brüderchen und der bevorstehenden Auktion.

Nicht zu vergessen, wie sehr ich sie offenbar mit meiner Bemerkung vor dem Frauenknast erschreckt hatte. Höchst merkwürdig das alles.

Früh aufstehen war noch nie wirklich ein Problem für mich, schon als angestellter Ingenieur hatte ich die ruhigen Stunden zwischen sechs und acht Uhr morgens schätzen gelernt, in denen man ungestört von Kollegen und Anrufen eine Menge schafft. Und erst recht dann in meinem eigenen Existenzgründer-Betrieb.

Für einen Hartz-IV-Empfänger ist es dagegen in der Regel schwierig, die frühen Morgenstunden sinnvoll zu nutzen, aber ich hatte die Gewohnheit beibehalten. Das zahlte sich jetzt aus, denn der Morgenspaziergang gehörte essentiell zum Programm »stubenrein« für Max. Wobei es mir weniger um die Werterhaltung antiker Perserteppiche als um den Wunsch ging, mich weiterhin sorglos barfuß in meiner Wohnung bewegen zu können.

Gegen acht Uhr holte uns Herbert mit dem städtischen Fahrzeug ab. Max kam natürlich mit. Inzwischen der Höhlensicherheit meiner Sporttasche entwachsen, bestand er darauf, auf meinem Schoß zu sitzen und uns bei der Inspektion unseres Kontrollbereichs zu unterstützen. Heute begannen wir im Böhmischen Dorf, das ist der Kiez zwischen Richardstraße und Kirchgasse, von Protestanten aus Böhmen in der ersten Hälfte des 18. Jahrhunderts als Böhmisch-Rixdorf gegründet. Das Böhmische Dorf hat seinen beschaulich-dörflichen Charakter bis heute weitgehend bewahrt und ist somit in Sachen illegaler Müll in der Regel unergiebig – der perfekte Start in einen ruhigen Ermittlertag.

»Noch ein wenig Training und Max kann unsere Müllrunde alleine machen. Wir sitzen gemütlich beim Frühstück, und danach führt uns Max zu den Müllhaufen, die er inzwischen gefunden hat«, meinte Herbert.

»Gute Idee. Erst muss ich ihn allerdings so weit haben, dass er selbst keine illegalen Haufen mehr produziert.«

Schwerer Fehler – damit hatte ich Herbert wieder einmal zu einem ausführlichen Vortrag zur Hundehaltung provoziert.

»Nach jedem Erwachen, ungefähr eine Viertelstunde nach den Mahlzeiten und nach dem Trinken, geht es konsequent Gassi – und großes Lob, wenn der Gang erfolgreich war. Lob ist sehr wichtig, Hunde lernen genau wie Kinder durch Lob und Tadel. Gassigehen muss für Max für immer mit Geschäft verrichten in Zusammenhang gebracht werden.«

»Mm.«

»Konsequenz ist das Zauberwort. Ihr müsst zu Anfang immer die gleiche Stelle besuchen. Da bleibt ihr, bis das Geschäft erledigt ist.«

»Mm.«

»Bei Erfolg gibt's ein Leckerli.«

»Mm.«

»Du musst Max beobachten. Schnüffelt er aufgeregt am Boden oder fängt an, sich suchend im Kreis zu drehen – sofort raus!«

»Mm.«

»Und was machst du, wenn Max in der Wohnung doch noch mal ein Unfall passiert?«

Ich könnte Herbert doch einen Gefallen tun, dachte ich, und antwortete: »Sofort kräftig eins auf den Pelz und mit der Nase in die Kacke drücken!«

»Ganz falsch! Das versteht er nicht. Er versteht nur, dass er sich beim nächsten Mal nicht erwischen lassen darf, und sucht sich ein verstecktes Plätzchen. Da kannst du dann lange forschen, woher es stinkt!«

Manchmal ist es so einfach, seinen Mitmenschen eine Freude zu bereiten. Alles, was Herbert dozierte, war mir von www.hundewelpen.de oder www.hallohund.de längst bekannt.

Trotzdem gab es seine Ratschläge heute Vormittag nicht kostenlos.
»Da ist noch eine andere Sache, die ich mit dir besprechen muss, Oskar.«
»Mm.«
»Es geht um Geld.«
»Mm – was?«
Aber bevor Herbert mit »der anderen Sache« loslegen konnte, war mir beim Stichwort Geld etwas eingefallen.
»Entschuldige, dass ich dich unterbreche. Aber können wir vorher noch eben beim Jobcenter vorbeifahren?«
Frau Busch von Messtechnik Brandenburg hatte mir tatsächlich das von ihrem Juniorchef unterschriebene Formular über mein Bewerbungsgespräch geschickt. Bevor mir mein Case Manager den Gutschein für die Bahnfahrt Berlin-Brandenburg-Berlin von der nächsten Rate Grundsicherung abzog oder die Bestätigung irgendwo auf dem Dienstweg verschwand, wollte ich sie lieber schnell persönlich bei Müller-Jungblut abgeben. Schließlich schuldete mir das Jobcenter auch noch die Busfahrt vom Bahnhof Brandenburg zur Firma und zurück.
Mit meiner Kunden-Endnummer fünf war für mich die dritte Etage im Jobcenter zuständig. Hier war der Warteraum gut besucht wie immer. An den Wänden standen Tische, an denen man seine Anträge ausfüllen konnte. Zeit dafür war ausreichend vorhanden, bis endlich die eigene Wartenummer aufgerufen wurde. An einem dieser Tische sah ich jemanden, den ich hier nun überhaupt nicht erwartet hätte. Was hatte der hier zu suchen?
Ich wollte ihn gerade fragen, da ging bei Müller-Jungblut die Tür auf, das war im Moment wichtiger. Ich hatte schon fast den Sprung in das Büro meines Case Managers geschafft,

als sich ein Mann neben mich drängelte, der mindestens zehn Jahre jünger war, als er aussah, und mir seine Wartenummer vor die Nase hielt.

»Eigentlich ...«

»Ich will nur schnell was abgeben. Dauert keine zwei Minuten.«

Der Typ ließ mich tatsächlich vor! Mit dieser Einstellung würde er bis zum Grab Langzeitler bleiben. Aber vielleicht war das ja sein Lebensplan.

Gnädig nahm Müller-Jungblut die Bestätigung aus Brandenburg entgegen. »Aber den Job haben Sie nicht bekommen, oder?«, konnte er sich nicht verkneifen aufzutrumpfen. Ich ließ ihn ohne die offensichtliche Antwort und hielt dem artig wartenden Hartz-IV-Kollegen die Tür auf.

»Hallo Gökhan, was machst du denn hier?«

Gökhan Öztürk musste mich gesehen haben, aber sofort hatte er sich weggedreht. Lag Herbert mit seinem Verdacht doch richtig? Ich schaute Gökhan über die Schulter: Er füllte einen Erstantrag auf Hartz IV aus, den er jetzt schnell unter der aktuelle Ausgabe der *Hürriyet* versteckte. Plötzlich war mir seine Reaktion klar.

»Muss dir nicht peinlich sein, Gökhan. So ein Ding haben alle ausgefüllt, die du hier siehst.«

»Ich habe immer alleine für mich gesorgt und für Familie, immer.«

»Ja, und in dieser Zeit hast du Steuern gezahlt und Sozialabgaben, im Gegensatz zu unseren Profi-Arbeitslosen, die die Arbeitslosigkeit als Familientradition betreiben und in mindestens dritter Generation von Kindergeld und Hartz IV leben. Deshalb hast du jedes Recht auf Hilfe. Ist doch sowieso nur, bis deine Versicherung zahlt.«

Gökhan schaute mich traurig an.

»Dein Laden war doch versichert, oder?«

»Ich habe Versicherung. Aber Feuerwehr sagt, ich habe vielleicht Feuer selbst gemacht. Hat nicht von alleine gebrannt.«

»Ja, das glaube ich auch.«
Nun war Gökhan entsetzt.
»Aber ...«
»Nein, ich meine nicht, dass du deinen Laden selbst angezündet hast. Aber dass jemand das Feuer gelegt hat und den Sprengsatz dazu. Warum sagst du denen nicht, wer das war? Waren das dieselben Leute, die dich zusammengeschlagen haben?«
Gökhan blieb stumm.
»Waren das die Leute aus dem Mardin-Grill?«
Gökhan blieb weiter stumm und starrte auf seine Zeitung mit dem darunter versteckten Hartz-IV-Antrag. Dann murmelte er etwas.
»Was hast du gesagt?« Ich hatte »mach Salami« verstanden. »Willst du jetzt Wurst verkaufen statt Gemüse?«
»Nix Salami. Mach-alla-mi. Große Familie, mächtiger Chef in Neukölln. Deshalb ich kann nicht zu Polizei. Oder die Feuerwehr sagen. Ist nicht für mich. Aber, du weißt, ich habe Frau. Und Kinder. Drei.«
Dem kräftigen Gökhan standen Tränen in den Augen.

Nach meinem Zwischenstopp im Jobcenter nahmen wir uns den Schillerkiez vor, eine deutlich vielversprechendere Gegend für unsere Suche nach Müll als das Böhmische Dorf. Auf der Fahrt dahin erzählte ich Herbert von meinem Gespräch mit Öztürk.
»Kennst du hier in Neukölln eine Familie – äh – hört sich so an wie ›mach Salami‹?«
Herbert lachte. »Du meinst Mhallami, oder Mhallamiye, spricht man Machallami aus. Das ist keine Familie. Das sind die Leute, die bei uns unter der Bezeichnung Libanon-Kurden laufen.«
Libanon-Kurden sagte mir natürlich was. Am U-Bahnhof Hermannstraße sehe ich fast täglich ihre »Kügelchenjungs«, die eigens aus dem Libanon eingeschleust werden und die 10.000 Euro »Reisekosten« durch Heroinverkauf abarbeiten

müssen. Weil sie noch nicht strafmündig sind, landen sie nicht im Knast, wenn sie erwischt werden.

Herbert meinte, ich übertriebe mal wieder. »Kann ja sein, dass ein paar von denen sich mit so was über Wasser halten müssen. Aber im Grunde sind das arme Schweine, werden ja nicht nur von uns Deutschen diskriminiert. Die Araber erkennen sie nicht als Araber an und die Kurden nicht als Kurden. Ist doch klar, dass sie da in ihren Clans zusammenhalten.«

»Und deshalb müssen sie ihr Geld mit Drogen verdienen, Schutzgelderpressung, Zuhälterei? Mit Einbrüchen ins KaDeWe? Oder mal eben ein Pokerturnier überfallen?«

»Ich sag doch, du übertreibst. Die meisten von denen leben hier ganz normal, vorwiegend als Geschäftsleute, mit einem kleinen Restaurant zum Beispiel. Warum sollte es denn ausgerechnet unter den Mhallamiye keine Kriminellen geben?«

Wobei Herbert unterschlug, dass diese Mach-Salamis in der Kriminalitätsstatistik mehr als überrepräsentiert sind. Das fand ich bei seinem Detailwissen zu diesen Leuten erstaunlich. Überhaupt, woher wusste er plötzlich so viel über diesen Clan? Ich konnte mir nicht einmal den Namen merken.

»Weißt du, Herbert, was mich an der Sache am meisten irritiert? Unser Öztürk will nach all den Jahren hier mitsamt Familie zurück in die Türkei. Er sagt, wenn auch nicht in diesen Worten, dass wir, die Deutschen, bestimmten Ausländern rechtsfreie Räume überließen und ihn nicht schützen könnten. Das mache ihm Angst, aber mehr noch fürchtet er, dass seine Söhne sich an diesen Leuten orientieren könnten.«

Trotz seines schlechten Rufs – gut 20.000 Menschen wohnen hier auf 95 Hektar, mehr als die Hälfte davon in »prekären« Verhältnissen – hat der Schillerkiez seine schönen Seiten. Zu Beginn des 20. Jahrhunderts als Wohnquartier für Besserverdienende geplant und vom Bombenkrieg weitgehend verschont geblieben, kann man sich noch heute über einige aufwendige Fassaden aus der Gründerzeit freuen. Zentrale Achse des Kiezes ist die Schillerpromenade, eine fünfzig Meter breite, baumbestandene Allee mit großzügigem Fußweg und Bänken auf der Mittelpromenade. Auf diesen Bänken genossen wir im Sommer gerne eine Pizza auf die Hand von Pizza Joe um die Ecke oder Pazzi X. Heute machten Herbert und ich unsere Mittagspause im Bierbaum 3. Hier waren nicht nur die Preise erschwinglich (Frühstück ab zwei Euro – und das bis nachmittags um zwei), im Bierbaum durfte Herbert auch noch rauchen!

Unser Dienstfahrzeug mussten wir eine Ecke weiter an der Genezarethkirche parken, vor dem Bierbaum war Biker-Territorium.

»Ich lade ein – hatte ich dir ja neulich versprochen.«

Ach ja, Herberts Goldader!

»Stimmt. Und, ob du es weißt oder nicht, du bist sogar flüssig!«

Ich kramte den Fünfzig-Euro-Schein hervor, den ich mir von ihm für den Abend mit Julia geborgt hatte.

»Hier, unbeschädigt zurück. Der Abend war preisgünstiger als erwartet.«

»Auf steinreichen Macker hättest du damit sowie nicht machen können. Außerdem, was sind das für Frauen, denen es ums Geld geht!«

Na ja, ein paar hätte ich Herbert da schon nennen können.

»Darum ging es auch nicht, nur um einen Gute-Nacht-Wein oder so etwas. Aber den gab's kostenlos vom Gastgeber. Auf jeden Fall: danke.«

Herbert steckte den Schein ein.

»Gern geschehen. Die Frage ist, äh, ob du dich revanchieren könntest.«

»Selbstverständlich. Womit?«

»Das ist das Problem. Jetzt brauche *ich* Geld.«

Dass es um Geld ging, hatte Herbert schon vorhin erwähnt.

»Von mir? Da hast du dir den absolut idealen Kreditgeber ausgesucht! Wie viel große Scheine dürfen's denn sein?«

»Ernsthaft. Ich brauche das Geld wirklich. Nur für ein paar Tage. Du hast doch deinen Notgroschen in Österreich.

Kriegst zehn Prozent Zinsen, meinetwegen auch zwanzig, garantiert.«

Ernsthaft. Ich machte mir ernsthaft Sorgen um Herbert. Sein geheimnisvoller 300-Euro-Reichtum, mit dem er sogar eine extra Runde Bratwurst für uns finanziert hatte, die Bemerkungen seiner Frau über geheimnisvolle Aktivitäten, jetzt das Angebot von Mafia-Zinsen. Klang nicht gut.

»Kannst du mir bitte verraten, worum es geht? Klar bekommst du mein letztes Hemd, wenn du eine neue Niere brauchst. Oder deine Tochter. Oder wenn dir sonst jemand die Kniescheiben zertrümmert.«

»Ich brauche es nur für ein paar Tage. Investition in eine todsichere Sache!«

»Über die du mir aber nichts erzählen willst?«

»Das kann ich nicht. Hab ich versprochen.«

Ich hatte eine Idee, wozu mein Partner plötzlich Geld brauchte, aber die gefiel mir überhaupt nicht. Ich sagte etwas wie dass ich schon Genaueres von ihm erfahren müsse, war aber eigentlich mehr deprimiert als neugierig. Ob in ursächlichem Zusammenhang damit oder eher zufällig, mit meiner Lüge, ich sei Kriminalpolizist, hatte sich meine Umwelt tatsächlich verändert. Es schien, als vertraue mir niemand mehr die Wahrheit an. Julia unterhielt sich intensiv mit einem Kunstsammler-Fabrikbesitzer, den sie angeblich nicht kannte. Mein Partner Herbert wollte mir nicht anvertrauen, wie er plötzlich zu Geld gekommen war, und erst recht nicht, warum er dringend mehr brauchte. Und mein eigener Sohn hatte mir bisher nicht verraten, dass er Julias Bruder Jules längst gefunden hatte – denn wie sonst war zu erklären, dass ich auf Jules Baumgärtners facebook-Seite meinen Sohn Thomas, komplett mit Foto, als dessen Freund entdeckt hatte?

28

Wie gesagt, frühes Aufstehen ist kein Problem für mich, aber die Morgenhäufchenrunde mit Max war im Winter trotzdem nicht unbedingt ein Genuss. Es war dunkel, die Bürgersteige waren noch ungeräumt, und entweder regnete es oder Schneematsch vermieste die Unternehmung. Max schien davon unbeeindruckt, mit immer neuer Begeisterung erforschte er die nähere Umgebung – für die weitere reichte die Beinlänge noch nicht aus. Heute Morgen jedoch machte der kleine Teufel plötzlich kehrt und stürmte zurück in Richtung Haustür, sein Halter stolperte hinterher. Aber Max wollte gar nicht so schnell wie möglich wieder ins Warme, er trappelte an unserer Tür vorbei und sprang ungeschickt eine Gestalt an, die aus der anderen Richtung aus dem Morgenhalbdunkel auftauchte. Das sah sehr drollig aus, landete er doch jeweils auf dem Bauch, ließ sich davon aber nicht einschüchtern.

»Max, lass das! Sofort!«
Seine Reaktion erinnerte mich daran, dass ich Herbert fragen wollte, ab welchem Alter der Besuch einer Hundeschule sinnvoll ist.
»Guten Morgen, Oskar!«
Nun erkannte ich die Gestalt: Julia. Woher kam die denn zu dieser frühen Stunde? Vom Bäcker, Frühstücksbrötchen kaufen? Aber wer geht so aufgebretzelt zum Brötchenkaufen? Und hat dann keine Brötchen dabei?
»Morgen, Julia.«
Ich versuchte intensiv, die verwischte Schminke zu ignorieren. Was ging es mich an, wo oder mit wem Julia ihre Nächte verbrachte? Vielleicht hatte ich ihr »Aktuell sind Sie mein einziges Verhältnis« nach der Vernissage einfach falsch interpretiert und sie hatte dieses »aktuell« nur auf jenen Abendspaziergang bezogen. Aber, beruhigte ich mich, die Versteigerung bei Keiser stand unmittelbar bevor, das könnte sicher eine

Nachtschicht bedeutet haben. Oder eher Nachtschicht bei Keiser junior? Oder bei dem Kunstsammler mit dem schicken Penthaus auf der ehemaligen Glühlampenfabrik, den sie angeblich nicht kannte?

Beneidenswerte Hundepsyche – kaum war Julia im Haus verschwunden, hatte Max sie auch schon vergessen und setzte fröhlich seine Morgenerkundigungen fort. Mich hingegen beschäftigte Julia weiter, und natürlich lieferte mir mein Hirn jede grässliche Variante, wie sie die vergangene Nacht verbracht haben könnte, in Farbe und 3D. Dann hatte Max endlich sein Morgenhäufchen produziert und folgte mir mit derselben Begeisterung, mit der er sich in den Schneeregen gestürzt hatte, zurück ins traute Heim.

Ich brauchte jetzt eine Beschäftigung, die mich voll in Beschlag nehmen würde. Verständlich, wenn meine Hartz-IV-Brüder das Aufstehen ein wenig hinauszögern, zum Beispiel, bis das entsprechende Programm auf RTL beginnt. Wozu aufstehen für einen Tag, den man ohnehin nicht mit sinnvoller Aktivität füllen kann? Nur früher saufen? Ich hatte meinen Leidensgenossen etwas Wichtiges voraus: eine qualifizierte Ausbildung und Interessen, die sich daraus herleiteten. Außerdem wollte ich mich, unverändert hoffnungslos optimistisch, weiterhin für einen Ingenieurjob fit und auf dem aktuellen Stand halten. Mein aktuelles Hobby war das Trassenproblem. Wie bekommt man all den ökologischen Strom, der in Norddeutschland oder draußen in der Nordsee produziert wird, dahin, wo er gebraucht wird, zu unseren fleißig werkelnden Landsleuten in den Süden? »Na, über neue Masten und Kabel, wie denn sonst«, sagen uns die Freunde von den Stromkonzernen. »Und wenn ihr meint, das verschandelt die Landschaft – tja, das habt ihr nun davon mit eurem Ökostrom.«

Ich und meine Freunde auf www.stromtrassen-luege.de rechneten der Industrie die Machbarkeit der möglichen Varianten vor: Erdkabel, den Windstrom an der Küste zu Methangas oder Wasserstoff umwandeln und in unser über 400.000

Kilometer langes Erdgasnetz einspeisen, Nutzung der Stromtrassen der Bundesbahn. Meine Berechnungen zeigten, dass es, anders als von den Energiekonzernen behauptet, kaum Wärmeverluste über Erdkabel mit ordentlicher Gasisolation gab und die Technik sich auch für kürzere Strecken als die in China rechnete. Während ich gegen Mittag Max' Hinterlassenschaft auf dem Bürgersteig unter dem strengen Blick meiner Mitbürger ordentlich eintüte, war ich deshalb trotz des nasskalten Griesegraus ganz zufrieden, fast gut gelaunt.

Klar, dass dieser Zustand nicht von Dauer sein konnte. Ihn zu beenden, schaffte die Post. Der erste Briefumschlag enthielt eine Zahlungsaufforderung von den Berliner Verkehrsbetrieben über vierzig Euro. Oder ich sollte schriftlich darlegen, warum ich das »Beförderungsentgeld« nicht entrichtet hätte. Gut, das hatte ich erwartet. Ziemlich überraschend hingegen war, dass sich mit gleicher Post »der Polizeipräsident von Berlin« meldete. Er habe ein Ermittlungsverfahren gegen mich eröffnet und mir werde »vorgeworfen, die Straftat Leistungserschleichung/Beförderungserschleichung begangen zu haben«. In der Anlage wurde ich aufgefordert, meine Personaldaten zu vervollständigen und mein monatliches Einkommen anzugeben. Außerdem sollte ich ankreuzen: Ich gebe die Straftat zu / Ich gebe die Straftat nicht zu / Ich möchte bei der Polizei vernommen werden (na, auf jeden Fall!) / Ich werde einen Rechtsanwalt hinzuziehen (klar, aber nur einen Staranwalt!) / Mit der Einstellung des Verfahrens gegen Zahlung einer Geldbuße wäre ich einverstanden.

Ich war ziemlich erstaunt. Was war los beim Polizeipräsidenten von Berlin? Brauchten die noch dringend Geld für ihre Weihnachtsfeier? Oder war plötzlich eine Null-Toleranz-Politik für Schwarzfahrer ausgerufen worden? Immerhin stand erst neulich in der Zeitung, dass ein Drittel der Gäste der Justizvollzugsanstalt Berlin-Plötzensee dort wegen »Beförderungserschleichung« einsitzt – zu Tageskosten von achtundachtzig Euro. Für den Steuerzahler wäre es billiger, ihnen eine Jahreskarte für die Öffis zu schenken (Kosten pro Monat achtundsiebzig Euro) oder sie in ein All-inclusive-Hotel nach Antalya zu schicken. Obgleich ich meinte, das Interesse des Herrn Polizeipräsidenten sollte, wenn schon der Untergrundbahn, dann doch eher den Überfällen dort gelten, füllte ich brav seinen Vordruck aus. Und ja, ich wäre mit der Einstellung des Verfahrens gegen Zahlung einer Geldbuße einverstanden. Wobei ich zu berücksichtigen bat, dass Weihnachten vor der Tür stand, ich kein Wiederholungstäter und nach o. a. Finanzstatus nicht gerade wohlhabend sei. Ich schrieb nichts über die Vorgeschichte meiner Straftat und auch nicht, dass ich ihm doch erst neulich dreißig Euro für »Überschreitung der zulässigen Höchstgeschwindigkeit« überwiesen hatte, und das, ohne selbst der Täter gewesen zu sein. Alles in allem hatte sich Herbert also einen schlechten Zeitpunkt ausgesucht, um mich am Nachmittag wegen des gewünschten Kredits für seine »todsichere Sache« anzurufen. Schließlich willigte ich ein, ihn am Abend im Krumpelbumpel auf ein Bier zu treffen. Da würde er mir auch erzählen, worum es ging.

»Du wirst sehen, dass dein Geld gut angelegt wäre!«

Ich hielt es nicht für gut, Max in das abends wahrscheinlich dick verqualmte Krumpelbumpel mitzunehmen. Sicher könnte er so lange zu Julia. Das war meine offizielle Begründung, um am Abend bei Julia zu klingeln, würde ich so doch erfahren, ob sie die Nacht erneut aushäusig verbringen wollte. Ich weiß, ich weiß, das ging mich nach wie vor nichts an. Trotzdem war ich nicht bereit, mir in dieser Angelegenheit ein mittlerweile obsessives Element einzugestehen. Jedenfalls nahm ich Max in den Arm und klingelte bei ihr – keine Reaktion. Hatte ich nicht vom Hof aus bei ihr Licht gesehen? Jedenfalls führte auch erneutes Klingeln nicht zum Öffnen der Tür.

Es ist, wie gesagt, schon eigenartig, wie das Hirn funktioniert. Abgesehen davon, was mein Kopfkino mir sofort an spannenden Szenen zum Thema »warum macht Julia die Tür nicht auf« vorspielte, fiel mir jetzt das generelle Rauchverbot in allen Berliner Kneipen ein, die etwas zu essen anbieten.

Also würde ich Max im Krumpelbumpel nicht dem akuten Lungenkrebs durch Passivrauchen aussetzen.

»Du kannst doch mitkommen!«

Max stimmte der Planänderung sofort zu. Ein Stück des Weges trappelte er vergnügt neben mir her, dann packte ich ihn in die Tasche. Lange würde diese Art von Transport nicht mehr machbar sein, es kam mir vor, als würde er jeden Tag mindestens ein Kilo zunehmen. Trotzdem erreichten wir etwas zu früh die Weserstraße und das Krumpelbumpel.

»Mensch, ist der groß geworden!«

Manuela war begeistert, Max wiederzusehen. Der war es natürlich auch.

»Ihr Sohn ist nicht hier heute Abend. Aber sein Auftrag hat sich ja auch erledigt.«

»Ja, stimmt«, antwortete ich, gab aber nicht zu, dass mir mein lieber Sohn dies verschwiegen hatte und ich von der neuen Freundschaft zwischen ihm und Jules nur dank facebook wusste. »Und jetzt kommt er nicht mehr her?«

»Doch, doch. Ziemlich häufig. Meistens mit seiner hübschen Freundin und Jules.«

Mein Sohn hatte eine Freundin? Ich gehöre nicht zu den Eltern, die Sexualität bei ihren Kindern unvorstellbar finden (wobei dieses Phänomen wohl häufiger umgekehrt gilt), aber mein Sohn und eine hübsche Freundin? Mein Sohn mit diesem dümmlichen Grinsen, der Unsicherheit hinter dem albernen Zickenbart? Überhaupt, Bart! »Konzentrier dich auf meinen Bart, das ist noch das Interessanteste an mir!« Und dann erst einen Zickenbart, für mich internationales Kennzeichen aller Loser.

»Wirklich hübsch, ja?«

»Kann man wohl sagen. Aber dein Sohn sieht ja auch nicht gerade schlecht aus«, antwortete Manuela, und ich fragte mich, wie weniger voreingenommene Leute als sein Vater wohl Thomas sahen. Und ob die vielleicht recht hatten und ich nicht.

»Allerdings, vielleicht ein bisschen zu alt für ihn.«
»Ach ja?«
Bevor ich weiter nachfragen konnte, legte sich von hinten eine kräftige Hand auf meine Schulter.
»Sie sind verhaftet. Versuchte Unzucht mit Minderjährigen!«
»Danke.« Manuela lächelte Herbert an.
Wir setzten uns in die Ecke nahe am Kachelofen, sonst hätten wir einen Glühwein statt Bier bestellen müssen.
Eine ganze Weile schwiegen wir uns an. Hatte Herbert noch nicht entschieden, wie viel an Information er zu seiner Goldader preisgeben sollte? Oder suchte er noch nach dem besten Einstieg?
Beides, stellte sich jetzt heraus.
»Wie viel weißt du schon, Oskar?«
»Über deine Goldader? Nichts!«, antwortete ich wahrheitsgemäß. Aber Herbert ist bekannt, dass ich ein ganz schöner Korinthenkacker sein kann.
»Setz mal voraus, dass ich nicht komplett blöde bin und dich inzwischen ganz gut kenne: Was *vermutest* du?«

»Na schön. Ich addiere mal: Du bringst einen ziemlichen Dönergeruch mit, also schätze ich, du kommst gerade von nebenan aus dem Mardin-Grill. Ich bin auch sicher, dass du bei unserer Nachtaktion die Söhne des Mardin-Chefs durch dein Nachtsichtgerät genauso gut erkannt hast wie ich. Und auch, dass das dieselben waren, die unseren Freund Öztürk zusammengeschlagen haben. Wenn ich jetzt noch deine erstaunlichen Kenntnisse zu Libanon-Kurden hinzuzähle, ja, da würde ich sagen, deine Goldader liegt im Mardin-Grill. Aber auch, dass es 'ne Goldader mit bedenklichem Reinheitsgrad ist.«
Dass ich die Lieferadresse Mardin-Grill der heimlichen Untersuchung seiner Jacketttasche verdankte, erwähnte ich nicht.
Herbert schaute mich an und sagte erst einmal nichts.
»Mardin-Grill. Heißt die Familie Mardin?«, fragte ich.

Herbert war offensichtlich dankbar für den Zeitgewinn.

»Nee. Mardin ist die Provinz in der Türkei, wo viele dieser Leute ursprünglich herkommen. Da wurden sie verfolgt und sind in den Libanon ausgewandert. Und von dort während des Bürgerkrieges zu uns gekommen. Klar, du hast recht, habe ich alles erst in letzter Zeit gelernt.«

»Das sind interessante Einzelheiten, Herbert. Aber ich bin etwas verwirrt: Seit wann deckst ausgerechnet du Hundemörder?«

Vollkommen unbeeindruckt von meinem Vorwurf leckte Max gerade dem Hundemörderdecker die Hand. Zudem kam jetzt unser Bier, sodass Herbert sich seine Antwort in Ruhe zurechtlegen konnte. Als Manuela verschwunden war, probierte er es mit einem Bibelzitat.

»Du weißt doch, dass es heißt: Lasst die Toten die Toten begraben!«

Fast muss ich laut auflachen. Neben seinen Kenntnissen über die Geschichte der Kurden aus diesem Mardin konnte der ehemalige NVA-Soldat Herbert auch noch mit Bibelzitaten aufwarten!

Dann lachte ich wirklich, denn tatsächlich sagte Herbert jetzt auch noch etwas von »Prioritäten setzen«.

»Was für Prioritäten meinst du?«

»Zum Beispiel den Geigenunterricht für meine Tochter.«

Ich verkniff mir den Hinweis auf das von unserer Regierung wie Sauerbier angebotene Bildungspaket, mit dem unter anderem auch Musikunterricht für Kinder finanziert wird. Die Erwähnung seiner Tochter sollte mir ja nur bedeuten, wie wichtig ihm die Sache war.

»Es geht also um Geld, egal wie und woher«, sagte ich, mehr eine Zusammenfassung als eine Frage.

»Es ist nichts wirklich Illegales, keine Drogengeschäfte oder so. Wir wetten auf Fußballspiele.«

»Sportwetten sind illegal, Herbert. Außer bei Oddset.«

»Blödsinn. Das sagt sogar der Europäische Gerichtshof. Ja, unsere Regierung meint, sie müsse die Bürger vor ihrer Spielsucht schützen. Aber der Staat will doch nur seine schönen Einnahmen aus dem Wettgeschäft schützen. Deshalb sind andere Wettanbieter plötzlich illegal. Außerdem gibt es jede Menge Sportwetten aus dem Ausland im Internet. Da kann der Staat so gut wie nichts gegen machen.«

»Aber du wettest nicht im Internet, sondern nebenan, beim Pascha. Warum?«

»Du meinst Arian?«

»Untersetzt, Schmerbauch, Riesenring mit Riesenstein, und mit offenbar chronisch mieslaunigem Kampfhund befreundet?«

»Ja, das ist Arian. Chef der Familie.«

»Und wie groß ist die, diese Familie?«

»Keine Ahnung. 'ne ganze Menge Leute jedenfalls. Ich denke, so genau weiß das Arian selbst nicht.«

»Trotzdem, zurück zu meiner Frage: Wenn es nicht wegen der vorzüglichen Döner und des tollen Dekors im Mardin-Grill ist: Warum wettest du beim Pascha und nicht im Internet?«

Herbert erzählte dies und das, vom Sport im Allgemeinen und Fußball im Besonderen, Statistiken und Wahrscheinlichkeiten, kam wieder auf seine Familie zu sprechen, wie schön seine Tochter schon die Geige beherrsche, was er mit ihr und seiner Frau zu Weihnachten machen wolle und so weiter. Es brauchte noch zwei Bier, ehe er meine Frage endlich halbwegs beantwortete.

»Na ja, Arian und seine Freunde haben manchmal richtig gute Tipps.«

Warum sollten diese Mach-Salamis bessere Tipps haben als die Sportreporter im Radio oder all die Fußballprofis im Internet? Es dauerte eine Weile, bis der Groschen bei mir fiel.

»Du meinst, bei einigen Spielen können sie sicher sein, wie die ausgehen?«

Herbert nickte verschwörerisch.

»Hat schon funktioniert für mich. 300 Euro einmal!«

Mein lieber Mann! Vielleicht war Herbert hier wirklich auf eine Goldader gestoßen. Ich schaute mich vorsichtig um, niemand achtete groß auf uns. Trotzdem sprach ich »Spiele manipulieren« nicht aus.

»Und diese Leute willst du erpressen mit der Adresse von den Adidas-Kartons? Das halte ich für ziemlich gefährlich. Außerdem, nach allem, was man so hört, dürfte der Respekt von Pascha und seiner Familie vor der deutschen Justiz nicht allzu groß sein.«

Herbert rutschte kaum merklich auf seinem Stuhl herum.

»Um Gottes willen, keine Erpressung. Ich wollte denen nur zeigen, dass ich vertrauenswürdig bin. Damit die mich mal richtig mit einsteigen lassen, bei einer großen Sache. Und dank der Adresse auf den Kartons hat das auch geklappt. Jetzt bin ich dabei!«

»Mein lieber Mann!«, äußerte ich diesmal laut.

»Ja, aber zum groß Einsteigen brauchen wir Kapital! Hör zu: Du hast mich erst an diese Goldader geführt, deshalb will ich dich richtig beteiligen. Fünfzig fünfzig?«

»Ich habe dich zum Pascha geführt?«

»Ja, hast du. Hättest du vor drei Wochen nicht diese Adresse hier in der Weserstraße gesucht, hätte ich mir nicht derweil einen Döner im Mardin gegönnt und wäre dort nicht ins Gespräch gekommen.«

»… und ins Geschäft.« Eben typisch Herbert. Ein einziger Döner und schon war er nebenan fast Familienmitglied.

»Fünfzig fünfzig?«

»Ja. Verzinsung 500 Prozent. Ohne Risiko.«

Ich habe zwar keine Tochter, der ich den Geigenunterricht oder die aktuellsten Sportschuhe finanzieren muss, und bin eigentlich nicht der Typ Raffke, aber warum sollte nicht auch ich wieder mal mit auf der Gewinnerseite sein? Ich nickte Herbert zu. Der grinste.

»Prima. Hol deine Knete aus Österreich. Mit dem Gewinn kaufen wir Manuela ihren Tofu-Laden hier ab und braten im Krumpelbumpel die blutigsten Steaks in ganz Berlin!«

So hat jeder seine Träume.

29

»Oskar! Was in aller Welt …?«

Julia steht vor mir, mit nichts bekleidet außer T-Shirt und Höschen, und sieht mich mit großen Augen an.

Erklärung Nummer eins: Tolle Ideen, die sich um zwei Uhr morgens einstellen, sind grundsätzlich falsch, weil zu dieser Zeit der Verstand längst schlafen gegangen ist. Das weiß aber die tolle Idee nicht.

Erklärung Nummer zwei: Zwei Bier brauchte es, Herberts Zunge zu lockern, die weiteren zwei danach haben den Verstand dann endgültig narkotisiert.

Mindestens aus der Addition beider Gründe hätte ich wissen müssen, dass es nicht mein Verstand sein konnte, der mir eingeflüstert hatte: Du weißt, was Julia will, geh endlich zu ihr! Jetzt!

»Oskar! Was ist los? Was willst du?«

Ich will dich, Julia, deine Jugend, deinen Körper, deine Wärme. Ich bin fünfundzwanzig Jahre alt, höchstens dreißig, eingesperrt im Körper eines Fünfzigjährigen. Ich stehe hier als lächerlicher Idiot, weil ich unter anderem vergessen habe, dass ich dein Vater sein könnte. Aber kein Problem, ich kann mich selbstverständlich noch weiter erniedrigen.

»Darf ich reinkommen?«

Doch die Tür öffnet sich nicht weiter. Im Gegenteil, Julia verkleinert den Spalt zwischen Tür und Rahmen, das Türblatt nun schützend vor sich, als wäre sie sich erst jetzt ihres kurzen T-Shirts bewusst. Oder der Gefahr, die der durchgeknallte Typ aus dem Hinterhaus also doch darstellt.

Warum, geht mir durch den Kopf, stehe ich eigentlich trotz meines Hartz-IV-Status jeden Morgen auf, dusche und rasiere mich, wenn ich damit genau so gut bis zu »Zwei bei Kallwass« oder »Richterin Barbara Salesch« warten könnte? Warum fahre ich dreimal die Woche mit Herbert durch die Gegend und spähe nach Müllhäufchen? Warum lege ich mich nachts im Novemberregen in stacheligen Brombeerhecken auf die Lauer? Antwort: allein für mich, zum Erhalt meiner Selbstachtung.

Und was ist nachts um zwei mit meiner Selbstachtung?

Aber es geht locker noch schlimmer. Es fehlt noch die Szene, die man aus jeder zweiten Fernseh-Soap kennt, erdacht von irgendeiner alleinerziehenden Mutter, die ihr Haushaltsgeld mit dem Schreiben von einschlägigen Drehbüchern aufbessert. Da höre ich sie tatsächlich, die Stimme aus dem Off:

»Julia, wer ist denn da?«

Ich murmle etwas von Entschuldigung, Fehler, Missverständnis, was Julia kaum verstanden haben dürfte, denn ich bin schon fast ein ganzes Stockwerk hinuntergestolpert. Eigentlich sicher, wem ich die Stimme aus dem Off zuordnen soll, will ich den letzten Beweis und stürme auf die Straße. Keine Bestätigung. Also einmal ums Karree. Und da sehe ich es dann, das Auto, tatsächlich mit dem neuem TÜV-Stempel, zu dessen Erlangung ich meinem Sohn neulich fünfzig Euro für die Reparatur der Bremsen gegeben habe.

30

Ich sitze in meiner Hinterhauswohnung und versuche die Bilder zu ignorieren, die mir mein Kopfkino präsentiert. Top modern natürlich, perfektes 3D-Bild auch ohne Rot-Blau-Brille. »Verehrte Zuschauerinnen und Zuschauer, wir melden uns mit einer Lifeschaltung direkt aus dem Schlafzimmer von Julia Baumgärtner!«

Schönen Dank! Natürlich misslingt es mir, auf ein anderes Programm zu schalten, im Gegenteil bekomme ich nun auch den Ton mitgeliefert und höre die typischen rhythmischen Geräusche. Was natürlich Blödsinn ist, pure Einbildung. Aber vorhin, wird mir gewärtig, hatte ich das Fenster in der Küche kurz geöffnet. Gut möglich, dass ich mehr oder weniger unbewusst genau solche Geräusche wahrgenommen, aber natürlich nicht mit Julias Wohnung in Verbindung gebracht habe. Ihre heimliche Wirkung könnte mit ein Grund für die famose Idee gewesen sein, mitten in der Nacht zu ihr zu schleichen.

Max ist aufgewacht, schaut mich interessiert an. Von meinem Besuch bei Julia hat er nichts mitbekommen. Aber selbst wenn, hätte er mich nicht als traurige Witzfigur gesehen. Das ist es, was uns am Partner Hund so begeistert: die unverbrüchliche Loyalität. Egal was ich tue, ich werde immer sein Alphatier bleiben. Beruhigt, dass seine Welt in Ordnung ist (das Alphatier ist da, also was soll sein?), schläft er wieder ein.

Ich natürlich nicht. Wie denn? Ich versuche, mich mit Überlegungen zur weiteren Optimierung meiner unterirdischen Starkstromleitungen abzulenken. Sinnlos. Immer wieder gewinnen die Vorstellungen zu meiner persönlichen Ödipus-Variante die Oberhand. Wie lange geht das schon? War das Liebe auf den ersten Blick, als ich die beiden neulich in meiner Wohnung zurückgelassen habe? Mein Fehler also? Sind sie da sofort übereinander hergefallen? Eher wird das irgendwie über den Kontakt Thomas – Jules im Krumpelbumpel gelaufen sein. Kein Wunder, dass Julia mich nicht mehr nach ihrem Bruder gefragt hat. »Nun kenne ich Ihre ganze Familie«, hatte sie auf der Vernissage bemerkt – da war mir allerdings nicht klar gewesen, wie gut! Wie lange weiß sie schon, dass ich kein Kriminalkommissar bin? Immerhin hat sie mich nicht mehr um die Erledigung irgendwelcher Park- oder Geschwindigkeitssünden gebeten. Soll ich meinem Sohn dafür dankbar sein? Und was veranstalten die beiden gerade sonst noch so? Lachen sich tot über mich? Noch fünf Stunden bis zum Dienstbeginn mit Herbert. Fünf Stunden allein mit mir und meinem Kopfkino!

Was findet Julia an meinem Sohn? Immerhin hat Manuela vom Krumpelbumpel Thomas als gut aussehend beschrieben. Und ganz offenbar teilt Julia diese Einschätzung. Hatte Sigmund Freund mit seiner Interpretation des alten Mythos als archetypische Vater-Sohn-Konkurrenz doch recht? Nur dass es sich in meinem Fall um eine besonders perverse Variante handelt, in der diese Konkurrenz seit Jahren vom Vater ausgeht?

Auf einem altsprachlichen Gymnasium zum Abitur gekommen (als die Entscheidung für den altsprachlichen Zweig fiel, wollte ich noch Archäologe werden), wusste ich, dass der Name Ödipus wahrscheinlich vom griechischen Oidipus kommt, was Schwellfuß bedeutet – seinerzeit stand nicht gleich das Jugendamt auf der Matte, als Vater Laios und Mutter Iokaste in Ausübung der elterlichen Rechte ihrem Sohn vorsorglich ein paar Löcher durch die Füße stanzten. Und der hatte sich noch nicht einmal an Vaters Freundin vergriffen!

Tja, lieber Nikolaus, heute ist der 6. Dezember, und ich weiß nicht recht, was ich zu meiner Verteidigung vorbringen kann. Liebe, das wissen wir beide, entschuldigt alles. Aber es ist ja nicht einmal Liebe, was – so unpassend sie auch immer wäre – mein Verlangen nach Julia beschreibt. Es ist die Obsession eines Mannes, der das Gefühl hat, die Zeit laufe ihm davon. Ein Mann, mit dem du, Julia, dich tatsächlich nicht einlassen solltest. Erkennt er doch an dem zweiundfünfzigsten von ihm erlebten Nikolaustag, dass er eventuell seit dessen Geburt in Konkurrenz zu seinem Sohnes gelebt hat. War das wirklich so? Ich kann es eigentlich nicht glauben. Jedenfalls, lieber Nikolaus, sehe ich ein: kein Zuckerwerk, keine Brezeln für mich dieses Jahr.

»Du meinst also, Oskar Buscher, du bist ein Schwein?«
»Sieht so aus.«
»Vielleicht, lieber Oskar, bist du ein Schwein. Vielleicht auch nicht. Aber eines bist du sicher: ein ziemlicher Idiot.«

Immer noch mehr als drei Stunden bis zur Müllrunde mit Herbert, immer noch mehr als drei Stunden allein mit mir. Wenigstens fällt mir eine Beschäftigung ein: Herbert hatte mir einen Rest Silikonpaste gegeben, die er von irgendwelchen

Heimwerkeraktivitäten an seinem Badezimmer übrig hat. Damit dichte ich nun die brüchigen Sohlen meiner Stiefel, ein paar Tage könnte das halten und für trockene Füße sorgen. Ich warte ein wenig, dass das Silikon trocknet, dann geht es gegen dessen anfänglichen Protest hinaus zu einer vorverlegten Morgenrunde mit Max. Selbstverständlich – wann sonst als ausgerechnet jetzt hätte sich mein Sohn auf den Heimweg von Julia machen sollen? Aber wider Erwarten grinst er nicht höhnisch in meine Richtung oder streckt die Finger zum Ackermann-V. Im Gegenteil tut er, als hätte er mich nicht gesehen, und verschwindet in Richtung seines Autos. Wieder habe ich Thomas falsch eingeschätzt.

Komplett freisprechen kann ich meinen Sohn dann aber doch nicht. Natürlich habe ich keinen Anspruch darauf, über seine jeweilige Beziehung informiert zu werden, und erst recht nicht, in dieser Hinsicht meine (ihm noch dazu unbekannten) Wünsche gegen die seinen abzuwägen. Aber er hat mir auch nicht über seinen Kontakt zu ihrem Bruder Julius berichtet, und das ist abgemacht gewesen. Ein wenig passen die Puzzleteile inzwischen zusammen beziehungsweise gibt es eine Möglichkeit, wie sie zusammenpassen könnten: Warum Julia bei unserer ersten Begegnung trotz Regen trockene Haare gehabt hat, warum sie ihren Bruder unbedingt noch vor der Weihnachtsauktion gefunden haben wollte, warum für den Kontakt zum Bruder ein Kripobeamter in inoffizieller Mission geeignet war, warum auch der Pascha den Bruder dringlich sehen will – und warum ich nicht nur auf der Vernissage neulich Kopfschmerzen bekommen habe. Eigentlich habe ich mir die Zusammenhänge schon seit ein paar Tagen zusammengereimt, bin aber einer endgültigen Klärung aus dem Wege gegangen. Warum wohl? Nun hat sich die Situation geändert und es ist an der Zeit, mir Klarheit zu verschaffen.

Die Tür zum Boden aufzubekommen, ist mit einem zurechtgebogenen Kleiderbügel nicht furchtbar schwierig, und was ich dort finde, nicht mehr furchtbar überraschend. Das fast fertige Bild dort, die kleine Szene mit der düsteren Häuserzeile, kenne ich inzwischen gut, habe ich es doch sowohl im Auktionshaus Keiser als auch zwischen den Reiseplakaten und Wandteppichen beim Pascha gesehen: der Pederowski aus dessen Berliner Periode, Star der kommenden Versteigerung! Dazu Staffeleien, Farbtuben und Paletten, Nitroverdünner, Tageslichtlampe, Firnis – und sofort setzen wieder die obligaten Firnis-Kopfschmerzen ein. Ich habe genug gesehen und leider bestätigt bekommen, was schon seit meinem Testtelefonat mit der Hausverwaltung gestern so gut wie sicher war. Nein, hat mir die Sachbearbeiterin dort gesagt, sie könne mir nicht erlauben, meine Wäsche auf dem Boden aufzuhängen. Da müsse ich die Dame fragen, die den Bodenraum gemietet hat: Frau Julia Baumgärtner.

31

Endlich war es Zeit geworden für die Inspektionstour mit Herbert, ein heute nicht wirklich sinnvolles Unternehmen. Seit zwei Tagen gingen heftige Schneefälle auf Berlin nieder und hatten inzwischen auch den hässlichsten Müllhaufen gnädig zugedeckt. Unser Geschäft würde ohnehin erst nach Weihnachten wieder richtig losgehen, in allen Ecken der Stadt würde sich der Verpackungsmüll stapeln und die Fahrräder, Eisschränke oder Matratzen, die nach der weihnachtlichen Neuanschaffung nun im Wege standen. Aber wir mussten uns anstrengen, auch heute illegal Entsorgtes zu finden, sonst drohte vom Bezirksamt die Einteilung zum Schneeschippen. Da saßen wir schon lieber in unserem warmen Dienstgefährt und besprachen die Dinge des Lebens.

»Was hältst du eigentlich von meinem Sohn?«
»Thomas?«
Ich nickte, von weiteren Söhnen wusste ich nicht.

»Na, ich habe ihn lange nicht gesehen. Mindestens ein paar Monate.«

»Ich meine, so allgemein.«

Herbert kratzte sich an der Nase. Das tat er oft, wenn er etwas Unangenehmes sagen wollte.

»Ich sag mal so: Leicht hat er es nicht mit dir.«

»Mein Sohn mit mir?«

»Ich glaube, dir ist kaum bewusst, was für ein großes Glück du mit Thomas hast. Du musst ihn nicht zweimal im Monat bei der Polizei oder aus dem Kittchen abholen, er ist nicht auf Droge, macht einfach sein Studium – was willst du denn noch? Aber nein, du mäkelst an ihm herum, um was auch immer es geht.«

»Du musst doch zugeben, er sieht einfach lächerlich aus mit diesem Ziegenbärtchen. Außerdem ist er zu dick und Schweißfüße hat er auch.«

Ich hatte die trotz Silikon weiterhin nicht ganz dichten Stiefel ausgezogen und trocknete meine besockten Füße in dem warmen Luftstrahl, der eigentlich unsere Frontscheibe eis- und beschlagfrei halten sollte. Herbert rümpfte die Nase.

»Thomas hat auch Schweißfüße? Tja, so viel zu deiner Kuckuckskind-Theorie.«

Daran hatte ich einen Moment zu kauen. Aber – was stimmte nicht mit mir? Warum fand alle Welt meinen Sohn ganz toll, nur ich nicht, sein leiblicher Vater? Mir kam wieder die Ödipus-Sache in den Sinn.

»Wie war das eigentlich damals, als ihr eure Tochter bekommen habt?«

Herbert schaute mich an, als hätte ich mich gerade für den Preis für die dämlichste Frage des Tages qualifiziert.

»Wie das war? Toll natürlich! Wir waren total aus dem Häuschen vor Glück. Was denn sonst?«

»Und das Verhältnis zu deiner Frau? Hat sich da was geändert? Stand da nicht plötzlich das Kind zwischen euch?«

»Zwischen uns? Wie das? Vorher waren wir zwei Leute, die beschlossen hatten, es mal gemeinsam zu versuchen. Jetzt waren wir über Nacht viel fester zusammen, mehr wie eine einzige Person.«

Ich druckste ein wenig herum mit der nächsten Frage, traute mich endlich.

»Und euer Sexleben?«

Herbert haute mit seiner Pranke auf das Lenkrad und grinste breit.

»Besser als vorher! Ist doch klar.«

Genau das war es nicht. Während Lena und ich vor Thomas kaum die Finger voneinander lassen konnten, hatte sich dies nach seiner Geburt für Lena anhaltend geändert. »Postnatale Depression«, hatte mir unser Hausarzt damals zugeraunt. Natürlich ist es nicht ungewöhnlich, dass die sexuelle Spannung im Laufe einer Beziehung abnimmt, das war längerfristig sicher nicht der Geburt unseres Sohnes geschuldet. Schon eher ungewöhnlich, dass ich mir das erst heute wirklich eingestand, die Tatsache selbst und wie sehr sie vielleicht mein Verhältnis zu Thomas beeinflusst hatte.

»Wichtig ist doch nur«, verkündete Herbert als Zusammenfassung seiner Erziehungsphilosophie, »dass wir unsere Kinder begleiten, ohne uns ein festes Bild zu machen, was aus ihnen werden soll. Oder«, er klopfte mir auf die Schulter, »ob sie eine Zeit lang mit oder ohne Zickenbärtchen durchs Leben stapfen.«

In Herbert bestätigte sich wieder einmal, dass man für die wirklich wichtigen Fragen des Lebens kein Abitur oder Studium braucht. Und in mir, dass man auch mit Abitur und Studium ziemlich blind sein kann, zumal sich selbst gegenüber.

Dann entdeckten wir das Schild.

Natürlich ist es nicht schön, enttäuscht zu werden. Auch wenn es nur um die eigenen, nicht wirklich realistischen Wünsche geht. Aber es gab Schlimmeres. Zum Beispiel, aus Geldgier um seine Existenz gebracht zu werden, wie unser Freund Öztürk. Als wir nun durch die Sonnenallee fuhren, wurde klar, warum man seinen Laden in Brand gesetzt und zur Sicherheit gleich noch einen Sprengsatz dazugegeben hatte: Arbeiter waren dabei, das Haus einzurüsten. Noch waren das Bettlaken, das einsam aus dem obersten Stockwerk hing, und seine Botschaft zu erkennen: »Wir lassen uns nicht wegsanieren!«

Deutlich größer und professioneller das Schild, das gerade am Gerüst montiert wurde. Es zeigte eine Familie im oberen Einkommensbereich. Vater, Mutter, zwei Kinder standen glücklich strahlend vor dem Wohnhaus, beziehungsweise vor der Fassade, wie sie in ein paar Monaten aussehen sollte. Selbstverständlich ohne murksigen Gemüsetürken im Erdgeschoss.

»Hier errichtet die B&G Unternehmensgruppe exklusive Eigentumswohnungen.«

32

»Hier ist der Nikolaus.«

Es hatte laut geklopft. Wütend auf Thomas, noch wütender auf mich, hatte ich gerade überlegt, ob ich nicht mein Flachmann-Experiment von neulich wiederholen sollte. Trotz vier Jahren Arbeitslosigkeit, gescheitertem Versuch mit dem Existenzgründerdarlehen und angewiesen auf Hartz IV hatte ich mich bis vergangene Nacht nicht als Loser gefühlt. Jetzt schon, und zwar gründlich. Wie jeder echte Loser erging ich mich in Selbstmitleid und Schuldzuweisungen. Nun stand Julia vor der Tür in einer Art Nikolaus-Persiflage: schwarze Strumpfhosen, roter Minirock, roter Pulli, Nikolausmütze mit weißer Bommel. In der Hand hielt sie einen Minikuchen mit brennender Minikerze.

»Darf der Nikolaus reinkommen?«

Keine Ahnung, wie lange ich Julia bei offener Tür angestarrt hatte. Auf jeden Fall war ich überrascht. Nach meiner Müllrunde mit Herbert hatte ich sie am frühen Nachmittag im Auktionshaus angerufen, um eine Frage zu ihrem Bruder und zu meiner Theorie zu klären. Sozusagen um irgendwie die Beziehungsbasis vor meinem nächtlichen Ausraster wieder herzustellen.

Julia: »Auktionshaus Keiser, Julia Baumgärtner am Apparat.«

Ich: »Äh ... mm ... ich bin's. Äh ... Oskar.«

Julia: »Oh – Moment. Können Sie mich einen Moment entschuldigen? Ich bin gleich wieder bei Ihnen.«

Kurze Pause. Offenbar hat Julia das Gespräch schnurlos in den Ausstellungsräumen entgegengenommen und sucht einen ruhigeren Platz. Dann meldet sie sich wieder.

Julia: »Das war ein wenig unglücklich letzte Nacht ...«
Ich: nichts.
Julia: »Bist du noch dran?«
Ich: »Mm.«
Julia: »Oskar, vielleicht sollte ich dir erklären ...«

Ich werde wütend. Julia kommt in diesem Ton rüber, in dem man Selbstmörder, die auf dem Brückengeländer stehen, anspricht. Es fehlt nur noch, dass sie etwas von »Freunde bleiben« sagt. Dem komme ich zuvor. Angeblich will ich ja nur eine kurze Information zu ihrem Bruder, aber unkontrolliert blökt es aus mir heraus.

Ich: »Du brauchst mir nichts zu erklären. Ich habe mich heute Morgen auf deinem Dachboden umgesehen.«

Julia: nichts.

Dann, sehr leise: »Oh.«

Nun schäme ich mich.

Ich: »Aber darum geht es gar nicht. Ich wollte dich nur fragen: Ist dein Bruder Vegetarier?«

Julia: »Ob mein Bruder was?«

Ich: »Ob dein Bruder Vegetarier ist. Ist aber auch nicht so wichtig. Bis dann.«

Endlich trat ich zur Seite und ließ Frau Nikolaus ein. Max, natürlich, freute sich über den Besuch. Ich hingegen fühlte mich massiv unwohl. Es entstand eine dieser unangenehmen Pausen, die Julia schließlich beendete.

»Und – was machen wir nun?«

Gute Frage, die allerdings offen ließ, worauf Julia sich bezog. Zumal jetzt, wo im Sitzen ihr roter Minirock noch kürzer war und längst meine bekannten niederen Instinkte geweckt hatte.

»In Bezug auf was?«

»Zum Beispiel in Bezug auf die Tatsache, dass du mich in der Hand hast.«

War das ein Angebot? Sex gegen Verschwiegenheit? Und wenn ja, war es das, was ich wollte?

»Ich glaube, Max muss dringend mal runter.«

»Muss er nicht, Oskar.«

Musste er natürlich nicht. Aber Oskar musste Zeit gewinnen, Optionen sortieren, Wünsche definieren. Ergebnis: wieder eine unangenehme Pause.

»Also – was wirst du nun tun, Mr. Kripo?«

Elegant wechselte Julia von linkem Knie über rechtem Knie auf rechtes Knie über linkem Knie.

»Du weißt doch längst, dass ich nicht bei der Kriminalpolizei bin.«

»Habe ich doch immer gewusst – du bist einfach zu nett für einen Polizisten! Aber ob richtiger Kriminalpolizist oder nicht, wie soll es nun weitergehen?«

»Vielleicht verrätst du mir erst einmal, worum es bei euren doppelten oder dreifachen Kunstwerken überhaupt geht.«

Das, erklärte Julia, sei nicht furchtbar kompliziert. Grob vereinfacht gebe es zwei Typen von privaten Sammlern hochwertiger Kunstwerke: diejenigen, die vor der Welt mit ihrer Sammlung protzen, und diejenigen, denen es genügt, sich ganz privat an wertvollen Werken zu erfreuen. Eine etwas eigenartige Kaste, die letztgenannte, zugegeben, aber eine wichtige, zum Beispiel für Kunstdiebe.

»Wenn du einen echten Rembrandt aus dem Museum klaust oder einen van Gogh, kannst du den ja nicht bei Christies oder Sotheby's zur Versteigerung einreichen. Du hast nur zwei Möglichkeiten: Du bietest der Versicherung des Museums den Rückkauf an, oder du hast einen Auftraggeber, dem es genügt, den Rembrandt allein in seinem Keller anzuschauen. In der Regel wird dieser heimliche Genießer von den Kunstdieben bevorzugt, denn die Sache mit den Versicherungen hat gravierende Nachteile: Der Preis steht weitgehend fest, in der Regel um die zehn Prozent des wahren Wertes. Da zahlen die diskreten Kunstliebhaber deutlich besser, in der Regel etwa die Hälfte des offiziellen Marktpreises. Und bei denen kannst du zudem sicher sein, dass sie nicht zur Polizei rennen. Das garantieren die Versicherungen zwar auch, halten sich aber nicht immer daran.«

»Das lernt man alles im Studium der Kunstgeschichte?«

»Wenn nicht da, dann spätestens bei den Keisers. Die haben den genialen Weg gefunden, beide Spezies von Sammlern zu bedienen. Wenn sich schon mal, was selten genug vorkommt, ein wirklich wertvolles Werk zu uns verirrt, läuft das so: Ein vereidigter Sachverständiger macht die Expertise. Wenn sich jetzt ein Interessent der diskreten Spezies meldet, bekommt der das Original. Auf der Versteigerung wird dann die Kopie verhökert, aber mit echtem Herkunftsnachweis und echter Expertise.«

Das hörte sich erstaunlich einfach an.

»Und die Kopie – die machst du.«

»Das ... das hat sich eher zufällig ergeben, wie das ganze Geschäftsmodell. Kurz nachdem ich bei Keiser angefangen hatte, kam ein gerade versteigertes Bild zu Schaden, ein ziemlich großer Schaden an einem ziemlich wertvollen Bild. War meine Schuld und ganz furchtbar. Aber reparabel. Ich habe dir doch erzählt, dass ich eigentlich eine berühmte Malerin werden wollte.«

Hinter uns raschelte etwas – Max hatte den Mini-Kuchen entdeckt. Julia berührte kurz meine Hand.

»Der war eigentlich für dich.«

»Tja, wir sind beide bestechlich, scheint mir.«

»Das hoffe ich doch«, sagte Julia, schaute dabei aber züchtig zu Boden. Trotzdem war ich mir sicher: Ich sollte manipuliert werden. Weiterhin unsicher aber, ob ich das Preisgeld abholen wollte. Sollte sich gelegentlich tatsächlich mein Verstand einschalten? Ich stand auf, lief ein bisschen im Zimmer auf und ab.

»Warum interessiert es dich eigentlich, ob mein Bruder Vegetarier ist?«, wollte Julia jetzt wissen und schaut mich fragend an. Max ebenso.

»Ich nehme mal an, dein Jules ist kein Vegetarier.«

»Stimmt. Aber wieso ist das wichtig?«

»Weil, wie du wahrscheinlich weißt, eine Version von dem Pederowski-Bild im Hinterzimmer des Mardin-Grills hängt. Das ist das Original, oder?«

Julia nickte. Ich erklärte ihr, was ich mir inzwischen zusammengereimt hatte: Weil er eben kein Vegetarier war, war Bruder Jules zu Zeiten seiner alten Wohnung in der Weserstraße nicht nur Gast im Krumpelbumpel gegenüber, sondern hatte sich sicher auch dann und wann einen Döner im Mardin geholt. Dort war er, über den Weg der Spielautomaten, irgendwann ins Wettgeschäft eingestiegen, mit wechselndem Glück. Manuela hatte erzählt, dass er sich im Krumpelbumpel wiederholt Geld geborgt und trotz Verzögerungen mit ordentlichen Zinsen zurückgezahlt hatte. Nachdem es anfangs erstaunlich gut gelaufen war, stellte ich mir vor, war er dann »ganz groß« eingestiegen – und hat verloren. Da der Pascha und seine Söhne auch bei Wettschulden keinen Spaß verstehen dürften, hatte Jules ihm dann, so meine Theorie, den Pederowski angedreht, wenigstens als Pfand. Es sei denn, ich irrte mich, und Pascha konnte sich plötzlich nicht mehr für Reiseposter und Wandteppiche begeistern und war zum Sammler der Nachkriegsmoderne mutiert.

»Aber ich denke, inzwischen weißt du das alles selbst, oder? Immerhin hast du ja deinen Bruder auch ohne mich gefunden.«

»Das ist nicht ganz richtig. Schließlich hast du deinen Sohn ins Krumpelbumpel geschickt, um dort auf Jules zu warten. Also ist es doch dein Verdienst, dass wir uns getroffen haben.«

»Und dort habt ihr euch zu dritt dann köstlich über mich amüsiert.«

Ich war selbst peinlich berührt, wie verletzt das klang. Julia berührte meine Hand.

»Haben wir nicht, Oskar. Bestimmt nicht. Aber, mit Thomas, da wusste ich doch nicht, habe nicht geahnt, dass du, ich meine ... mir gegenüber ...«

Das Gespräch nahm die falsche Richtung. Spätestens jetzt hätte ich es abbrechen sollen. Zumal es Fragen gibt, deren Antwort man eigentlich gar nicht hören will. Natürlich fragte ich trotzdem.

»Was nicht geahnt? Dass ich mehr als ein rein freundschaftliches Interesse an dir hatte? Trotz des Altersunterschieds? Das wusstest du nicht oder wolltest es dir nicht vorstellen?«

Zum Glück antwortete Julia nicht, drückte nur meine Hand stärker. Ganz sicher war ich natürlich immer noch nicht. Aber ehe ich ihr vermutliches Angebot – Sex gegen Stillschweigen in Sachen Kunsthandel – schließlich doch annehmen würde, entzog ich ihr meine Hand, erhob mich und sagte schnell selbst den berühmten Satz:

»Trotzdem, Julia. Wir bleiben Freunde. Aber Max muss jetzt wirklich mal runter.«

Julia schaute mich fragend an, also versicherte ich ihr, dass sie sich meinetwegen keine Sorgen machen müsse.

»Das Geheimnis, dass du offenbar doch eine begnadete Malerin bist, zumindest so gut wie dieser Pederowski, ist bei mir gut aufgehoben.«

Gemeinsam verließen wir meine Wohnung. Tröstlich: Immerhin war der Nikolaus doch noch bei mir gewesen.

33

Vor ungefähr zwanzig Jahren gab es im deutschen Fernsehen eine Unterhaltungssendung mit dem Namen »Geld oder Liebe«. Die Show war ziemlich erfolgreich, der Titel eine familiengerechte Übersetzung der amerikanischen Lebensweisheit »It all comes down to money and cocksize.« Die Chance auf Liebe, na ja, Sex, hatte ich heute schon ausgeschlagen, blieb also nur noch, auch die Chance auf Geld zu vermasseln. Oder die Chance, mein letztes Geld zu verlieren.

»Das habe ich schon beim ersten Mal kapiert, Herbert. Wir machen fünfzig fünfzig bei garantierter Verfünffachung des Einsatzes. Ich frage nur: Was ist das für eine Garantie? Wer garantiert den Gewinn?«

»Na, der Pascha.«

Wir fuhren gerade über die Sonnenallee. Das machten wir fast an jedem unserer Ein-Euro-Arbeitstage, ist die Sonnenallee doch eine der drei Nord-Süd-Achsen durch Neukölln. Das Gerüst am Sanierungsobjekt der B&G Unternehmensgruppe war inzwischen fertig aufgestellt, das Bettlaken »Wir lassen uns nicht wegsanieren!« verschwunden.

»Du hast recht, Herbert. Das sind ganz normale Geschäftsleute, deine Freunde aus dem Mardin-Grill. Spätestens wenigstens, wenn es ihnen gelungen ist, ihre diversen Einnahmen in hochsolide Anlagewerte wie so ein Wohnhaus mit Eigentumswohnungen umzurubeln.«

Geldwäsche durch Immobilienkauf ist eine bewährte Praxis. Und ein wenig Druck auf Mieter auszuüben, die nicht zugunsten einer »Sanierung« weichen wollen, an deren Ende hochpreisige Eigentumswohnungen für zahlungskräftige Käufer stehen, eine schon ebenso lange währende Methode.

Ich hatte mich inzwischen ein wenig zu dieser B&G-Firma umgehört. Sie sei eine gemeinsame Unternehmung des Pascha mit diesem Rapper, hieß es, deren Geschäftsbeziehungen schon seit Jahren liefen und deutlich über das Aufhängen von dessen Konzertpostern in und hinter dem Mardin-Grill hinausgingen.

»Ich frage mich nur, wofür sie den Gangsta-Rapper mit ins Geschäft geholt haben. Soll er Seriosität signalisieren, nachdem sich selbst unser CSU-Innenminister auf ein Foto mit dem Kerl gedrängelt hat?«

Dass Herbert nicht nachfragte, wovon ich eigentlich redete, konnte ich nur als Beleg dafür deuten, dass er schon länger als ich wusste, wer hinter der B&G Unternehmensgruppe steckte. Traurig. Aber es passte zum Geschäftsmodell des Pascha: Furcht verbreiten, die menschliche Gier ausnutzen, Erpressung. Inzwischen hatte ich eine ziemlich genaue Vorstellung, welchen Sinn die kleine Bombe in Öztürks Büro gehabt hatte: Der Pascha mochte gern in Kauf genommen haben, dass sie den Mietvertrag vernichten und Öztürk endlich den Laden räumen würde. Aber mehr noch, dachte ich, sollte sie Öztürk die Hände abreißen. Ein toter Gemüsetürke wäre ein Aufreger, aber irgendwann vergessen in Neukölln. Aber ein Gökhan Öztürk, der die nächsten Jahre ohne Hände durch die Gegend lief, wäre eine stetige Warnung an den Kiez, Forderungen und Verpflichtungen gegenüber Paschas Familienclan ernst zu nehmen.

»Ein echter Ehrenmann garantiert also deinen Wettgewinn. Schön für dich, Herbert!«

»Aber ich sage dir doch: Dreimal habe ich bisher bei ihm auf Spiele gewettet, immer, wie er empfohlen hatte, und dreimal kräftig gewonnen.«

»Aber immer nur mit relativ kleinen Einsätzen.«

»Ja, weil ich nicht mehr hatte. Aber jetzt kann ich mehr einsetzen, weil ich nur gewonnen habe. Und mit deinem Anteil könnten wir richtig zuschlagen.«

Die Sache stank gewaltig.

»Der Pascha weiß also vorher, wie die Spiele ausgehen?«

»Bisher jedenfalls lag er immer richtig.«

»Das heißt, er manipuliert die Spiele, oder?«

Herbert war unwohl bei diesem Thema, das konnte man sehen. Er antwortete erst nach einigem Zögern.

»Nehmen wir einmal an, der Pascha manipuliert die Spiele. Umso besser – kein Risiko! Wenigstens nicht für uns.«

Es hatte keinen Sinn, weiter drum herumzureden.

»Herbert, da mache ich nicht mit.«

»Was? Nur weil ich nicht in dein Genörgel über deinen Sohn eingestimmt habe? Oder hast du moralische Bedenken?«

Ich schwieg, was Herbert zu Recht als moralische Bedenken auslegte.

»Wir stehlen doch kein Geld, das für einen anderen Zweck bestimmt war, für ein Waisenheim oder ein Kinderkrankenhaus. Das Geld wurde zum Wetten eingezahlt. Es liegt da, wartet auf den Gewinner. Und das sind eben endlich einmal wir.«

»Wir stehlen das Geld den Leuten, die es sonst, ohne Manipulation, gewonnen hätten.«

»Aber es sind nicht wir, die die Spiele manipulieren. Die Sache läuft sowieso, ob mit uns oder ohne uns. Findest du es nicht an der Zeit, dass auch für uns einmal ein Stück vom großen Kuchen abfällt?«

Das, versicherte ich ihm, fände ich auch. »Aber hast du dich mal gefragt, warum der Pascha dich bei der Sache mitmachen lässt? Meinst du wirklich, wegen seiner Adidas-Geschäfte hättest du ihn in der Hand?«

»Na ja, ein bisschen schon«, sagte Herbert grinsend. »Er denkt, dass ich bei der Zollfahndung bin.«

Das war nun wirklich komisch, dass Herbert beim Pascha fast auf dieselbe Tour wie ich bei Julia fuhr. Jetzt musste ich auch grinsen.

»Außerdem«, fuhr Herbert unbeirrt fort, »wichtiger ist der Pascha als Geschäftsmann. Er kassiert fünfzehn Prozent vom Gewinn.«

»Und warum soll er sich mit fünfzehn Prozent zufrieden geben, wenn er alles haben könnte? Rechne mal durch: Du willst, dass wir jetzt 2.000 Euro einsetzen. Gewinn, wie du sagst, garantiert 10.000 Euro. Macht 1.500 für den Pascha. Setzt er nur ein Drittel davon auf eigene Rechnung ein, sagen wir mal 500, bekommt er 2.500 Euro.«

Herbert hatte immerhin zugehört.»Stimmt nicht. Du musst die 500 abziehen, die er eingesetzt hat. Wenn wir wetten, setzt er selbst gar nichts ein.«

»Schön, 2.000 Euro Gewinn. Die Sache macht für mich immer noch keinen Sinn.«

Herbert klang jetzt beleidigt.

»Warum soll ich mir überhaupt Gedanken machen, warum uns der Pascha beteiligt? Fest steht, wie gesagt, ich habe mit ihm immer schöne Gewinne gemacht.«

»Ich fürchte, Herbert, es läuft wie beim Hütchenspiel. Ein paar Einführungsrunden lang lassen sie dich gewinnen. Dann, wenn du siehst, wie glatt das läuft, und deinen Einsatz kräftig erhöhst – flups, alles weg.«

»Mensch, Oskar, du hältst dich für so schlau, weil du studiert hast. Aber überlegt doch mal. Was hat der Pascha davon, wenn wir unsere 1.000 Euro verlieren? Gar nichts! Nicht einmal seine fünfzehn Prozent. Das macht keinen Sinn.«

Ich sah, dass es schwierig sein würde, Herbert zu überzeugen – und unsere Freundschaft zu retten. Wir Menschen neigen eben zur Gier, die Gier wiederum schaltet rationales Denken aus. Sonst würde es all die Anzeigen mit dem Versprechen von zwanzig Prozent Rendite und mehr nicht geben und der Begriff Schneeballsystem nur die Spielanleitung zu einer größeren Schneeballschlacht bedeuteten.

»Erst einmal hat er doch unseren Einsatz, oder? Und mehr noch dürfte es, glaube ich, um Verdünnung gehen«, sagte ich.

»Was für 'ne Verdünnung?«

»Verdünnung, Verschleierung, Ablenkung, wie auch immer du es nennen willst. Die Zeiten haben sich geändert, seit Schiedsrichter Hoyzer für ein paar kroatische Kneipiers Fußballspiele manipuliert hat. Du müsstest doch besser wissen als ich, dass inzwischen ausgefeilte Computersysteme die Wetteinsätze bei jedem Spiel überwachen. Die schlagen

Alarm, wenn plötzlich hohe Summen auf den Außenseiter gesetzt werden, und erst recht, wenn der dann wirklich gewinnt. Aber wenn du genug Leute findest, die gegen deinen großen Einsatz wetten, findet das Überwachungssystem alles in Ordnung. Die Wetteinsätze sind unter dem Strich ausgeglichen – und dein Pascha macht den Reibach, weil er gegen dich gesetzt hat.«

Herbert schaute mich nachdenklich an.

»Ich verstehe dich nicht. Willst du dich auf ewig mit den paar Hartz-IV-Euros durchbeißen?«

»Nein, Herbert. Ich will einfach nicht auch noch meinen Notgroschen verlieren.«

Unser Gespräch endete wie erwartet, als Herbert sagte:

»Ich hätte nie gedacht, dass du so nachtragend bist!«

34

Es sei unbestimmt, wann der Pederowski bei der Versteigerung aufgerufen werde, hatte Julia gesagt, aber sicher nicht vor Mittag. Das gab mir genug Luft, eine zusätzliche Vormittagsrunde mit Max zu drehen. Noch einmal wollte ich ihn nicht zu Keiser mitnehmen. Wer weiß, welche bedeutende Periode der abendländischen Kunstgeschichte er heute anknabbern würde.

So trudelte ich am erst gegen Mittag im Auktionshaus Keiser ein. Feuchte Hitze aus dampfenden Wintermänteln und durchnässten Einlegesohlen schlug mir entgegen. Trockene Schuhe beziehungsweise trockene Füße erwartete ich auch für mich selbst in den nächsten Stunden nicht, die von mir akribisch aufgebrachte Silikonschicht hatte sich als wenig straßentauglich erwiesen und war inzwischen zum größten Teil verschwunden.

Offenbar bestand ein großes Publikumsinteresse an der Auktion, vielleicht hoffte man, hier noch ein günstiges Weihnachtsgeschenk zu finden. Um Platz zu schaffen, waren die Ausstellungsstücke verschwunden oder an die Seite gerückt. Erst im weiteren Verlauf der Veranstaltung wurde mir klar, dass nicht einmal die Hälfte der Besucher hier als wenigstens potenzielle Kunden saßen. Das Gros des Publikums bestand aus Rentnern, die wieder ein warmes Plätzchen mit kostenloser Unterhaltung für den Tag gefunden hatten. Heute war wohl nichts los im Amtsgericht und auch keine Kaffeefahrt mit Heizdecken und afrikanischen Wunderwurzeln im Angebot. So musste ich suchen, bis ich eine freie Sitzgelegenheit entdeckt hatte, neben einem Paar, das selbst als Antiquität hätte gehandelt werden können.

Aktuell ging es gerade um Porzellan: Amphoren, bunte Figürchen, reich bemalte Teller und Tassen. Den Vorsitz führte der dicke Keiser senior an einem erhöht stehenden Pult, hinter dem er auf einer Art Barhocker thronte. Die Füße baumelten wahrscheinlich frei in der Luft. In einen schwarzen Anzug geklemmt, schwang er schwitzend den Auktionshammer. Links von ihm saßen Julia und Keiser junior an einem Tisch, jeweils ein Telefon vor sich. Klar, dass sich meine Aufmerksamkeit sofort Julias langen schlanken Beinen unter dem Tisch zuwandte, zumal das komplette Service, das der dicke Keiser senior gerade anpries, für meinen Geschmack von ausgesuchter Hässlichkeit war. Original Meißen sei das, zweiundvierzig Teile, ganz echt, man achte nur auf die reiche goldene Verzierung! Das Limit läge bei 2.000 Euro, ein veritables Schnäppchen, oder?

Keiser wischte sich den Schweiß von der Stirn, schaute irritiert in den Raum. Keine Hand hob sich.

»Herrschaften, ich bitte Sie! 2.000 Euro für zweiundvierzig Teile, vollkommen unbeschädigt.« Zum Beweis klopfte Keiser mit seinem Auktionshammer vorsichtig an einen der Teller. »Alles original 19. Jahrhundert.«

Aber die Herrschaften ließen sich weiter bitten.

»Na schön, ein Gebot bitte!«

Rechts hinter mir wurden 1.000 Euro geboten. Keiser wartete auf ein besseres Gebot, schimpfte ein wenig, aber es kam keines.

»1.000 Euro zum Ersten, zum Zweiten...«

1.000 Euro waren dann wohl wirklich ein Schnäppchen, das sich der Mann schräg rechts vor mir nicht entgehen lassen wollte. Er bot 1.050 Euro. Da kam die Dame im Echtpelzmantel locker drüber, 1.100 Euro. Und nun passierte etwas Eigenartiges: Plötzlich jagte ein Gebot das andere, und am Ende fiel Keisers Hammer für das hässliche Meißen-Service, das ursprünglich niemandem 2.000 Euro wert gewesen war, bei über 4.000 Euro.

Ehe wir endlich zu den Gemälden kamen, lernte ich nicht nur eine Menge über Porzellan und den Unterschied zwischen Haus- und Manufakturmalerei. Ich erhielt auch eine kostenlose Fortbildung zu antiken Taschenuhren und edlen Orientteppichen. Einige davon wurden ebenfalls mit Garantie, das heißt mit einer Expertise, angeboten. Neben dem Schild »Heute große Versteigerung« (geschmückt mit einem Goldband und drei Weihnachtsbaumkugeln) war mir vorhin am Eingang noch ein Hinweis aufgefallen, der mir bei meinem Erstbesuch neulich entgangen war: Nicht nur, dass man viele Objekte auch außerhalb der Versteigerungstermine erwerben könne, stand da zu lesen, sondern auch, dass das Haus Keiser »Expertisen und Gutachten« erstellte. Wie praktisch im Zusammenhang mit dem, was Julia erzählt hatte.

Als es mit den Orientteppichen losging, erschien auch mein Freund Pascha, mit zwei seiner Söhne, aber ohne Hund. An weiteren Wandteppichen hatte er jedoch offenbar keinen Bedarf. Wie ich dürfte er wegen des Pederowski gekommen sein. Aber warum? Er hatte seinen doch schon, und zwar als Original! Wollte er den Preis weiter in die Höhe treiben? Was konnte er sonst vorhaben? Ich rutschte auf meinem Stuhl so weit nach vorne, dass ich hinter den Leutchen vor mir verschwand. Zur Sicherheit suchte und fand mein Blick den Knopf für den

Feueralarm – nur für den Fall, dass es irgendwann geraten sein sollte, die Veranstaltung abzubrechen.

Am späten Nachmittag zu guter Letzt dann die Gemälde. Im Gegensatz zu mir waren meine antiken Sitznachbarn, die bisher natürlich nicht ein einziges Gebot abgegeben hatten, auf die Dauer der Veranstaltung vorbereitet und gingen nun mit Streuselkuchen aus der Tüte und Tee aus der Thermoskanne gegen ihre drohende Unterzuckerung vor. Mir knurrte der Magen und ich dachte an Max, der, auch bei Berücksichtigung meiner Entführung zum Pascha, noch nie so lange allein gewesen war. Da sah ich, dass sich inzwischen noch jemand, den ich kannte, eingefunden hatte: Der Typ, der die Vernissage in der ehemaligen Glühlampenfabrik veranstaltet hatte und den Julia angeblich nicht kannte.

Die Gemälde waren eindeutig das Highlight der Auktion, eine ansehnliche Zahl gut gekleideter Leute ergänzte jetzt das Publikum beziehungsweise nahm die Plätze derer ein, die mit ihrer Beute an Porzellan, Taschenuhren oder Orientteppichen abgeschoben waren. Auch einige der Rentner waren verschwunden, wahrscheinlich diejenigen, die ebenfalls keine Verpflegung mitgebracht hatten oder deren Lieblingsserie im Nachmittagsfernsehen wartete. Das jeweils aufgerufene Gemälde wurde auf eine Staffelei direkt neben Keisers Stehpult platziert – dorthin gebracht wurde es von zwei Tageshilfskräften: meinem Sohn Thomas und – gemäß den Fotos von Julia und auf seiner facebook-Seite – seinem Freund Jules. Nun waren, wie am Ende eines klassischen Agatha-Christie-Krimis, alle Verdächtigen beisammen, die Lords und Ladys, der Gärtner, der Butler: hier vertreten durch die beiden Keisers, Julia und ihren Bruder, den Pascha, den Typ aus der Glühlampenfabrik – und meinen Sohn Thomas.

Nach zwei kleinen Romantikern (dass es sich um Romantiker handelte, entnahm ich dem Versteigerungskatalog) und ein paar Gemälden aus dem Historismus (ebenfalls laut Katalog) war die Zeit für die eigentliche Spezialität des Hauses Keiser gekommen – die Malerei der Nachkriegsmoderne. Die Atmosphäre war eindeutig aufgeladen, endlich bekamen auch Julia und Keiser junior an ihren Telefonen etwas zu tun. Ich hatte mir bei meinem Besuch hier neulich ja schon einen gewissen Überblick darüber verschafft, was man unter Nachkriegsmoderne in der bildenden Kunst versteht, heute war quasi Fortbildung. Zum Beispiel gab es offenbar subtile Qualitätsunterschiede, die dem Auge des Ingenieurs noch entgingen. So fand ein Frauenporträt (etwas schräg getroffen, vorwiegend sah man die linke Seite des Gesichts) für 1.200 Euro seinen Käufer, während ein für meine Begriffe ganz ähnliches (wieder das Gesicht einer Frau, jetzt aber von rechts gesehen) es am Ende auf über 5.000 Euro brachte, obgleich die Frau auf dem ersten Bild deutlich hübscher war. Auch den Mechanismus von Versteigerungen verstand ich inzwischen langsam, zumal sich das beim Meißen-Porzellan geschilderte Phänomen häufiger wiederholte: Erst will niemand die Taschenuhr/den Orientteppich/den Nachkriegsmodernen zum Limitpreis, dann, nach einem Gebot weit unter dem Limit, ersteigert jemand die Sache am Ende weit oberhalb.

Das galt nicht für den Pederowski. Da ging es gleich zur Sache, ganz so, wie sich Klein Oskar eine Auktion vorgestellt hatte. Das Limit, 5.000 Euro, war sofort vom Tisch, in Schritten von hundert Euro kletterten die Gebote rasch aufwärts. Rufe von hinten, diskretes Händchenheben vorne, ein Nicken von Julia oder Junior an ihren Telefonen. Offenbar war ich der letzte Banause, der – vor meiner noch jungen Bekanntschaft mit Julia – den Namen Pederowski bestenfalls für eine Wodkamarke gehalten hätte. Wildes Interesse also, gelegentlich juckte es sogar mich, mein Pfötchen zu heben, nur so zum Spaß. Aber dann war mir das Risiko, plötzlich der letzte Bieter zu sein, doch zu groß. Der Pascha bot erwartungsgemäß nicht. Dass er sich mit einem Taschentuch wiederholt den Schweiß von der Stirn wischte, dürfte an seinem Gewicht und dem dicken Pelzmantel gelegen haben, wenigstens war er ansonsten ganz Pokerface. Auch der Typ vom Glühbirnenwerk machte nicht mit, hatte bisher überhaupt auf nichts geboten. Wollte der auch nur für heute die Heizkosten in seinem Superloft sparen? Am Ende jedenfalls wurde der Pederowski Objekt eines Dreikampfs zwischen einem Kerl im Anzug, Typ Banker, einem Zögerer, der immer erst bei »und zum Dritten« sein Gebot erhöhte, und einem mysteriösen Telefonbieter in der Leitung von Keiser junior. Bald waren diese drei bei großzügigen Schritten von 500 Euro, und umso höher der Preis ging, desto nervöser schien mir Keiser junior. Das war vielleicht verständlich, aber ich hatte den Eindruck, er schaute dabei immer wieder in meine Richtung. Sicher konnte er kein Gebot von mir erwarten, aber was dann? Bei 20.000 Euro stieg der Banker aus, der Telefonanbieter und der Zögerer trieben sich gegenseitig weiter in die Höhe. Bei 31.500 war Schluss und der Zögerer der glückliche Besitzer eines echten Baumgärtners! Mit Papieren, die bestätigten, dass es sich um einen echten Pederowski handelte. Applaus im Saal. Der Auktionstag war gelaufen. Die beiden Keisers und Julia verschwanden mit dem Zögerer im Büro, allgemeiner Aufbruch des Publikums. Die Rentner neben mir waren sich einig: Das war doch wieder einmal richtig unterhaltsam gewesen!

Auch Pascha stemmte sich nun aus seinem Sitz und wischte sich ein letztes Mal den Schweiß von der Stirn, machte aber sonst einen ganz zufriedenen Eindruck. Da entdeckte er mich – ich hatte mein Schutzschild, die Leute vor mir, verloren! Er raunte einem seiner Söhne etwas ins Ohr, der verließ daraufhin eilig den Raum. Welchen Auftrag hatte Pascha Sohnemann gegeben? »Guck mal nach einem eventuellen Hinterausgang und fang den Typen ab, wenn er es dort versucht ...«? »Im Zweifel gleich eins über die Rübe!«?

Was konnte ich tun? Wohl kaum zu den Keisers, Julia und dem Zögerer ins Büro flüchten. Plan B aktivieren, den Feueralarm? Ich kam auf Plan C, zog mein Handy aus der Tasche, redete dringlich auf meinen Gesprächspartner ein und beendete das Telefonat laut mit einem »Bis gleich dann!« Dem Pascha musste klar sein: Ich hatte meine Hilfstruppen gerufen, womöglich eine Schwadron befreundeter Hartz-IV-Kumpels, die mich hier raushauen würden.

Pascha starrte mich noch immer an, so schien es mir wenigstens. Er konnte ja nicht wissen, dass mein Handy-Guthaben auf null stand. Als sein Sohn zurückkam, wandte er sich abrupt von mir ab und marschierte, ohne mich weiter zu beachten, mit beiden Söhnen hinaus. In Sicherheitsabstand folgend, linste ich an der Ladentür vorsichtig nach draußen. Da stand der mir inzwischen gut bekannte BMW mit laufendem Motor in zweiter Reihe. Die drei stiegen ein und rauschten ab.

Ich beruhige mich – wahrscheinlich hatte ich mich eben ohnehin umsonst verrückt gemacht. Was sollte Pascha jetzt noch von mir wollen? Vermutlich war er nur erstaunt gewesen, mich hier zu sehen. Oder wusste nicht einmal mehr, wo er mein Gesicht einsortieren sollte, und hatte seinem Sohn nur das berühmte »Harry, hol schon mal den Wagen« zugeraunt, in diesem Fall die Variante »Achmed, hol schon mal ...« oder »Mustafa ...«.

Es wurde höchste Zeit, nach Max zu schauen. Meine Socken waren getrocknet und ich hatte viel gelernt an diesem Nachmittag. Über den Mechanismus von Auktionen, über den Wert von Porzellan, Perserteppichen, Taschenuhren, Gemälden. Aber immer noch wusste ich nicht, auf welchen Krieg sich der Begriff Nachkriegsmoderne bezog. Es hatte einfach zu viele Kriege gegeben!

Etwas anderes beschäftigte mich auf dem Heimweg: Mit offenbar nicht unbeträchtlichem Aufwand und somit doch sicher einiger Berechtigung war Jules abgetaucht gewesen. Heute aber hatte er wie selbstverständlich dem dicken Keiser die aufgerufenen Objekte der Begierde apportiert, auch noch, als der Pascha aufgetaucht war. Und der hatte sich weder auf ihn gestürzt noch seine Kniescheiben zertrümmert. Wann waren die beiden wieder beste Freunde geworden?

35

Die Dienstfahrt mit Herbert am nächsten Vormittag verlief eher einsilbig. Tatsächlich ist einsilbig stark übertrieben, sie verlief stumm. Herbert war immer noch sauer, dass ich nicht in sein todsicheres Wettgeschäft einsteigen wollte, ich hingegen überzeugt, richtig zu handeln. Es beginnt mit ein paar Euro in einem der Spielautomaten, die unschuldig im Mardin-Grill herumstehen, während auf den Döner gewartet wird. Eine gute Gelegenheit für das aufmerksame Pascha-Personal, Kandidaten für ihre lukrativeren Wetten herauszufiltern. Die, so wird es wohl laufen, werden dann gezielt angesprochen und mit ein paar kleineren, aber immer erfolgreichen Fußballwetten angefüttert. Ist die Gier einmal geweckt, in Falle meines Partners mit 300 Euro, kommt der eigentliche Teil der Veranstaltung: Der Kandidat wird zur großen, selbstverständlich ebenfalls todsicheren Wette eingeladen – die er verliert. Jetzt, so ist zu vermuten, besteht der Pascha nachdrücklich auf Begleichung der Wettschulden. Hat der Kandidat noch nicht alle finanziellen Reserven verloren, bietet er dazu vielleicht sogar ein neues Spiel an. Das leider, leider wieder verloren wird.

Ich hatte keine Vorstellung, wie genau der Pascha und seine Familie im Falle von Wettschulden vorgehen. Hatte das Pederowski-Bild Jules Kniescheiben gerettet? Die Unversehrtheit seiner Finger? Jedenfalls Grund genug für den Pascha, mal bei Keisers vorbeizuschauen, um zu sehen, was dieses traurige Bild wirklich wert war. Er dürfte angenehm überrascht gewesen sein – doch kaum der Typ, der sich am heimlichen Besitz eines teuren Gemäldes erfreut. Wie also sollte es jetzt weitergehen?

Das wollte ich am Abend unbedingt von Julia erfahren, gleich nach meiner Runde mit Max. Mein kleiner Hund und ich waren wieder Freunde. Die acht Stunden Max allein zu Haus gestern hatten zwar nicht zu seinem Hungertod geführt, ihm aber überhaupt nicht gefallen. Seine Zeit als Hundebaby, das eventuell auch mal einfach den Tag verpennt, war eindeutig Vergangenheit. Es war ihm eine nachvollziehbare Notwendigkeit gewesen, sich während des langen Wartens sowohl flüssig wie auch in fester Form zu erleichtern, sicher jedoch nicht, das Ergebnis in der gesamten Wohnung zu verteilen. Und schon gar nicht auch in meinen Schuhen. Ich gab zu, Max hatte jeden Grund, sauer auf mich zu sein, und das ja auch deutlich zum Ausdruck gebracht. Aber, und das ist einer der Gründe, weshalb uns Hunde so schnell ans Herz wachsen, kaum war ich endlich zurück von der Versteigerung: kein nachtragendes Schmollen, kein ins Körbchen Verkriechen, nur Begeisterung! Vielleicht ist es einfach so, dass die geistige Kapazität von Hunden nicht ausreicht, nachtragend zu sein. Aber warum auch immer, es ist eine nette Eigenschaft. Und so hatte ich mir versprochen, den Kleinen wenigstens in nächster Zeit nicht mehr allein zu lassen.

Deshalb hatte ich ihn heute wieder auf die Müllrunde mitgenommen, und deshalb durfte er jetzt auch mit zu Julia. Es dauerte einen Moment, bis auf mein Klingeln reagiert wurde, doch als sich Julias Tür endlich öffnete, brach die Hölle los: Der Teufel stürzte direkt auf uns zu. Wie in Zeitlupe sah ich die bleckenden Monsterzähne, den Geifer, die weit aufgerissenen, wütenden Augen. Sein stinkiger Höllenatem traf mich schon, als ich das Ungeheuer wiedererkannte und mich an sein Versprechen erinnerte:

»Du weißt doch, Zweibeiner, man sieht sich immer zweimal ...«

Wo würde Paschas Kampfmaschine seine Beißerchen zuerst in mir versenken? In meinen Beinen? In den Händen? Mir direkt ins Gesicht springen, mich für den Rest meines Lebens verunstalten? Julia war zu konsterniert, die Tür zuzuschlagen, es wäre ohnehin zu spät gewesen, die Bestie setzte schon zum Sprung an – und hielt plötzlich inne. Aber sie fand keinen Halt auf dem blanken Parkett und rutschte mir ungebremst vor die Füße. Das fegte mich von den Beinen, ich lag auf dem Boden, bot meine Kehle zum finalen Biss dar. Ziemlich abgefahren, ging es mir noch durch den Kopf, auf diese Weise das Leben zu verlieren. Oder wenigstens die Stimme.

Nichts davon geschah. Stattdessen drang Winseln und Schlabbern an meine Ohren, direkt neben mir. Das Winseln kam von Paschas Kampfhund, der um Max herumsprang und ihm die Schnauze abschlabberte, die Ohren, den Po. Aus Julias Wohnung kam ein herrisches »Stopp!«. Sonst sicher von sofortigem Rückzug des Hundes zum Pascha befolgt, wurde die Aufforderung jetzt glatt ignoriert. Es lag auf der Hand: Hier hatte eine Mutter (ein Vater? Ich hatte noch nicht so genau hingeschaut) den vermissten Sohn gefunden! Erst später klärte mich Hundeversteher Herbert auf, dass auch ohne elterliche Bande große Hunde oft so auf Welpen reagieren.

Noch während ich mich langsam wieder aufrappelte, trat der Pascha, deutlich irritiert und ohne einsatzbereiten Kampfhund verunsichert, den Rückzug an. Seine zum Plüschhund mutierte Kampfmaschine, die weiterhin nicht von Max lassen wollte, zog er an der Leine hinterher. Mit einem »Eine Woche, junge Frau!« waren die beiden dann verschwunden.

»Was wollte der denn hier?«

»31.500 Euro. Für den Pederowski. In bar.«

Da musste ich mich erst einmal setzen. In einen von Julias wahrscheinlich echten Barcelona-Sesseln.

»Dein Bruder kann doch nicht über 30.000 Euro Wettschulden bei ihm haben?«

»Nein, hat er nicht. Knapp über 2.000. Aber der Mann hat uns in der Hand, und das weiß er.«

»Warum? Weiß er denn, dass er das Original hat?«

»Das wurde ihm jedenfalls versichert.« Julia bemerkte mein Erstaunen und half mir auf die Sprünge. »Hast du dich nicht gefragt, wie der Typ überhaupt von der Auktion erfahren hat? Und warum er dort aufgetaucht ist?«

Stimmt. Ich hatte mich zwar gewundert, weshalb er sich dort nicht Brüderchen Jules, nach dem er doch so intensiv suchen ließ, vorgeknöpft hatte. Aber nicht, wie ein Kurden-

Clan-Chef in Neukölln auf eine Kunstauktion in einer Nebenstraße in Charlottenburg aufmerksam geworden war.

»Willst du mir erzählen, der Pascha ist ein Liebhaber der bildenden Künste? Ein weiterer Fan der Berliner Nachkriegsmoderne?«

Julia war das Lachen vergangen, sie bekam gerade mal ein gequältes Lächeln hin.

»Das ist er sicher nicht. Der kann wahrscheinlich kaum einen van Gogh von einem Picasso unterscheiden. Aber mein Bruder sah seine Chance. Er rief ihn an und erzählte von der Auktion. Damit der Mardin-Chef sehen könne, dass mit dem Bild seine Wettschulden mehr als bezahlt wären.«

Das beantwortete meine Frage von gestern. Löste aber nicht das Problem, vor dem Julia nun stand.

»Aber für unseren Kunden, ich meine den diskreten, für den brauchen wir das Original. Der ist nun wirklich ein Kenner.«

»Es ist der Typ mit der Glühlampenfabrik, oder?«

Julia nickte. »Sein Dachgeschoss ist zu einem superschicken Loft ausgebaut. Da hat er auch das, was er seine ›Schatzkammer‹ nennt. Eine Sammlung von wertvollen Gemälden, die neben ihm und ein paar Eingeweihten kein Mensch je zu sehen bekommt.«

Ich diskutierte mit Julia, ob es nicht mit irgendeinem Trick möglich wäre, beim Pascha das Original gegen eine ihrer beiden Kopien auszuwechseln.

»Der würde das doch nie merken.«

»Ja«, stimmte Julia zu, »aber selbst wenn das klappen sollte, würde es uns nichts nützen. Der Pascha will ja nicht das Bild, er will das Geld. Auch wenn er vielleicht nicht genau weiß, was läuft, weiß er doch spätestens seit der Auktion, dass es um irgendeinen Schmu geht. Er hat uns einfach in der Hand – das wenigstens weiß er genau.«

»Tja, schade für die Keisers. Da werden sie den Auktionserlös für den Pederowski gleich wieder los. Aber das muss es ihnen wohl wert sein, das Geschäft am Laufen zu halten«, meinte ich.

»Leider ein Denkfehler, Oskar. Der Auktionserlös gehört dem Einlieferer, dem bisherigen Besitzer des Bildes. Keiser bleibt davon nur die Auktionsgebühr, das sind fünfzehn Prozent.«

»Also rund 5.000 Euro«

»Genau 4.725 Euro. Genug, um Jules' Wettschulden zu bezahlen. Aber eben nicht, was der Pascha verlangt. Außerdem – es gibt da noch ein Problem ...«

Ich wartete, dass Julia weiterredete.

»Bisher wissen auch die beiden Keisers nicht, dass das Original beim Pascha hängt.«

Endlich erfuhr ich die Einzelheiten, wie ich zu meinem Auftrag »Suche nach Bruder Jules« gekommen war: Ich hatte ja gestern selbst mitbekommen, wie sich Jules bei Keiser immer mal wieder ein paar Euro mit Hilfsarbeiten verdiente. Und er war tatsächlich, nachdem er auf Paschas Hütchenspiel hereingefallen war, auf die geniale Idee gekommen, dem anstelle seiner Kniescheiben den Pederowski als Sicherheit aufzuschwatzen. Mit seinem offenbar sonnigen Gemüt war er davon ausgegangen, dass seine Schwester ja leicht eine weitere Kopie herstellen könne. Und wirklich hatten die Keisers nichts gemerkt, wohl aber Julia – die sich daraufhin ihren Bruder zur Brust genommen hatte. »Schaff sofort dieses Bild wieder her!« Das ging aber nicht. Also war Brüderchen untergetaucht und Julia hatte erst einmal eine Kopie von der Kopie vom Pederowski gemalt, zu besichtigen auf dem Dachboden beziehungsweise jetzt beim glücklichen Gewinner der Versteigerung.

»Damit, dass mein lieber Bruder bei der Versteigerung ein paar Bilder auf die Staffelei stellt oder mal im Lager bei Keiser aufräumt, dürfte er kaum über 30.000 Euro zusammenbekommen.«

»Da wäre es also besser gewesen, die Leute hätten den Preis für den Pederowski nicht so hoch getrieben«, sagte ich.

»Stimmt. Unter anderem waren Keiser junior und ich zu fleißig an den Telefonen.«

Es dauerte einen Moment, eh der Groschen bei mir fiel. »Es gab gar keine anderen Bieter am Telefon!?«

Julia hüllte sich in beredtes Schweigen. Immerhin erklärte sie mir noch, warum Keiser junior wiederholt so nervös in meine Richtung geguckt hatte. Sie hatte ihn nicht aufgeklärt, dass ich nicht von der Polizei war. Das sollte es erleichtern, die Keisers endlich zu einem Abschied von ihrem Geschäftsmodell zu überreden.

»Vielleicht hören sie jetzt wirklich mit diesen Betrügereien auf. Das hilft uns aber nicht bei unserem aktuellen Problem.«

»Schöner Schlamassel«, mehr fiel mir dazu erst einmal nicht ein, aber dann kam mir doch noch die Erleuchtung. »Moment mal. Klar, von dem versteigerten Bild bleiben euch nur die fünfzehn Prozent Gebühren. Aber ihr bekommt doch noch die Knete von dem diskreten Sammler aus der Glühlampenfabrik.«

»Zwei Schwierigkeiten«, antwortete Julia. »Es ist Geld gegen Ware bei dieser Art von Geschäften. Wenn wir unserem diskreten Sammler erklären müssten, warum wir auf Vorkasse bestehen, wäre die Sache geplatzt. Es wäre ihm einfach zu heiß, dass es da einen wenig vertrauenswürdigen Mitwisser und seinen Clan gibt – der ihn dann zum Beispiel erpressen könnte. Und außerdem würde das Geld auch nicht reichen. Von diesem Käufer bekommen wir nur etwa die Hälfte des offiziellen Marktwertes, also des Versteigerungserlöses.«

Stimmt, das hatte sie mir schon neulich erklärt. Wirklich ein schöner Schlamassel. Und dann sagte ich einen dieser Sätze, die wahrscheinlich seit Urzeiten auf dem Y-Chromosom wohnen und dort auf ihre Chance warten, unter Umgehung von Intellekt und Rationalität ausgesprochen zu werden:

»Mach dir keine Sorgen, Julia. Mir wird schon was einfallen.«

Ich denke nicht, dass Julia dieser kühnen Aussage mehr Glauben schenkte als ich. Andererseits, was hätte es geholfen, die offensichtliche Wahrheit auszusprechen? »Oh Gott, du hast keine Chance, dein Leben ist verpfuscht. Dafür gehst du für Jahre in den Knast. Spring lieber gleich aus dem Fenster!« So etwas sagt man einfach nicht.

Aber es kam noch besser: Mitten in der Nacht, eigentlich drückte mir nur die Blase, fiel mir tatsächlich etwas ein. Die perfekte Lösung – wenn es denn klappte.

Obgleich es mitten in der Nacht war, rief ich sofort Herbert an. Und der war begeistert. Was mir eigentlich eine Warnung hätte sein müssen.

36

Natürlich war ich höchst überrascht, dass mir tatsächlich etwas eingefallen war außer den naheliegenden Dingen wie ein traditioneller Banküberfall mit Clownsmaske oder Hilfestellung für Julia beim Sprung aus dem Fenster. Unnötig zu betonen, dass ich den Rest der Nacht kaum Schlaf fand. Das allein schon verminderte ein wenig die Guten-Morgen-gute-Laune. Weit mehr aber die Tatsache, dass ich den Wagen meines Sohnes sah, als ich die Morgenrunde mit Max machte, fast unmittelbar vor der Haustür geparkt. War das gerecht? Julia ging ihrem Vergnügen nach, während ich ihre Probleme löste? Andererseits, den Knast vor Augen, warum sollte sie sich nicht ein wenig auf angenehme Weise entspannen? Sex im Frauengefängnis ist sicher nicht jederfraus Sache. Außerdem, vielleicht hatten die beiden die ganze Nacht verzweifelt an Julias Küchentisch gesessen und nach einer Lösung der Probleme gesucht, ganz ohne Sex. Wäre doch möglich, beruhigte ich meine nörgelnden Hormone.

Während ich versuchte, mich von der Variante Küchentisch ohne Sex zu überzeugen, kam Herbert mit unserem eleganten Dienstfahrzeug um die Ecke gekurvt und öffnete einladend die Tür. Meine Laune besserte sich ein wenig, als mir der Duft frischer Croissants entgegenschlug.

»Ich habe heißen Kaffee dabei, in der Thermoskanne. Von Renate, eben erst gebrüht!«

Wir fuhren in unseren für heute vorgesehenen Müllkontrollbereich, die Gegend um den Hermannplatz. Ignorant gegenüber Umwelt und Erderwärmung, ließen wir während unseres Frühstücks den Motor weiter im Leerlauf arbeiten. Wenn schon frische Croissants und dampfenden Kaffee, dann bitte auch keine kalten Füße! Und wenn Herbert hinsichtlich der Klima-Zukunft seiner vierzehnjährigen Tochter unbekümmert war, konnte mir die von meinem deutlichen älteren Thomas erst recht egal sein.

Herbert war einfach nur glücklich, hatte ich doch endlich »kapiert, was für eine tolle Chance das ist, aus der ganzen Scheiße herauszukommen«. Tatsächlich war er so froh, dass er mich nicht fragte, was eigentlich zu meiner Meinungsänderung geführt hatte. Damit musste ich ihn also nicht belasten.

»Wann ist dieses Spiel eigentlich? Und wo?«

»Es ist das letzte Spiel vor der Winterpause. FC Trafo Brandenburg gegen TB Berlin. Nächsten Sonntag. Heimspiel, im Stadion am Quenz in Brandenburg.«

»Stadion am Quenz? War euch der Vorrat an kommunistischen Sportlern und Widerstandskämpfern ausgegangen?«, stichelte ich.

»Nee, aber sicher hättet ihr dann auch das Stadion in Brandenburg platt gemacht, wie die Werner-Seelenbinder-Halle bei uns in Prenzlauer Berg. Und …« – das musste ja jetzt kommen – » … unseren Palast der Republik.«

So gut Herbert und ich auch in der Regel miteinander zurecht kamen, gelegentlich zeigte sich unsere unterschiedliche Sozialisation.

»Aber dafür«, gab ich zu bedenken, »haben wir doch direkt hier unser schönes Neuköllner Stadion nach eurem Werner Seelenbinder benannt!«

Herbert grunzte etwas vor sich hin, empfand zumindest den Abriss des Palastes der Republik unverändert als gezielte Wessi-Bösartigkeit. Ob er wohl die Linke wählte? Besser: Warum wählte ich als Hartz-IV-Ein-Euro-Jobber die eigentlich nicht?

Angesichts der frischen Croissants und des heißen Kaffees verfolgten wir die Ost-West-Diskussion nicht weiter. Eine knappe Woche noch bis zu diesem Fußballspiel – das gab mir einige Tage zum Planen und Vorbereiten. Und Sorgenmachen. Unter anderem galt es, bis dahin die Frage zu lösen, wie ich das Geld von meinem Notfallkonto in Österreich hierher bekommen sollte, konnte ich es doch kaum auf mein Hartz-IV-Konto bei der Sparkasse überweisen lassen. Alle paar Monate musste ich bei meinem Case Manager mit den kompletten Bankauszügen antanzen, die er dann auf etwaige Nebeneinnahmen kontrollierte. Ob man dieses Problem mit einem zweiten Konto, das man der Agentur für Arbeit nicht meldet, lösen kann, wird von den entsprechenden Selbsthilfegruppen im Netz unterschiedlich gesehen. Während manche meinen, das Risiko einer Entdeckung sei gering, weil das Amt schon personell höchstens zu Stichproben in der Lage sei, warnen andere eindringlich. Es erfüllte mich am Ende mit einer gewissen Genugtuung und Vorfreude, dass der Pascha in dieser Angelegenheit selbst half, sein Grab zu schaufeln ... Wie ich wenigstens hoffte in einem der Momente, in denen ich vom Gelingen meines Plans überzeugt war. Er persönlich gab Herbert eine Kontonummer, auf die wir unseren Wetteinsatz überwiesen – nach Zypern. Trotz der von der EU geforderten Umstrukturierung der Banken setzte Pascha immer noch auf deren Diskretion. Gegenüber etwaigen Nachforschungen der Arbeitsagentur jedenfalls war Zypern ziemlich wasserdicht. Aber vieles an meinem Plan konnte noch schiefgehen oder einfach nicht klappen. Unter anderem befürchtete ich bei jedem leichten Schneerieseln, dass das Spiel abgesagt würde, weil der Platz unbespielbar sei.

Mit anderen Worten: Ich schlief weiterhin ausgesprochen schlecht.

37

Sonntag, dritter Advent, der große Tag war gekommen. Und mit ihm Adventswetter: um null Grad, Schneegriesel, unangenehm. Aber, Gott sei Dank, der Platz sei bespielbar und der Schneefall nicht zu stark, hatte der Schiedsrichter entschieden. Der hieß Kurt Schlamm und kam aus Braunschweig, wo er im Hauptberuf ein Frisörgeschäft betrieb. Darüber informierte uns die Stadionzeitung *Trafo aktuell*, von uns erstanden für nicht überteuerte fünfzig Cent.

Wir waren mit dem Wagen gekommen, den sich Herbert von seinem Schwager geliehen hatte. Das war billiger als das Regionalticket der Bahn, außerdem ist es ein ziemlicher Fußmarsch vom Bahnhof zum Stadion am Quenz, wusste Herbert. Der Parkplatz ist zwar nicht für die gut 15.000 Zuschauer ausgelegt, die das Stadion maximal fasst, aber heute reichten die Stellplätze. Die BRB-Kennzeichen waren nur leicht in der Überzahl gegenüber denen mit B. Von Brandenburg aus gesehen ist die Hauptstadt weit weg, ein Spiel gegen TB Berlin galt offenbar nicht als Lokalderby. So waren es vergleichsweise friedliche Grüppchen, die nun mit uns vom Parkplatz zum Stadion wanderten. Die Brandenburger waren an ihren grün-weiß gestreiften Schals zu erkennen. In Grün prangte darauf »EINS-NULL« in Erinnerung an das Gründungsjahr 1910, damals als SV Brandenburg. Die Berliner Fans trugen lila-weiß gestreifte Schals, einige mit passendem lila-weiß-schwarzem Käppi, viele aber auch mit roter Weihnachtsmann-Zipfelmütze.

Auch hier, in der Oberliga, fand am Stadioneingang eine Einlasskontrolle statt, bei der nicht nur unsere Eintrittskarten, die wir als ALG-II-Empfänger für günstige zehn Euro erstanden hatten, kontrolliert wurden. Im Stadion am Quenz sind, wie in der richtigen Bundesliga, Flaschen aus Glas oder Fahnenstangen, die leicht zu Waffen umfunktioniert werden könnten, verboten, sodass die zehn Euro Eintritt auch eine Ganzkörperuntersuchung einschlossen, die gründlicher ausfiel als bei manchem Arztbesuch.

»Die werden nichts finden«, meinte Herbert. »Im Internet wenigstens gab es keine Verabredung, heute Krawall zu machen.« Herbert wusste wirklich, wie man sich auf einen Fußballnachmittag vorbereitet. In meinem Rucksack fanden sie nur Dog-A-Dent, »die Zahnpaste mit Lebergeschmack«. Die ließen sie anstandslos passieren.

Endlich waren wir im Stadion, gemeinsam mit 800 oder gar 1000 Fans und Zuschauern. Der größte Teil der Geraden ist überdacht, da passten wir alle drunter. Wärmer wurde es dadurch nicht, aber wenigstens tropfte einem nicht der Schneeregen in den Kragen. Ich richtete es so ein, dass wir uns unter die Heimfans mischten, also unter die grün-weißen Schals und Mützen. Deren Kommentare interessierten mich am meisten. Denn wenn meine Theorie stimmte, würde ihr Verein dieses Spiel verlieren, egal, wie sehr sich die Herren in grün-weiß auf dem Rasen oder die Fans auf den Rängen anstrengten: Herbert oder besser wir beide hatten laut todsicherem Tipp vom Pascha auf den Sieg der Brandenburger Trafos gesetzt. Wie hatte der Pascha dafür gesorgt, dass die Tennis-Borussen aus Berlin gewinnen würden? Er könnte den TB-Jungs eine hohe Siegprämie versprochen haben. Aber einmal ist das teuer, weil mindestens elf Spieler plus Auswechselspieler kassieren, und zweitens lehrt die Erfahrung, dass hohe Siegprämien den Erfolg nicht sichern, sonst müsste Deutschland jede Fußball-WM gewinnen.

»Wie würdest du es anstellen?«, fragte ich Herbert. Es war so viel Gesinge, Trommeln und Trompeten um uns herum, dass wir uns ganz unbefangen gegenseitig unsere Theorien zubrüllen konnten.

»Das klassische Vorgehen ist die Methode Hoyzer: Kauf dir den Schiedsrichter. Es kommt in jedem Spiel zu engen Entscheidungen: Strafstoß oder nicht, Abseits oder nicht, war der Ball auf oder hinter der Torlinie und so weiter. Und selbst eine offensichtlich falsche Schiedsrichterentscheidung steht, ist nicht korrigierbar. Der braucht nicht einmal seine beiden Assistenten am Gewinn zu beteiligen.«

Jetzt betraten die Spieler den Platz. Deutlich war das Logo des Hauptsponsors auf der Brust der Brandenburger Trafos zu erkennen: Messtechnik Brandenburg. Ich war hin und her gerissen, bei welcher Mannschaft meine Sympathien liegen sollten. Bei den Gästen, weil sie wie ich aus Berlin kamen? Oder bei den Brandenburger Messtechnikern, die mich, wenn auch irrtümlich, immerhin zu einem Vorstellungsgespräch eingeladen hatten? Aber der gute Herr Schliff junior hatte sich nach meinem Besuch in seinem Betrieb nie mehr gemeldet. Saß der jetzt irgendwo in meiner Nähe? Beheizte Promiboxen mit leckeren Häppchen und Großbildschirmen wie in einem anständigem Bundesligastadion gab es hier allerdings nicht.

Endlich ging es los auf dem Rasen, aufgeregt jagten junge Männer dem weiß-roten Ball hinterher, schrien sich gegenseitig an, verloren auch mal den Überblick. Ein unangenehmer Wind war aufgezogen, wahrscheinlich mit ein Grund dafür, dass mancher Pass den Mitspieler nicht erreichte. Munter ging es von links nach rechts und von rechts nach links durch das zunehmende Schneetreiben, der Schiedsrichter und seine Assistenten mussten ganz schön rennen, um immer auf Ballhöhe zu bleiben.

»Was verdient eigentlich so ein Schiedsrichter?«, fragte ich meinen persönlichen Experten.

»Über 20.000 Euro …« – erstaunt wechselte mein Blick weg vom Spielgeschehen zu Herbert – »… wenn er bei einer WM pfeift. Unser Figaro hier kann so mit 150 Euro plus Spesen rechnen, also plus Zugfahrt Braunschweig – Brandenburg und zurück. Und einem guten Mittagessen auf Kosten der Trafos, Heimmannschaften lieben zufriedene Schiedsrichter.«

Bei 150 Euro, überlegte ich, wären ein paar extra vom Pascha schon interessant. Und genau bei diesem Gedanken kam große Aufregung auf dem Spielfeld und bei den Fans auf: Ein Brandenburger Spieler lag ganz offensichtlich schwerstverletzt am Boden, wand sich vor Schmerzen, eine hoffnungsvolle Sportlerkarriere schien schlagartig beendet. Bestochen oder nicht, diese üble Grätsche von hinten konnte unser Freund aus Braunschweig nicht übersehen und erkannte folgerichtig auf Freistoß. Lautstark forderten die Fans aus Brandenburg darüber hinaus die sofortige Erschießung des Berliner Übeltäters, mindestens aber eine rote Karte. Die gab es nicht, nicht einmal eine gelbe. Der Schiri beließ es bei einer nachdrücklichen Ermahnung.

»Ist der blind oder bestochen?«, empörte sich ein grün-weiß Gestreifter neben mir. Mit der zweiten Vermutung lag er vielleicht gar nicht so falsch.

Der schwerstverletzte Spieler hatte sich nun doch erholt, humpelte noch ein bisschen, aber »Geht schon wieder«, bedeutete er seinem Trainer und legte sich den Ball zum Freistoß zurecht.

»Ist der Hansi verrückt geworden?«, empörte sich mein grün-weiß gestreifter Sitznachbar schon wieder. »Nie soll der Gefoulte selbst schießen!«

Tat er aber, und – »Tooor!«, schrie es aus mindestens 600 Kehlen. Für die, die es trotzdem nicht mitbekommen hatten, berichtete der Stadionsprecher über sein Mikrofon, dass die Brandenburger Trafos soeben durch ihre Nummer neun, Hansi Fleck, mit eins zu null in Führung gegangen waren. Mein Nachbar hatte seine Empörung vergessen und haute mir kräftig auf die Schulter. Irgendwie hatte er mich nicht als Berliner identifiziert.

»Das Ding gewinnen wir. Das ist mal amtlich!«

Tja, mein Lieber, da wäre ich nicht so sicher.

»Es ist der Schiedsrichter, oder?«, raunte ich Herbert zu. »Ich bin ja kein Experte, aber das war doch eine klare rote Karte für Berlin.«

»Na ja, eine rote Karte nach nur zehn Minuten Spielzeit gibt kein Schiedsrichter gerne«, raunte Herbert zurück. »Unser Freund vom Mardin-Grill kann auch direkt über die Brandenburger Trafos arbeiten, wenn die verlieren sollen. Ein paar Euro an einen ihrer Verteidiger zum Beispiel oder, sicherer noch, an den Torwart.«

Egal in wen Pascha investiert hatte, es lief weiter nicht gut für ihn. Nicht nur, dass die Brandenburger Trafos mit eins zu null führten, auch ihre Verteidiger und ihr Torwart hatten über weite Strecken nicht viel zu tun. Aus Brandenburger Sicht war das ein günstiger Umstand, machte ihre Verteidigung doch keinen sehr stabilen Eindruck, insbesondere die Nummer sechs auf der rechten Seite. Bei den beiden Gelegenheiten, zu denen es die Berliner in die Nähe des Trafo-Strafraums schafften, kam dieser Brandenburger Abwehrspieler mindestens einen Schritt zu spät, und nur Berliner Unvermögen oder Pech im Abschluss (einmal knapp über das Tor, einmal knapp vorbei) retteten den Vorsprung der Heimmannschaft. Die meiste Zeit jedoch lieferten die Brandenburger, beflügelt von ihrer Führung, nun einen schnellen Konter nach dem anderem, während die nervösen Berliner den Ball meist schon in Höhe der Mittellinie verloren. Interessiert schaute der weitgehend arbeitslose Heimtorwart zu, wobei er vielleicht eine Idee zu weit vor seinem Kasten stand. Endlich erkannte das auch ein TB-Spieler, fasste sich ein Herz und drosch den Ball fast von der Spielfeldmitte in Richtung Tor.

Eigentlich war genug Zeit für den Torwart, zurückzulaufen. Das schaffte er auch – aber den Ball zu halten, schaffte er nicht. Erbarmungslos glitt ihm die Lederkugel zwischen den Händen ins Netz hinter ihm. Es stand eins zu eins.

Herbert und ich schauten uns an. War dieses Ding wirklich unhaltbar gewesen? Der Ball vielleicht zu feucht? Oder hatte der Pascha nicht in den Schiedsrichter, sondern in den Brandenburger Torwart investiert? Es blieb interessant.

Je näher die Halbzeitpause rückte, desto angestrengter versuchten beide Mannschaften, mit einem Vorsprung in die Kabine zu gehen, das ist wichtig für die Moral. Es waren schließlich die Brandenburger, die in der dreiundvierzigsten Minute für ihre Anstrengungen belohnt wurden: Während ihr Stürmer drei Männer der Berliner Abwehr an sich band, lenkte der linke Mittelfeldmann den Ball mit einer trockenen Flanke ins rechte obere Eck der Tennis-Borussen. Unglaublicher Jubel im Stadion, ich fing mir erneut einen kräftigen Schlag auf die Schulter von links neben mir ein. Dann plötzlich eine Sekunde der ungläubigen Stille, gefolgt von einem ohrenbetäubenden Pfeifkonzert. Der Schiedsrichter zeigte nicht auf den Anstoßpunkt, sondern entschied auf indirekten Freistoß für TB Berlin.

»Das soll Abseits gewesen sein? Nie im Leben! Dieser Schiri ist voll blind!«, tönte es nicht nur von links.

»Das war wirklich kein Abseits«, raunte mir auch Herbert zu, »oder hast du eine Fahne gesehen? Der Schiri dürfte unser Mann sein.«

Als der nun zur Halbzeitpause pfiff, beobachteten wir genau, wo die Spieler und das Schiedsrichtergespann verschwanden.

»Komm, Herbert. Lass uns den Bratwurststand suchen«, verschleierte ich mit erhobener Stimme unsere wirkliche Absicht.

38

In der ersten und zweiten Bundesliga gleicht der Spielerbereich einem Hochsicherheitstrakt, der mindestens ebenso konsequent bewacht wird wie Diktatoren auf Staatsbesuch oder andere Mafiabosse. Im Stadion am Quenz sah das anders aus, wir hielten dem Typ am Eingang zu den Umkleideräumen unsere Dienstausweise vom Ordnungsamt vor die Nase, nicht zu nahe natürlich. Einzige Komplikation hätte werden können, dass Herbert dabei etwas von »Presse« nuschelte, ich hingegen, etwas lauter, soeben das »Ordnungsamt des Deutschen Fußballbundes« erfunden hatte. Meine Sorge wie auch unsere Legitimierungsbemühungen waren jedoch unnötig. Der Mann am Eingang war der Bruder eines der Spieler des FC Brandenburg und fragte nun seinerseits bescheiden, ob er dem Bruder die Stollen für den harten Platz bringen dürfte. Der nämlich hätte das Wetter falsch eingeschätzt, die Stollen für Matschboden auf die Sohlen geschraubt, wo das Spielfeld doch wider Erwarten noch gefroren sei.

»Wer ist Ihr Bruder?«

»Max Czwerowsky, unser rechter Verteidiger.«

Großzügig erlaubten wir Brüderchens Stollen zu passieren. Irgendwie war das hier eine anrührende Mischung aus semiprofessionellem Fußball und einen Sonntag auf dem Dorfbolzplatz.

Mit einem energischen Klopfen und ohne das »Herein bitte« abzuwarten, stießen wir die Tür mit dem Schildchen »Schiedsrichter« auf. Die drei Unparteiischen saßen gerade über den Notizen zum Spielbericht für die erste Halbzeit. Ich suchte noch nach einer passenden Eröffnung, die gleich zeigen sollte, wer hier das Sagen hatte, als Herbert mich mit einer unmissverständlichen Ansage überraschte.

»Raus hier«, bedeutete er barsch den beiden Assistenten und wies in Richtung Tür. Die guckten ziemlich irritiert, erst zu Herbert, dann zu mir, schließlich zu ihrem Chef. Der nickte kurz und die beiden verschwanden tatsächlich. Eindeutig schuldig, der Schiri, war ich sofort überzeugt. Herbert hatte recht: Man darf dem Schuldigen keine Zeit zum Nachdenken geben. Ich machte sofort mit.

»Wie viel kassieren Sie für Ihre kleine Extravorstellung hier, Herr Schlamm?«, fragte ich, bemüht, mich Herberts barschem Ton anzupassen.

»Mehr als für eine Dauerwelle, schätze ich mal«, assistierte der.

Ein Unschuldiger, meine ich, hätte spätestens jetzt erst einmal gefragt, wer wir eigentlich sind und überhaupt. Frisör Schlamm aber guckte uns nur groß an, dann, immer noch eher kleinlaut:

»150 Euro, das wissen Sie doch sicher. Das ist der Satz.«

Erneut griff ich auf meine Kenntnisse der einschlägigen Literatur zurück.

»Ein Vögelchen hat uns gesungen, dass Sie heute noch ein kleines Zusatzgeschäft zu laufen haben.«

Wie ein angeschlagener Boxer sackte Schlamm auf seinem Stuhl zusammen und wischte sich die Schweißperlen von der Stirn.

»Hört das denn nie auf? Ich bin doch vollkommen sauber aus der Sache vor zwei Jahren herausgekommen, oder etwa nicht? Das dürfte Ihnen bekannt sein. Und da kommen Sie jetzt ausgerechnet zu mir! Auf eine Entschuldigung für die Verdächtigungen von damals warte ich übrigens immer noch!«

»Ich würde bei der Sache von damals eher von Mangel an Beweisen sprechen«, schoss Herbert mit beeindruckendem Pokerface ins Blaue. Der Schiri widersprach nicht.

Ich fand es an der Zeit für das Spiel »Netter Polizist/böser Polizist«. Für mich wählte ich die Rolle des netten.

»Herr Schlamm, es geht heute vielleicht gar nicht um Sie. Und wenn doch, gibt es sicher eine Möglichkeit, die Sache rechtzeitig zu bereinigen. Wir haben ja noch eine ganze Halbzeit.«

Ich blickte auf meine Armbanduhr. Sechs Minuten Halbzeitpause waren bereits vergangen, ohne dass wir wirklich vorwärtsgekommen wären. Was, wenn der Schiri tatsächlich nicht unser Mann war?

Herbert hatte nicht nur meinen Blick zur Uhr bemerkt, sondern auch die Rollenverteilung verstanden.

»Schluss, Schiedsrichter Schlamm. Schluss mit dem Gerede. Das eben war nie im Leben ein Abseitstor, das ist doch wohl klar. Und deshalb sind Sie jetzt in bösen Schwierigkeiten.«

Ehrliches Erstaunen in Schlamms Frisörgesicht, schien mir. Er erhob sich, lief mit gestrecktem Kreuz zur Tür und rief seine beiden Assistenten herein.

»Minute dreiundvierzig – stand der Spieler Kern im Abseits im Moment der Ballabgabe?«

Das sei nicht seine Seite gewesen, antwortete Assistent eins, und eine enge Entscheidung auf jeden Fall. Assistent zwei meinte: »Klares Abseits.«

»Das haben einige hundert Leute anders gesehen«, knurrte Herbert.

»Sicher haben die das, vor allem die Fans von Brandenburg«, sagte Assistent eins. »Fragen Sie mal einen Richter, was er von Augenzeugen hält! Ein Mensch kann unmöglich alle Spieler gleichzeitig im Auge behalten, schon gar nicht bei dem schnellen Fußball, wie er heute selbst in dieser Liga gespielt wird. Das ist medizinisch nachgewiesen, zum Beispiel von dem spanischen Arzt Maruenda.«

Herbert hakte nach: »Und warum haben Sie dann nicht die Fahne gezeigt?«

»Weil Herr Schlamm bereits gepfiffen hatte.«

Hieß dieser spanische Arzt vielleicht eher Fuentes? Steckte das gesamte Schiedsrichtergespann unter einer Decke? Ich war mir inzwischen nicht mehr so sicher und der Frisör aus Braunschweig verunsicherte mich weiter.

»Der DFB hat uns natürlich informiert, dass Sportradar eine Warnung für dieses Spiel herausgegeben hat. Unklar sei jedoch, wer gewinnen soll. Auffällig sind, soweit ich gehört habe, nur die hohen Wetteinsätze. Die sollen sich aber ziemlich gleich auf beide Mannschaften als möglichen Sieger verteilen. Jedenfalls müsste ich wirklich dumm sein, ausgerechnet ein Spiel, von dem ich weiß, dass es unter Beobachtung steht, zu manipulieren. Meinen Sie nicht?«

Richtig, so hatte ich mir das auch vorgestellt: hoher Wetteinsatz vom Pascha auf den gewünschten Ausgang, das heißt Sieg für TB Berlin, wobei sein hoher Wetteinsatz durch Wetten auf den Sieg der Brandenburger von Leuten wie Herbert und mir kompensiert wurde. Mein Verdünnungsmodell. Damit, hatte Pascha wohl gemeint, fliege er unterhalb der Suchstrahlen von Sportradar. Eine Fehleinschätzung, stellte sich gerade heraus.

Erneut schaute ich auf meine Uhr. Nur noch knapp sieben Minuten Pause.

»Was ist mit dem Torwart der Brandenburger?«, fragte ich in die Runde. »Der stand beim eins zu eins doch mindestens zwei Kilometer vor seinem Kasten!«

Das hätte tatsächlich recht unglücklich ausgesehen, stimmten die drei Schiedsrichter überein, aber vielleicht hätte er sich das von unserem Nationalmannschafts-Torwart abgeschaut. Falls hier wirklich jemand aus dem Brandenburger Team falsch spielte, würden sie eher auf den Rechtsverteidiger tippen, der sonst viel besser sei. Sie jedenfalls würden den Brandenburger Spieler Nummer sechs weiter im Auge behalten.

Es blieben noch drei Minuten. Wer war hier nun vom Pascha geschmiert worden? Die Schiedsrichter? Der Brandenburger Torwart? Ihr rechter Abwehrspieler?

»Wir sagen Bescheid, wenn Sie wieder anpfeifen können«, beschied ich die Schiedsrichter und zog Herbert mit aus dem Raum.

»So kommen wir nicht weiter, und die Zeit läuft uns davon«, flüsterte ich ihm draußen zu. »Die Schiedsrichter können wir vergessen, die haben wir jetzt genug bearbeitet. Wenn die bestochen sind, ziehen sie das Ding gemeinsam durch und decken sich gegenseitig. Da könnten wir noch Stunden mit denen vergeuden. Wir können nur hoffen, es sind tatsächlich nicht die Schiedsrichter, und müssen uns entscheiden: der Torwart oder der Abwehrspieler?«

Herbert zeigte Sinn für Konsequenz. »Wenn wir davon ausgehen, dass die Schiedsrichter sauber sind, dann sollten wir auch ihrem Fachverstand beziehungsweise ihrem fachlichen Verdacht trauen und knöpfen uns ihren Kandidaten vor, den Rechtsverteidiger. Spieler Nummer sechs!«

Außer vielleicht eine Münze zu werfen hatte ich auch keinen besseren Vorschlag, also stellten wir uns vor dem Ausgang zum Spielfeld auf und ließen die Spieler direkt an uns vorbeiziehen, sodass wir die Rückennummern und den groß aufgedruckten Namen des Spielers darunter gut erkennen konnten.

Endlich kam auch der Brandenburger Spieler mit der Rückennummer sechs. Gerade wollte Herbert ihn am Arm zur Seite ziehen, als ich ihn zurückhielt. Erstens hätten wir mit Sicherheit Schwierigkeiten mit seinen Mannschaftskollegen bekommen, und zweitens – »Stopp, Herbert. Das ist nicht unser Mann. Es muss der Torwart sein!«

Der aber stand inzwischen schon wieder auf dem Platz und wir konnten ihn kaum vor den Augen der Zuschauer in die Mangel nehmen.

»Kein Problem«, beruhigte ich Herbert und zückte mein extra für heute wieder aufgeladenes Handy. Ich ging von der Annahme aus (oder jedenfalls von der Hoffnung), dass der Pascha nicht hier unter den Zuschauern hockte, sondern in seinem Büro hinter dem Mardin-Grill, wo er im Internet die Spiele verfolgte, weil er bestimmt nicht nur auf TB versus die Trafos gewettet hatte und eventuell auch noch während der Spiele setzte.

Ich tippte die Nummer des Pascha ein.

»Ahl-loh?«

»Ja, hallo zurück. Ich rufe Sie vom Spiel der Brandenburger Trafos gegen TB Berlin an. Es ist dringend – gleich geht die Halbzeitpause zu Ende. Ach ja, Oskar Buscher hier. – Woher ich Ihre Handynummer habe? Die haben Sie mir selbst gegeben beziehungsweise Ihre Söhne, als die mich in meiner Wohnung besucht haben. Stichwort Adidas. – Genau, der bin ich. Gemeinsam mit Herbert vom Zoll. Jetzt hören Sie mal auf, so zu schreien. Neben uns steht der Brandenburger Torwart, der kann Sie auch weniger laut noch gut verstehen. – Ja, der Torwart. Höchstpersönlich. Und der ist nun verwirrt. Soll er sich, nach dem Gespräch mit mir, noch an die Absprache mit Ihnen halten? Oder lieber nicht mehr?«

Ich musste den Abstand des Handys zum Ohr noch ein wenig vergrößern, aber endlich war dem Pascha die Luft ausgegangen.

»Natürlich können Sie mich zusammenschlagen lassen. Das nutzt Ihnen aber aktuell nichts. Da wüsste ich etwas Besseres. Sind Sie zu Hause? – Sehen Sie. So kommen wir doch weiter. Also: Wenn Sie die Tür öffnen zu Ihrem Grill-Restaurant, wird Ihnen eine ausgesprochen hübsche junge Frau auffallen. Sie werden Sie nicht verfehlen – Frauen dürften eh selten sein in Ihrem Grill, und diese Frau trägt kein Kopftuch. Außerdem werden Sie sie erkennen. Von der Versteigerung. – Ja, das haben Sie so weit richtig verstanden. Dieser hübschen jungen Frau geben Sie einfach das kleine Bild – Sie wissen, welches ich meine …«

Herbert guckte mich groß an. Er wusste, was ich als Nächstes sagen würde, und versuchte, mir das Handy aus der Hand zu reißen.

»… und schon läuft das Spiel hier doch noch so, wie Sie es geplant haben. Sie haben drei Minuten.«

Ich musste Herbert wegstoßen und zugleich den wieder zu Luft gekommenen Pascha übertönen.

»Noch etwas. Sie geben Öztürk seinen Laden zurück, nachdem Sie ihn genauso schön renoviert haben wie das ganze Haus. Sie oder Ihr Partner im Immobiliengeschäft, der Gangsta-Rapper, ist mir egal. Alter Mietvertrag!«

Jetzt schaffte es Herbert doch, sich das Handy zu schnappen.

»Hallo, hallo, warten Sie!« – Aber zu spät.

Herbert war wütend, richtig wütend.

»Du hast mich reingelegt! Das ist mehr als oberfies!« Herbert warf mein Handy auf den Boden und wollte in Richtung Brandenburger Torwart losstürmen. Ich hielt ihn am Pullover fest. Inzwischen hatten unsere Freunde Schiedsrichter beschlossen, nicht länger auf unsere Genehmigung zu warten und pfiffen gerade die zweite Halbzeit an.

Ich versuchte, Herbert zu beruhigen. »Meinst du wirklich, der Pascha hätte uns den Gewinn ausbezahlt? Mal ganz abgesehen davon, ob sich dieser Torwart wirklich hätte einschüchtern lassen. Und ob Brandenburg dann tatsächlich gewonnen hätte.«

Aber Herbert wollte sich nicht beruhigen lassen. »Du hast mir keinen Ton gesagt, was du wirklich vorhast. Du hast mich benutzt!«

»Ach Gottchen, Herbert! Du hörst dich an wie eine enttäuschte Geliebte!«

Mein Handy dudelte seine blöde Melodie. Es lag auf dem Boden, funktionierte aber zum Glück noch. Julia meldete, dass sie das Bild habe. Ich hätte ihr das Leben gerettet.

»Na ja, zumindest habe ich dir deinen knackigen – äh – Po gerettet. Vergiss nicht, dass wir mindestens unseren Wetteinsatz von euch zurückhaben wollen. Aber jetzt sieh zu, dass du da so schnell wie möglich verschwindest, ehe sich der Pascha eine Finte einfallen lässt.«

Sie sei bereits unterwegs zu den Keisers, weg aus der Gefahrenzone. Wir würden uns doch bestimmt nachher noch sehen?

»Klar«, sagte ich und hörte sofort wieder ein Versprechen in ihrer Frage. Großer Gott, wie verflucht eindimensional funktionierte mein Hirn!

Ich beendete die Verbindung.

Herbert hatte sich ein wenig beruhigt, war aber nach wie vor sauer.

»Es ging mal wieder nur um deine Hormone, was?«

»Lass gut sein, Herbert. Es ging einfach darum, den Schaden für alle Beteiligten so gering wie möglich zu halten«, antwortete ich und wollte damit wenigstens mich selbst überzeugen.

Im Moment nicht wirklich Freunde, aber auch nicht vollkommen entzweit, beobachteten wir stumm, wie sich das Spiel weiter entwickelte. Es wäre natürlich eine tolle Pointe gewesen, hätte jetzt, durch irgendeinen dummen Zufall, doch noch der FC Trafo Brandenburg gewonnen, zumal die rechte Verteidigung inzwischen deutlich besser klappte als in der ersten Halbzeit. Aber letztlich lief alles nach Paschas Plan, ging TB Berlin mit drei zu eins als Sieger vom Platz. Ihr zweites Tor hätten die Berliner dabei mit Sicherheit auch ohne den bestochenen Torwart erzielt, und auch beim drei zu eins war der Schmu nicht allzu offensichtlich gewesen.

Relativ schnell leerte sich das Stadion, gemeinsam mit fröhlichen Berlinern und enttäuschten Brandenburgern pilgerten Herbert und ich in Richtung Parkplatz. Der Weg war schmal, unser Fortschritt wurde immer wieder gestoppt. Einen Fortschritt allerdings gab es: Herbert sprach wieder mit mir.

»Warum warst du plötzlich sicher, dass es um den Torwart ging und nicht um den Abwehrspieler?«

Ich wollte das gerade erklären, als sich der Druck von hinten verstärkte, deutlich mehr wurde als die übliche Drängelei in jedem Stau. Ich schaute mich um: Am Stadioneingang standen unsere drei Schiedsrichter, wild in unsere Richtung gestikulierend, während sich zwei kräftige Männer, ihren Gesten folgend, durch den Stau arbeiteten.

»Guck dich mal unauffällig um«, zischte ich, den Blick starr geradeaus gerichtet, Herbert zu.

»Das sieht nicht gut aus«, meinte der sofort und fing an, nach vorne zu drängeln, ich hinterher. Allerdings waren wir nicht die einzigen Drängler, aus den vielfältigsten Gründen oder auch vollkommen grundlos wollte praktisch die gesamte Meute so schnell wie möglich weg von hier. Vielleicht aus dem Gefühl heraus, dass die anderthalb Stunden Lebenszeit, die sie gerade unproduktiv mit bloßem Zugucken verbracht hatte, aufgeholt werden mussten. Oder weil der Kuchen im Ofen fertig oder das Bügeleisen eventuell doch nicht abgestellt war. Wie auch immer, es ging kaum vorwärts, während unsere Verfolger aufholten.

»Hier lang«, rief Herbert, der es bereits etwas weiter als ich gebracht hatte, und schlug sich nach rechts in die Büsche. Wir landeten in einem zunehmend dichter werdenden Brombeergestrüpp, endlich aber auf einer Art Trampelpfad und zuletzt tatsächlich auf dem Stadionparkplatz. Dort blieben wir vorerst in der Hocke hinter einem Auto, um uns einen Überblick zu verschaffen. Beinahe hätten wir uns dafür den falschen Platz ausgesucht, nur ein paar Wagen entfernt stand eine dieser überdimensionierten Nobelkarossen im Military-Look, in die gerade ein sichtlich mieslauniger Juniorchef von Messtechnik Brandenburg und Hauptsponsor der Brandenburger Trafos kletterte. Sicher wäre Herr Schliff noch mieslauniger, wüsste er, dass seine Mannschaft hier verschaukelt worden war.

»Meinst du, die Typen hat uns der Pascha auf den Hals gehetzt, über die doch von ihm gekauften Schiris?«, fragte Herbert.

»Glaube ich nicht. Der Pascha steckt hinter dem Torwart, nicht hinter den Schiris. Sonst hätte Julia das Bild nicht bekommen, als wir ihm mit dem Torwart gedroht haben.« – Es sei denn, Julia hätte mich mit Paschas Pistole an ihrem Kopf angerufen. Aber das sprach ich nicht aus. Warum Herbert noch nervöser machen? Ich hielt diese Variante auch nicht für sehr wahrscheinlich.

»Die Schiris haben sicher noch in der Pause oder gleich nach dem Spiel beim DFB angerufen und erfahren, dass die keine Spielbeobachter inkognito hierher geschickt haben. Deshalb wird jetzt die Stadion-Security auf uns gejagt.«

Dass es sich um Sicherheitskräfte des Stadions am Quenz handelte, verriet der große Aufdruck auf den Anoraks der Männer, aber auch ihre gute Ortskenntnis. Dank dieser waren sie vor uns auf dem Parkplatz angekommen. Hätten sie sich nun einfach an dessen einzige Ausfahrt gestellt, wären wir ihnen über kurz oder lang ins Netz gegangen. Stattdessen aber rannten sie eher planlos von einem Wagen zum anderen, sodass wir nur einen günstigen Moment abpassen mussten, um zu Schwagers altem Ford zu spurten und – weg waren wir.

Auf der Autobahn nach Berlin hatten wir inzwischen ausreichend unseren überlegenen Witz gefeiert und uns so weit beruhigt, dass ich auf Herberts Frage eingehen konnte, warum ich den Brandenburger Abwehrspieler von der Liste der Verdächtigen gestrichen hatte.

»Als die Mannschaften an uns vorbeigekommen sind, um zur zweiten Halbzeit aufzulaufen, habe ich mir die Trikots angeschaut. Nummer sechs sei ihr Verdächtiger, hatten die Schiris gesagt. Dann lief Nummer sechs an uns vorbei. Hinten auf seinem Trikot stand die große Sechs, darunter der Name: Czwerowsky. Erinnerst du dich?«

Herbert begriff. »Das war der Typ mit den falschen Stollen unter den Töppen, denen für Matschboden. Dem Brüderchen in der Halbzeitpause die richtigen gebracht hat.«

»Genau. Deshalb hat dieser Czwerowsky so eine schlechte Figur abgegeben in der ersten Halbzeit. Danach ist TB auf seiner Seite nie mehr durchgekommen!«

Unser kleiner Sieg auf dem Parkplatz hatte Herbert ein wenig versöhnt, aber eben nur ein wenig. Die weitere Rückfahrt nach Berlin verlief wieder in gegenseitigem Anschweigen. Auf Höhe der Raststätte Michendorf versuchte ich noch einmal, ein Gespräch in Gang zu bringen. Bis Weihnachten sei es nur noch eine gute Woche, ob Herbert alle Geschenke beisammen habe? Wir hatten Michendorf schon weit hinter uns gelassen, als die Antwort kam.

»Jedenfalls nicht die, die es hätten werden sollen!«

Klar, es würde nun kein Goldkettchen für die Frau und keine Stradivari für die Tochter geben. Ich verzichtete auf eine kleine Weihnachtsansprache im Sinne von »Es ist der Gedanke, der zählt, nicht Größe oder Preis der Geschenke«. Das war mein Weihnachtsgeschenk für Herbert: Schuld auf mich zu nehmen, ob zu Recht oder nicht. Immerhin hatte er nicht behauptet, ich hätte sein Leben zerstört.

Erst als mein Partner mich vor meinem Hauseingang absetzte, meldete er sich wieder zu Wort.

»Und? Meinst du, deine Julia wird dir ihre Dankbarkeit jetzt angemessen zeigen?«

Der kitschig blinkende Plastikweihnachtsbaum auf dem Armaturenbrett mahnte mich zu Friede auf Erden, und ich schluckte die wütende Antwort hinunter, dass ich überhaupt nicht mehr an mein ursprüngliches Motiv gedacht hatte, es mir aktuell nur um einen Sieg über den Pascha und ein Loch von 31.500 Euro gegangen war. Aber hatte Herbert nicht eventuell recht? Wusste ich wirklich, was meine Neuronen sich heimlich so dachten?

»Spätestens bis Heilig Abend besorge ich dir deinen Wetteinsatz zurück«, sagte ich, während ich ihm, nachdem ich die Autotür geöffnet hatte, meine Hand hinhielt.

Nach einigem Zögern schlug Herbert tatsächlich ein. Beruhigt stieg ich aus. Weihnachten konnte kommen.

39

Alle Jahre wieder. Alle Jahre wieder kommen der Geburtstag (und damit eine Erinnerung an die persönliche Vergänglichkeit), das Osterfest (also Auferstehung und ewiges Leben trotz Vergänglichkeit? Wenigstens für Leute, die ihre Kirchensteuer bezahlt haben?) und das Sommerloch mit dem Thema Geschwindigkeitsbegrenzung auf der Autobahn, Pkw-Maut oder der Reportage zum deutsch-englischen Handtuchkrieg an den Hotelpools auf Mallorca. Alle Jahre wieder kommt auch Weihnachten und damit der zweite Feiertag. Der Tag, an dem man spätestens genug hat von Weihnachten. Wie ich Julia auf der Vernissage in der ehemaligen Fabrik erzählt hatte, bedeutet der zweite Weihnachtsfeiertag für mich das kleine Familientreffen: meine Ex-Frau Lena, unser Sohn Thomas und ich.

»Du kommst doch, oder?«, hatte sich Lena am Mittwoch vor Heilig Abend telefonisch bei mir rückversichert.

»Natürlich. Same procedure as last year.«

»Same procedure as every year.«

Keinem der Beteiligten war wirklich klar, warum wir an diesem Zweiter-Feiertag-Ritual festhielten, zu dem auch Lenas Anruf und unser Dinner-for-One-Dialog gehörten. Es verhielt sich mittlerweile wie mit einem Feiertag, an dem jeder im Auto zur Ostsee rast oder an den easyJet Check-in für einen Städtekurztrip, obgleich sein Anlass kaum noch bekannt ist. Wahrscheinlich wollte einfach niemand von uns das Zerschneiden des letzten Familienbandes verantworten.

Das Wetter hatte sich seit dem denkwürdigen Fußballspiel im Brandenburger Stadion gebessert: kalt aber sonnig, kein Schnee, kein Matsch. Ideales Wetter für meine undichten Schuhsohlen. Mit einigermaßen trockenen Socken hatte ich Lenas – ehemals unsere gemeinsame – Wohnung erreicht, und da saßen wir jetzt um den gedeckten Tisch herum wie eine richtige kleine Familie.

Lena ist keine große Köchin, hätte sie auch nie behauptet. Exquisite Kochkünste waren heute ohnehin nicht gefragt, es gab, wie seit Jahren am zweiten Weihnachtsfeiertag, Würstchen mit Kartoffelsalat. Thomas' Lieblingsessen. War es jedenfalls gewesen, als er ein kleiner Junge war. Ich glaube, niemand hatte inzwischen nachgefragt, ob das eigentlich immer noch so war.

Inzwischen waren wir beim Kaffee, serviert mit einem »echt Dresdner« Großbäckereistollen. Traditionsgemäß waren wir ganz unter uns, keine weitere Familie oder Freunde der Familie. Trotzdem konnte sich Lena ein wenig Sticheln nicht verkneifen.

»Was macht deine kleine Freundin? Die von der Vernissage?«

Ich hatte Lena schon in besserer Form erlebt. Heute zwei gravierende Fehler: Mit der »kleinen Freundin« gab sie zu, dass Julia deutlich jünger als sie war. Und mit dem Zusatz »die von der Vernissage«, dass sie sogar mehr als nur eine hübsche junge Freundin für möglich hielt.

»Stimmt, ihr habt euch ja kennengelernt. Aber komisch, sie hat nicht gesagt, dass ich dich grüßen soll.«

Klar, streiten klappt am besten mit Publikum, wir kamen aber auch so ganz gut zurecht. Außerdem saß ja wenigstens noch unser Sohn Thomas am Tisch. Der konnte jetzt zwar sein Grinsen kaum unterdrücken, verriet mich aber nicht. Lena versuchte einen neuen Angriff.

»Und dein Job als Müllsammler? Schon eine Beförderung in Aussicht?«

»Das Schlimme ist, Herbert und ich dürfen ja nicht einmal den Müll einsammeln. Wir dürfen ihn nur finden und der Stadtreinigung melden. Aber du hast recht, ich sollte mich gleich im neuen Jahr um eine Beförderung kümmern.«

Lena ging davon aus, dass ich mich meiner aktuellen Tätigkeit schämte. Tat ich aber nicht. Der zweite Hauptsatz der Thermodynamik, das lernt der Ingenieur im ersten Semester, beschreibt die gesetzmäßige Zunahme der Unordnung, die Tatsache, dass sich die Dinge auf dieser Erde und im gesamten Universum unaufhaltsam in Richtung Chaos bewegen. Daran, das war mir klar, änderte mein Beitrag zum Kampf gegen die Berliner Mülllawine nichts. Trotzdem gab mir dieser Ein-Euro-Job eine Befriedigung über die Tatsache hinaus, überhaupt eine Beschäftigung zu haben. Denn tatsächlich erfüllte mich beim Anblick jeder vom illegalen Müll geräumten Fläche ein gewisser Stolz, zumindest eine Art Befriedigung. Klar hätte ich gerne weiter als Ingenieur gearbeitet, aber Müllsuchen und dadurch gegen die zunehmende Verwahrlosung der Stadt zu arbeiten, kam einem Instinkt in mir entgegen. Wo Lena Graffiti als öffentliche Kunst betrachtete wie ein bayerischer Heimatforscher die örtliche Lüftlmalerei, erkannte ich vorwiegend Schmierereien. Und Readymades oder Objets trouvés, wo ich Müll an die Stadtreinigung melde. Tatsächlich sehe ich mich in ein paar Jahren als einen jener alten Männer, die ihre Morgen- und Abendmärsche gegen den allgemeinen körperlichen Verfall, den Rheumatismus und die Gicht mit Müllsack und Piekstock ausgerüstet unternehmen, zu gleichen Teilen verärgert über die Wegwerfkultur und umso glücklicher, desto praller mein Müllsack gefüllt ist.

Lena hatte noch ein paar Pfeile im Köcher. Zum Beispiel, ob ich mich um was anderes als meine Müllhaufen bemüht hätte in letzter Zeit, Ingenieure würden doch enorm gesucht. Ob ich etwa wieder ein Vorstellungsgespräch in den Sand gesetzt hätte? Ob ich meine Beratungstermine beim Arbeitsamt wirklich wahrnehmen würde? Von meinem Gespräch mit Herrn Schliff junior bei der Messtechnik Brandenburg wollte ich nicht berichten, aber wenigstens in Sachen Arbeitsamt und Sachbearbeiter konnte ich Lena auf den nicht mehr ganz neuen aktuellen Stand bringen.

»Das nennt sich Agentur für Arbeit heutzutage, und aus dem Sachbearbeiter ist ein Case Manager geworden. Das macht die Arbeitsvermittlung viel effektiver als früher das Arbeitsamt.«

Kurzum, es lief wie an jedem zweiten Weihnachtsfeiertag: Same procedure as every year.

Aber ich sollte nicht undankbar sein: Ich hatte es lebend und unverletzt bis Weihnachten geschafft. Das war noch vor einer guten Woche, nachdem ich erneut den Pascha auf seinem Handy angerufen hatte, nicht so sicher gewesen.

Es hieß, dass in den ehemaligen Obst- und Gemüseladen von Gökhan Öztürk ein superschickes Bio-Restaurant einziehen sollte. Das entsprach nicht unserem Telefondeal vom Fußballplatz.

»Ja, sicher weiß ich, wer du bist«, versicherte der Pascha. »Du bist ein mir teurer Freund, Oskar. Ziemlich sehr teuer sogar!«

Sogar Wortspiele waren kein Problem für ihn, erneut war ich erstaunt über das perfekte Deutsch des Paschas. Und darüber, wie wenig er davon an seine Söhne vermittelt hatte. Das kommt wohl dabei heraus, wenn man Schule und Erziehung der Kinder als Aufgabe der Mütter betrachtet, den Frauen aber nicht erlaubt, die Landessprache zu lernen.

»Was kann ich für dich tun, teurer Freund?«

Ich erinnerte den Clanchef an die Absprache, zu der nicht nur der Pederowski gehörte, sondern auch Öztürks Laden.

»Richtig, Freund Oskar. Nur, da sind noch ein paar Einzelheiten zu klären, die mir wichtig sind. In welcher Farbe soll der Laden gestrichen werden? Wie viele Kühltruhen sollen wir aufstellen? Wie groß sollen die Fenster werden? Will er eine Leuchtreklame?«

Endlich merkte ich, dass ich auf den Arm genommen wurde. Spätestens, als Pascha nach einer Kunstpause fortfuhr:

»Aber sag mir, Freund Oskar, warum sollte ich das tun?«

Gute Frage. Was hatte ich noch gegen ihn in der Hand? Womit konnte ich drohen? Selbst seine wahrscheinlich auf dem Sprengsatz nicht vorhandenen Fingerabdrücke würden ihn wenig stören, vermutete ich. Zumal wir den Sprengsatz vom Tatort entfernt hatten. Das sah Pascha ähnlich.

»Bist du vielleicht auch beim Zoll, wie dein Kollege Herbert? Oder sogar bei der Kripo, wie deine hübsche Freundin sagt? Aber dann müsste ich dich eigentlich kennen.«

Der Pascha machte eine Pause, die mir klar machen sollte, selbst wenn ich bei der Kriminalpolizei wäre, würde ihn das wenig beeindrucken. Wie überhaupt alles, was wir als unseren Rechtsstaat betrachten, den er und seine Leute für einen lächerlichen Papiertiger hielten. In Neukölln-Nord entschied allein er über Recht und Unrecht.

Die Pause ging vorüber, ohne dass mir ein glaubhaftes Druckmittel eingefallen wäre.

»Außerdem, mein Freund, kommst du etwas spät mit deinen Wünschen. Soweit ich gehört habe, ist Gökhan Öztürk schon so gut wie zurück in der Türkei. In der Heimat. Mit der ganzen Familie.«

»Das ist doch allein Ihre Schuld!«

»Hat nicht jeder Mensch ein Recht auf Heimat? Außer, offenbar, mir und meiner Familie! Staatenlos steht in meinem Pass! Findest du das in Ordnung?« Der Pascha erwartete nicht wirklich meine Meinung zu einem eigenen Staatsgebiet für die Kurden. Also fuhr er fort: »Jedenfalls, sag mir, was soll Öztürk in der Türkei mit einem Laden in Neukölln?«

Das konnte ich ihm auch nicht beantworten.

»Siehst du, Oskar? Es ist alles geregelt, alles bestens. Gökhan zu Hause in der Türkei, du und dein Partner zu Hause in Berlin. Ganz bei uns in der Nähe! Nicht zu vergessen deine Maler-Freundin. Grüß sie von mir!«

Der Pascha beendete das Gespräch, die implizierte Drohung war klar genug. Sein Clan würde mich jederzeit finden. Mich, Herbert und meine Maler-Freundin.

Aber eigentlich hatte der Pascha keinen Grund, uns seine Söhne oder sonst wen aus seinem Clan auf den Hals zu schicken. Er hatte doch seinen Wettgewinn aus dem TB-Trafo Spiel. Warum nannte er mich dann teuren Freund? Schön, er hatte keine 31.500 Euro für den Pederowski bekommen, aber immerhin hatte Julia ihm die Wettschulden ihres Bruders zurückgezahlt. Und außerdem, was hatte ich mit Jules' Wettschulden zu tun?

In der Küche räumten Thomas und ich Teller, Gläser und Besteck in den Geschirrspüler. Lena hing derweil am Handy, telefonierte ausführlich mit einer Freundin oder ihrem Pagenkäppi.

»Das war nett von dir, dass du mein Verhältnis zu Julia eben nicht kommentiert hast – oder besser, dein Verhältnis. Ich danke dir.«

Da gebe es nichts zu danken, erwiderte mein Sohn. »Mein Privatleben ist meine Sache, so wie eure Streiterei eure Sache ist. Interessiert mich nicht. Amüsiert mich nicht einmal. Finde ich eher traurig, um die Wahrheit zu sagen. Alle Jahre wieder, wie es in dem Weihnachtslied so richtig heißt.«

»Deine Mutter hat angefangen!«

Mitleidig betrachtete mich mein Sohn und sofort bereute ich meine alberne Verteidigung. Akribisch sortierte ich das Besteck im Geschirrspüler um: Messer zu Messern, Gabel zu Gabeln. Doch Thomas hatte noch etwas für mich.

»Übrigens, ist eigentlich egal, aber meine Sache mit Julia hatte nichts mit dir zu tun. Keine Rache für alte Zeiten oder so. Ich wusste ja nicht einmal, dass du an Julia interessiert bist.«

Klar, worauf mein Sohn anspielte. Eine Geschichte, die nicht zu meinen Ruhmestaten zählt. Er hatte seinerzeit eine Freundin, die sich mit kleinen Hilfstätigkeiten in meinem existenzgründerdarlehengesponserten Ingenieurbüro ein Taschengeld verdiente. Ich hatte den vollen Chef-Bonus auf meiner Seite, was ich ebenso voll ausnutzte. Wie gesagt, eine Geschichte, auf die ich nicht eben stolz bin. Und die Thomas jedes Recht gab, seinen Vater ziemlich verabscheuenswürdig zu finden. Etwas anderes an Thomas' Antwort ließ mich aufhören.

»Zu tun *hatte*? Seid ihr nicht mehr zusammen?«

»Nö, das wurde mir zu zeitaufwendig. War doch sowieso nichts für die Ewigkeit. Immerhin ist Julia fast zehn Jahre älter als ich.«

Zugegeben, Julia hatte nie eine große Sache aus dem Umstand gemacht, dass ich fast zwanzig Jahre älter bin als sie, tatsächlich nicht einmal eine kleine. Trotzdem konnte ich eine gewisse innere Freude nicht verhehlen, dass man selbst mit ihren dreißig Jahren schon zu alt sein kann. Aber mein Sohn hatte noch eine weitere Überraschung für mich.

»Wie gesagt, es war nicht nur das Alter. Es ging auch um Zeit und um unterschiedliche Interessen. Sie wollte mich immer zu irgendwelche Kultursachen mitschleppen, Kunstausstellungen, Ballett, so was eben. Und hörte kaum zu, wenn ich von meinem Studium erzählt habe.«

Zwei Möglichkeiten: Ich hakte ein und fragte endlich, was mein Sohn denn zurzeit eigentlich studiere. Das aber könnte er mir, und davor hatte ich Angst, als Einmischung in seine Privatsphäre verübeln. Oder aber ich fragte nicht nach, was mir als Desinteresse ausgelegt werden konnte. Keine der beiden Möglichkeiten barg die geringere Wahrscheinlichkeit väterlicher Demütigung, also fragte ich nach dem Studium.

»Interessiert dich das wirklich?«

»Na klar interessiert mich das. Natürlich nur, wenn du es mir sagen willst.«

Die Antwort kam mit einem etwas schiefen Grinsen.

»Technische Universität. Fakultät 5.«

Ich war von den Socken. Und natürlich stolz. Typischer, an Bedingungen geknüpfter Vaterstolz eben und nicht unbedingte Mutterliebe.

»Wenn ich dir da irgendwann irgendwie helfen kann … Ich meine, die grundlegenden Dinge haben sich ja nicht geändert …«

»Warum nicht. Danke«, antwortete Thomas.

Ich musste mich setzen. Mein Sohn studierte Maschinenbau, wie sein Vater! Ich erinnerte mich an den Abend vor Jahren, als wir gemeinsam einen alten mechanischen Wecker auseinander genommen hatten. Hatte ich ihn damit doch nicht gelangweilt? Oder beim Ausflug ans Schiffshebewerk Niederfinow – an seinem vierzehnten Geburtstag, glaube ich – mit meinen Erklärungen zur Hydraulik und zum Prinzip des Flaschenzugs? Hatte ich da einen Samen gesetzt, dass jetzt, Jahre später, selbst meine Existenz als Hartz-IV-Aufstocker ihn nicht vom Ingenieurstudium abschreckte?

Auch Thomas war sichtlich überrascht. Zumindest überrascht, wenn nicht gar konsterniert über das ungewohnte väterliche Interesse. Jedenfalls murmelte er etwas von einer Verabredung, vorher müsse er noch nach Hause. Küsschen für Lena, ein freundliches Grinsen für mich, und weg war er. Eine gute Gelegenheit, mich auch aus dem Staub zu machen. Lena dürfte das nicht allzu sehr bekümmert haben, war mit Thomas doch das Publikum für ihre nur lieb gemeinten Nachfragen zu meinem Leben gegangen.

Es war ohnehin höchste Zeit, den Heimweg anzutreten: Max wartete. Als Gast bei unserem kleinen Familientreffen war er unerwünscht gewesen, Lena ist, sagt sie, allergisch gegen Hundehaare – wovon ich ihr zwangsläufig auch ohne Max ein paar in die Wohnung geschleppt haben dürfte.

Nicht unerwartet zeigte Max deutlich mehr Begeisterung, mich zu sehen, als Lena vorhin. Und erst recht, als er merkte, dass wir nicht nur die übliche Abendrunde drehten, sondern dass es ins Krumpelbumpel ging. Da, wusste er inzwischen, fiel immer etwas für ihn ab, und so war der Nachkomme blutgieriger Wölfe inzwischen zu einem Tofu-Fan geworden. Ich hatte wenig Lust auf das Weihnachtsessen mit der Familie gehabt, aber auch nicht darauf, danach in meiner Wohn-Schlaf-Esszimmer-Kombination allein durch das Fernsehprogramm zu surfen. Herbert war zwar nicht gerade versessen auf ein Bier im Krumpelbumpel, aber schnell überzeugt, als ich am Telefon erwähnte, dass er dort von mir schon heute seinen Wetteinsatz zurückbekommen würde.

»Na schön, wir sehen uns in einer Stunde.«

Das Geld hatte Julia für uns von den Keisers einkassiert. Ich hatte sie nur kurz gesehen, am Morgen des Heiligen Abends. »In einer Stunde spätestens muss ich am Flughafen sein, aber ich wollte dir noch schnell wenigstens euren Wetteinsatz wiedergeben«, hatte sie gesagt. »Jetzt hab ich nicht mal Zeit, dir richtig für alles zu danken, aber Mittwoch bin ich zurück. Ziemlich spät allerdings. Bis dahin ist Weihnachten zu Hause in München angesagt. Jules kommt mit. Der lässt natürlich auch danken.«

Julia sah ziemlich schlecht aus.

»Alles in Ordnung bei dir?«

»Nein – ja. Ich bin nur ziemlich gestresst. Also schöne Weihnachten und bis bald.«

Jetzt stapften ein wie immer fröhlicher Max und ein trotz der mehr als tausend Euro in den Taschen nicht so fröhlicher Oskar durch die abendliche Dezemberdunkelheit. In meinem Bedürfnis für die Ordnung der Dinge überlegte ich, ob in der Affäre um den Pederowski wenigstens die ethische Ordnung wieder hergestellt war: Hatte das Gute gesiegt? Waren die Bösen ausreichend bestraft?

Nicht wirklich, schien mir. Der Pascha hatte den Pederowski herausrücken müssen, das war gut. Aber, vermutete ich, dürfte ihm das nicht wirklich weh getan haben. Er hatte ja wenigstens seinen Wettgewinn aus Brandenburg. Und ein weiteres Poster von einem schönen Mittelmeerstrand im Libanon dürfte seinen Kunstsinn mindestens genauso erfreuen, wahrscheinlich mehr. Am Ende hatte ich weder seine manipulierten Wetten noch den Import gefälschter Markenartikel oder die Schutzgelderpressung im Kiez unterbunden. Und für die Ermordung der Hundebabys hatte er auch nicht bezahlt, einmal ganz abgesehen von der Bestrafung seiner Hiwi-Söhne. An »Scheiße-Deutscher« war ich in Neukölln lange gewöhnt. Aber sie hatten mich darüber hinaus bewusstlos geschlagen, im Kofferraum durch die Stadt transportiert und mir die Geldstrafe wegen Transporterschleichung eingehandelt.

Bei den Keisers hatte ich, sagte Julia jedenfalls, wenigstens für die Zukunft den Betrug mit ihren geklonten Bildern gestoppt. Immerhin. Und für Julia ließ ich natürlich mildernde Umstände gelten. Außerdem war sie, wenn Thomas' Darstellung zum Ende ihrer kurzen Liaison stimmte, bereits bestraft worden. Wer wird schon gerne verlassen?

Na schön, sagte ich mir, ich kann nicht alles allein regeln, nahm Max unter den Arm und betrat das gut gefüllte Krumpelbumpel. Der größte Teil seiner Gäste dürfte Weihnachten als kapitalistische Verschwörung zur Gewinnmaximierung bezeichnen, trotzdem hatten Manuela und ihre Freundin hier und da ein paar Tannenzweige und Weihnachtskugeln aufgehängt. Manuela selbst trug sogar eine rote Wollmütze mit kleinem Elchgeweih, was Max ein wenig ängstigte.

»Ein Jagdhund wird wohl nicht aus ihm?«

»Abwarten«, antwortete ich Manuela und setzte mich zu Herbert, der bereits ein Bier vor sich hatte.

»Wie war dein Weihnachten?«

»Alles wunderbar. Renate hat sich über den elektrischen Mixer richtig gefreut. Und Luise über die echten Adidas. Von Renate hat sie neue Noten für ihre Geige bekommen.«

»Sag ich doch, Geld ist nicht alles. Sei dankbar für deine tolle Familie. Außerdem – Geld gibt es trotzdem noch!«

Ich schob ihm seinen Anteil am Wetteinsatz über den Tisch.

»Dafür kannst du Renate irgendwann noch ein paar Zusatzgeräte für den Mixer schenken.«

Herbert steckte das Geld ein und versicherte, dass auch er seine Familie als das größte Geschenk empfand. Klar, ich hatte ihm den Text selbst vorgegeben. Ein wenig verwundert war ich aber schon, wie schnell sich mein Partner damit abgefunden hatte, dass nicht wir, sondern der Pascha den Reibach gemacht hatte.

»Hat er nicht«, grinste Herbert und schob mir die letzte Ausgabe des *Kicker* über den Tisch. Er hatte die Stelle angestrichen. Unter »kurze Meldungen« las ich, dass der DFB das eins zu drei von Trafo Brandenburg gegen TB Berlin vom dritten Advent annulliert hatte. Das Spiel sei wegen ungewöhnlich hoher Wetteinsätze ohnehin unter Beobachtung von Sportradar gewesen. »Gewisse Vorkommnisse« außerhalb des Spielfeldes hätten zumindest den Verdacht einer Manipulation des Spiels nahegelegt. Deshalb habe Oddset mitgeteilt, dass etwaige Wettgewinne auf diese Begegnung, die wahrscheinlich wiederholt werden müsse, nicht ausgezahlt werden.

»Das dürfte für die illegalen Wettanbieter ebenso gelten, was?«

Schön, ich musste wirklich nicht alles alleine richten, ein bisschen wenigstens war der Pascha auch bestraft worden. Mit etwas Glück würde er den Ärger an seinen Söhnen auslassen und nicht an mir.

»Ich denke mal, im Mardin-Grill sollten wir uns so bald nicht mehr sehen lassen.«

Dem konnte ich nur zustimmen, und wir wurden uns einig, dass der Nachmittag im Brandenburger Stadion wenigstens ein spannendes Abendteuer gewesen war. Eine dieser Geschichten, mit der man an Weihnachtstagen in der Zukunft die Enkel belästigen würde. »Ich weiß nicht, ob ihr schon die Geschichte kennt, wie Onkel Herbert und ich damals ...« Inzwischen hielt ich es ja sogar für möglich, dass auch mein Sohn Kinder zeugen würde. Was in Ordnung war, solange die mich nicht Opa riefen. Herbert und ich waren fast wieder Freunde. Wie weihnachtlich! Ich ließ noch zwei Bier kommen.

»Ich zahle«, sagte ich zu Manuela, als sie die Gläser brachte. »Ich muss ja sowieso noch bezahlen, was Thomas bei seinem Warten auf Jules hier hat anschreiben lassen.«

Ein wenig Sorge machte mir diese Rechnung. Ein paar grüne Tee von Thomas dürften mein Budget nicht überschreiten, aber wie viel von seiner Affäre mit Julia hatte ich mitfinanziert? Manuela jedoch errötete.

»Na ja, ich meine, also, das geht aufs Haus.«

»Sind Sie sicher? Warum denn das?«

Aufs Stichwort zog ein kalter Hauch durch Manuelas Biorestaurant, ein neuer Gast hatte die Tür geöffnet und betrat das Krumpelbumpel: mein Sohn Thomas. Manuela, immer noch bei uns am Tisch, errötete noch ein bisschen mehr. Dann begrüßten sich die beiden mit einem dicken Kuss und es war klar, an wen Julia meinen Sohn verloren hatte. Thomas nickte Herbert und mir kurz zu, bevor er mit Manuela in der Krumpelbumpel-Küche verschwand.

»Also wenigstens die Mädels«, meinte Herbert, »scheinen deutlich weniger Vorbehalte gegenüber deinem Sohn zu haben als du.«

Ich nickte und war heute schon zum zweiten Mal stolz auf meinen Sohn. Dann unterhielten wir Ein-Euro-Jobber uns über die nähere Zukunft, schließlich stand ein neues Jahr unmittelbar bevor. Herbert erzählte von neuen Plänen für ein Zusatzeinkommen.

»Ich denke, ich habe ein Händchen dafür, und so ein Lehrgang zum Heilpraktiker ist gar nicht so teuer. Besonders wenn du bedenkst, dass du gut fünfundvierzig Euro für eine Beratung nehmen kannst, Minimum!«. Oder, andere Möglichkeit, er würde Powerseller bei ebay. »Guck dir an, wie gut diese Ein-Euro-Läden zurechtkommen, und die kannst du mit ebay jederzeit unterbieten. Das geht alles von zu Hause aus. Keine teure Ladenfläche, keine Angestellten ...«

Ich verzichtete darauf, Bedenken vorzubringen oder auf seine erfolglosen Unternehmungen mit der Hundezucht oder den T-Shirts von der Frauen-WM hinzuweisen. Erstens ist es für Hartz-IV-Empfänger besser, irgendwelche Pläne zu schmieden, als sich nur über die Ungerechtigkeit im Allgemeinen und die des Systems im Besonderen zu beschweren. Zweitens war noch immer Weihnachten, da verdirbt man seinen Freunden nach Möglichkeit nicht die Laune. Außerdem hatte mich Herbert gerade zu Silvester eingeladen. Klar, das würde eher bemüht als wirklich lustig werden, aber allein in das neue Jahr hineinzurutschen ist erst recht nicht lustig. Vergangenes Jahr war ich gegen zehn ins Bett gegangen, aber wegen der Knallerei erst gegen Morgen eingeschlafen.

Als wir uns verabschiedeten, fragte ich, was ich mitbringen sollte. »Luftschlangen? Tischfeuerwerk? Kanonenschläge?«

»Bring einfach dich selbst mit.« Herbert legte mir seine Hand auf die Schulter. »Und wenn du magst, deine dann gerade aktuelle Geliebte.«

Anders als ich neigt mein Müllpartner eigentlich nicht zu kleinen bösartigen Bemerkungen. Dass er jetzt doch eine machte, zeigte mir, dass er mir immer noch die Schuld daran gab, dass für Töchterchen keine Stradivari unter dem Weihnachtsbaum gelegen hatte.

40

Als ich mit Max aus dem Kneipenmief hinaus in die kalte Nachtluft trat, empfingen uns, mindestens zwei Tage zu spät, dicke Schneeflocken. Über eine dünne Schneedecke stapften wir die Weserstraße entlang in Richtung Heimat. Die Weihnachtsdekoration in den Schaufenstern wirkte jetzt eher deprimierend. Ihre Zeit war vorbei, sie erinnerte nur noch an ein wieder einmal nicht eingelöstes Versprechen. Und mich an die unausweichliche Tatsache, dass ich nächstes Weihnachten ein weiteres Jahr älter sein würde. Wäre ich dann noch mehr alter Mann, der nicht in Würde alt werden konnte?

Immerhin war ich da nicht ganz allein, auch einige unserer Politiker hatten ihr Interesse an jungen Frauen zum Teil sogar wiederholt ausgelebt: der mal dicke, mal dünne Joschka Fischer, der immer schlanke Franz Müntefering, der immer dicke Kohl. Lebten wir gemeinsam in einer Vorstellung vom Jungbrunnen durch jüngere Partner? Unterstanden wir vollends den Befehlen unserer Gene, die noch nicht gemerkt haben, dass Beischlaf und Fortpflanzung sich längst entkoppelt haben? Oder waren wir, ein häufiges Argument von Frauen, einfach nie richtig erwachsen geworden, unfähig zu einer »reifen« Beziehung?

Ich finde mich gerade damit ab, dass ich sicher nur den Befehlen meiner Gene ausgeliefert bin, als ich Schritte hinter mir wahrnehme. Junge, athletische Schritte, deutlich schneller als meine. Ich bin ich noch in der Weserstraße, gerade am Mardin-Grill vorbei. Die Schläger vom Pascha? Das wäre der krönende Abschluss des Weihnachtsfestes!

Wenigstens den Kopf wenden, um mir Klarheit über meinen Verfolger zu verschaffen? Lieber nicht, könnte ich doch so eine eventuelle Unsicherheit hinsichtlich meiner Identität endgültig auflösen. Wegrennen ist mir zu peinlich, aber ich beschleunige meine Schritte. Wenn ich es rechtzeitig an die Ecke schaffe, kann ich mich vielleicht in einem Hauseingang verstecken. Doch auch die Schritte hinter mir werden schneller. Habe ich Verhandlungsmasse? Ich könnte anbieten, das Pederowski-Bild zurückzugeben, schließlich hat Julia genug davon gemalt. Es ist allerdings zu bezweifeln, dass der Pascha seine Hiwis zum Verhandeln geschickt hat. Höchstens, dass sie mich auf ihre Art verhandlungsbereit machen sollen. Ich verfluche Herbert und seine Sportwette.

Fast habe ich die Ecke erreicht, da legt sich eine kräftige Hand auf meine Schulter.

»He, warum so eilig, alter Mann?«

Die Stimme!

»Thomas, hast du mir einen Schreck eingejagt!« Mit zitternden Knien setze ich mich auf die Stufen des Hauseingangs neben mir. »Warum hast du nicht gerufen?«

Mein Sohn wedelt mit meinem Portemonnaie, das ich offensichtlich im Krumpelbumpel vergessen habe.

»Hat dein Partner Herbert verboten. Keine Ahnung, was da läuft zwischen euch. ›Aber mach auf keinen Fall irgendwelchen Lärm‹, hat er ausdrücklich gesagt, und dass ihr in dieser Straße nicht nur Freunde hättet. Ziemlich geheimnisvoll.«

»Wirklich geheimnisvoll fände ich es, wenn ich überall nur Freunde hätte.«

Thomas kann sogar lächeln über meinen kleinen Scherz, aber schnell gewinnt seine ernsthafte Natur wieder Oberhand.

»Ich denke, die Anzahl der Freunde hat auch etwas damit zu tun, wie man auf die Menschen zugeht.«

Vorsichtig erhebe ich mich, nicht sicher, ob meine Knie mich wieder halten. Sie tun es.

»Jedenfalls danke, dass du mir mein Portemonnaie gebracht hast.«

»Kein Problem.« Thomas wendet sich in Richtung Krumpelbumpel, zurück zu Manuela. Ich habe noch eine Frage.

»Sag mal ... wegen Julia ...«

»Ja?«

»Ich meine ... weiß die Bescheid? Über Manuela ... und dich?«

»Klar. Ist doch nur fair, oder?«

Das stimmt, mein Lieber. Aber wer ist schon immer fair? Dein Vater zum Beispiel war nicht immer fair in solchen Angelegenheiten.

»Außerdem, mach dir keine Sorgen«, fährt Thomas, schon im Gehen, fort. »Ich habe deiner Nachbarin sicher nicht das Herz gebrochen. Es war nur eine Affäre.«

Da allerdings könntest du irren, mein Sohn. Ein bisschen was bricht immer. Schön, dass du das offenbar noch nicht erfahren musstest.

Ich erinnere mich, wie schlecht Julia am Morgen vor ihrem Flug nach München ausgesehen hat, und schaue Thomas nach, wie er zunehmend vom rieselnden Schnee verschluckt wird.

Mein ernsthafter Sohn hat erkannt und ausgesprochen, was ich zu verdrängen versuche – dass ich mich deutlich in Richtung Misantroph entwickele. Welche Freunde sind mir eigentlich geblieben? Ziemlich regelmäßig habe ich noch E-Mail-Kontakt zu meinem alten Studienkumpel Jakob, der irgendwo im Münsterland mit Ehefrau und Kindern und Eigenheim einem geregelten 48-Stunden-Job als Maschinenbauingenieur nachgeht. Und zu Franz, der sich freischaffender Journalist nennen kann, solange seine verbeamtete Frau das notwendige Familieneinkommen sichert. Hier in Berlin ist eigentlich nur noch Herbert ein Freund. Aber der ist mein Arbeitskollege – zählt das? Ja, entscheide ich, wir könnten auch Kollegen, aber nicht Freunde sein. Andererseits, wären wir auch unter anderen Umständen – ich als der erfolgreiche Ingenieur, er als Hartz-IV-Aufstocker – Freunde geworden? Wo sind meine anderen Freunde geblieben? Einige habe ich durch die Trennung von Lena verloren. Sie hat verlangt, dass sie sich zwischen ihr und mir entscheiden, was ich ziemlich blöde und unnötig fand. Und ich selbst habe den Kontakt auslaufen lassen zu ehemaligen Freunden, deren eventuelles Mitleid ich fürchtete – das Mitleid mit jemandem, der von ihren Steuergeldern lebt.

Plötzlich wird Max unruhig, zerrt für sein Alter erstaunlich kräftig an der Paketschnur, mit der ich mir noch immer bis zum geplanten Kauf einer ordentlichen Hundeleine behelfe. Aus der Richtung, in die er zieht, stürmt aus dem Schneetreiben heraus eine Dampfwalze oder eine Güterzuglokomotive, jedenfalls etwas sehr Großes und sehr Schwarzes auf uns zu und wird uns gleich gnadenlos überrollen. Über die Straße tönt es »Stopp!«. Diesmal leitet die Dampfwalze sofort eine Notbremsung ein, aber die Schneedecke erschwert das Vorhaben, sodass die Dampfwalze, Kopf voran, mit immer noch einigem Tempo an den Straßenbaum knallt, hinter den ich mich mit Max verzogen habe. So ist das Hundeungetüm, wenn auch nicht komplett k. o., so doch für den Moment desorientiert. Ich nehme Max unter den Arm und dampfe ab. Meine Sorge gilt weniger dem Verhalten des Kampfhundes, wenn der bald wieder voll orientiert ist – sein Verhältnis zu Max ist mir bekannt –, als dem Pascha, der jetzt über die Fahrbahn anmarschiert und sehen will, was los ist. Sein Verhältnis zu mir ist auch bekannt. Wie Herbert schon richtig bemerkt hat: Ich habe nicht nur Freunde in der Weserstraße.

Unbeschadet erreichen wir unser Zuhause. Vor der Wohnungstür liegt ein Päckchen, eingepackt in weihnachtliches Geschenkpapier.

»Was meinst du, Max? Ist das eine Bombe vom Pascha?«

Max schnüffelt aufgeregt, ist eindeutig der Meinung, wir sollten das Päckchen sofort öffnen. Auch ich halte eine Bombe für unwahrscheinlich und nehme es mit hinein.

Gespannt beobachtet Max, wie ich die rote Schleife öffne – vorsichtig, nicht wegen eventueller Bombe, sondern zwecks gelegentlicher Wiederverwendung. Habe ich doch noch mehr Freunde, als ich dachte? Wieder kommt mir mein Sohn in den Sinn. Ich mag Eltern nicht, die »Freunde« ihrer Kinder sein wollen. Eltern sind die Erziehungsberechtigten, mehr noch, die Erziehungsverpflichteten gegenüber ihren Söhnen und Töchtern. Ich habe versagt als Erziehungsverpflichteter, keine

Frage, und inzwischen ist Thomas kein Kind mehr. Also: Ist es vielleicht an der Zeit, dass wir tatsächlich Freunde werden?

Viel zu langsam für Max' Geschmack ist das Päckchen endlich geöffnet: Hundhalsband und passende Leine aus edlem Leder. Dazu ein Kärtchen.

Lieber Oskar, frohe Weihnachten Dir und Max und vielen, vielen Dank noch einmal!! Wie immer ich mich revanchieren kann, lass es mich wissen. Alles Liebe, Deine dankbare Nachbarin Julia.
PS: Ja, ich bin zurück aus München. Hast Du noch Lust, vorbeizuschauen? Habe tollen Wein mitgebracht!

Ich sehe auf die Uhr – zu spät wäre es nicht, bei Julia vorbeizuschauen. Das ist es doch, worauf ich hingearbeitet habe, oder nicht? Und jetzt wären meine Erwartungen keine Erpressung mehr wie neulich, wo es noch um meine Verschwiegenheit ging. Inzwischen geht es um Dankbarkeit, und Dank kann man doch entgegennehmen, oder?

»Max, Julia lädt uns ein. Sollen wir zu ihr hoch? Vorderhaus? Oder wäre das wie Schuldeneintreiben? Was meinst du?«

Max scheint jedenfalls nicht uninteressiert, aufmerksam schaut er zu mir auf.

»Du müsstest dich doch sowieso für das schöne Halsband bedanken, richtig? Und gegen ein gutes Glas Wein ist doch nichts einzuwenden ...«

Jetzt zerrt Max an meinem Hosenbein, eine eindeutige Entscheidung, finde ich.

Natürlich, das ist geschummelt, gestehe ich mir ein, während ich wenigstens ein frisches Hemd anziehe. Denn wann wäre Max nicht zu einem neuen Abenteuer bereit!

Im Treppenhaus, noch unentschlossen, ob uns der Weg zu Julia führt oder nur zu einer letzten Pinkelrunde für Max, schauen wir noch am Hausbriefkasten vorbei. Vielleicht doch noch etwas Positives von Messtechnik Brandenburg?

41

Sehr geehrte Mieterin, sehr geehrter Mieter.

Ihr Wohnhaus wurde von der B&G Unternehmensgruppe erworben, einem international agierendem Unternehmen im Bereich Wohn- und Geschäftsimmobilien. Für Sie ändert sich damit vorerst nichts. Wir dürfen Sie lediglich bitten, Ihre Mietzahlungen ab sofort auf das unten genannte Konto zu überweisen.

Im Interesse ihrer Mieter ist die B&G Unternehmensgruppe stets um eine hohe Wohnqualität in ihren Immobilien bemüht. Dementsprechend wird dieses Haus im kommenden Frühjahr einer umfassenden energetischen Sanierung unterzogen. Dies betrifft insbesondere eine Fassadendämmung, in den Wohnungen den Austausch aller Fenster und Heizkörper. Im Zuge dieser Arbeiten wird auch der allgemeine Wohnwert in Ihrem Haus erhöht. Unter anderem werden Küchen- und Sanitärbereich nicht nur modernisiert, sondern grundlegend umgestaltet. Die Wohnungen in Seitenflügeln/Gartenhaus werden mit Balkonen versehen und die neu zu schaffenden Dachwohnungen mit großzügigen Terrassen.

Wir bitten Sie um Verständnis für die damit vorübergehend auftretenden Unannehmlichkeiten und weisen vorsorglich darauf hin, dass diese im Rahmen von ökologischen Sanierungsmaßnahmen nicht als Mietminderung geltend gemacht werden können.

Selbstverständlich wird nach Abschluss der oben genannten Maßnahmen die Miethöhe der so geschaffenen gehobenen Wohnqualität angepasst werden müssen. Wir hoffen, Sie dann weiterhin zu unseren Mietern zählen zu dürfen.

Wäre das nicht der Fall, bietet die B&G Unternehmensgruppe ihre Hilfe beim Auszug an. Herzlichen Dank auch – wie das aussieht, habe ich bei Öztürk miterleben dürfen.

Ungeduldig zieht Max an seiner edlen Lederleine in Richtung Haustür.

»Gewöhn dich nicht zu sehr an die Gegend hier, Max. Oder an deine Freundin Julia.«

Der Hund schaut mich zweifelnd an. Hatte er tatsächlich schon mal von Projektion gehört?

»Ja, Hellersdorf ist weit weg von Tante Julia, ist klar. Aber weißt du, letzten Endes sind es Gutverdiener wie Julia, die die Mieten hier in die Höhe treiben. Man nennt das Gentrifizierung. Außerdem, du wirst sehen: Hellersdorf ist gar nicht so schlecht. Oder Marzahn. Oder Spandau.«

Max scheint mir tatsächlich zu glauben.

Nun muss ich mich nur noch selbst überzeugen.

Nachwort

Für Leute, die sich in Neukölln auskennen – und solche, die sich da kaum auskennen

Der Ein-Euro Schnüffler ermittelt ganz vorwiegend in Neukölln, Ortsangaben und Beschreibungen entsprechen so weit wie möglich der Wirklichkeit. Aber weder der Autor noch der Verlag wollen sich Klagen einhandeln. So gibt es in der Weserstraße weder einen Mardin-Grill noch ein Café Krumpelbumpel. Es gibt dort auch keine Hausnummer 218, die Weserstraße endet mit der Nummer 217.

Zwischen Anzengruber- und Erkstraße gibt es auf der Sonnenallee auch – aktuell wenigstens – keinen Obst- und Gemüsehändler, auf der Westseite aber genug Geschäftslokale, in denen man sich einen solchen Laden unschwer vorstellen kann. In Wohnhäusern, deren Sanierung noch ansteht.

Wo genau findet Oskar nun Max und die Leichen? Wo ist dieser Ort, an dem man noch vor gut zweieinhalb Jahrzehnten »den Versuch, hier die Straße zu überqueren, ziemlich sicher mit dem Leben bezahlt hätte«? Im Osten grenzt Neukölln fast auf gesamter Länge an Treptow, also ehemals an Ostberlin. Wie in der berühmten Bernauer Straße zwischen den Bezirken Wedding (Westberlin) und Mitte (Ostberlin), standen auch im Verlauf der Mauer in Neukölln häufig die Häuser einer Straßenseite auf Westberliner Gebiet, während die Nachbarn gegenüber »Bürger der Deutschen Demokratischen Republik« waren. In der Harzer- und der Treptower Straße gehörten Bürgersteige und Fahrbahn zu Westberlin, in der Bouché-, Heidelberger- und Kiefholzstraße zu Ostberlin. Verließen also Bewohner in der Bouché- oder Heidelberger Straße ihr Haus, bewegten sie sich auf dem Staatsgebiet der DDR (die Mauer stand hier zwischen östlichem Bordstein und Straßenmitte, die Heidelberger Straße war die Straße mit den meisten Fluchttunneln). An diesen Irrsinn wollte ich unbedingt erinnern. Aber abgesehen von der Kiefholzstraße sind die genannten Straßen fast ausschließlich Wohnstraßen. Am nächsten kommt der am Buchanfang beschriebenen Industriebrache noch das Gewerbegrundstück auf der Ostseite der Kiefholzstraße zwischen der Kleingartenkolonie Kreuztal und der Karpfenteichstraße. Aber das ist inzwischen ordentlich eingezäunt und, laut Warnhinweis, sogar videoüberwacht.

Wo befindet sich die ehemalige Glühlampenfabrik, in der die Vernissage stattfindet? Wahrscheinlich, weil naheliegend im wahrsten Sinne des Wortes, ist es das vormalige AEG-Glühlampenwerk in der Treptower Martin-Hoffmann-Straße (nach dem Krieg die SAG Elektro-Apparate-Werke J. W. Stalin, dann VEB Elektro-Apparate-Werke Berlin-Treptow »Friedrich Ebert«). Auch im November oder Dezember wäre das ein zumutbarer Abendspaziergang für Julia und Oskar. Wenn auch nach der Wende der Allianz-Konzern seine Treptowers auf das Gelände geklotzt hat, existieren hier weiterhin die historischen Gebäude des Architekten Ernst Ziesel: die Hauptverwaltung und die Fabrikgebäude. Genug Platz für ein großzügiges Loft und wechselnde Ausstellungen. Für den diskreten Kunstsammler in einer ehemaligen Glühlampenfabrik aber gibt es in der Realität selbstverständlich keine Entsprechung ...

Ebenso selbstverständlich gibt es in Berlin auch kein Auktionshaus Keiser. Es gibt überhaupt kein Auktionshaus in der Bleibtreustraße. Aber nicht ohne Grund hat der Autor das fiktive Auktionshaus in genau diese Straße verlegt: Bleibtreustraße 24 war die Adresse von »Rudolph Lepke's Kunst-Auctions-Haus«, gegründet 1869, laut Wikipedia das erste Kunstauktionshaus in Deutschland überhaupt. Unschwer vorstellbar, was da während der Hitler-Diktatur zur Versteigerung kam: »Zum 31. Dezember 1935 wurde das Auktionshaus vom Mitgesellschafter Hans Carl Krüger durch Übernahme der Anteile der Gebrüder Wolffenberg ›arisiert‹. Das Auktionshaus beteiligte sich ab 1936 auch an der Verwertung der beweglichen Vermögenswerte jüdischer Bürger und wurde bis Ende 1938 betrieben.« Mit anderen Worten: Es hat eine gewisse Tradition, wenigstens in der Bleibtreustraße, es nicht allzu genau mit der Herkunft des Auktionsgutes zu nehmen.

So weit zu Handlungsorten, bei denen sich der Autor eine gewisse »dichterische Freiheit« nehmen musste. Alle anderen sind da zu finden, wo sie im Buch angegeben sind: das Jobcenter in der Mainzer Straße, die Frauen-JVA in der Neuwedeller Straße, das Böhmische Dorf, der Schillerkiez …

Christoph Spielberg, August 2014

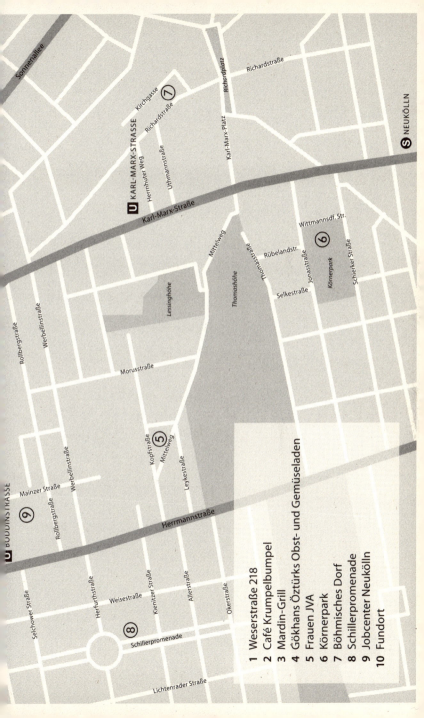

Christoph Spielberg ist Facharzt für Innere Medizin und Herzspezialist. Er war viele Jahre Oberarzt an einem Berliner Universitätsklinikum, seitdem niedergelassener Kardiologe. Als Autor wurde er durch die in mehrere Sprachen übersetzten Kriminalromane um den Klinikarzt Felix Hoffmann bekannt (alle im Piper Verlag). Sein Buch »Die russische Spende« wurde mit dem Friedrich Glauser Preis ausgezeichnet. Daneben erhielt er auch den Agatha-Christie-Preis. Christoph Spielberg lebt in Berlin.

Mord in Friedrichshain

Ein Sprengstoffanschlag am Bahnhof Ostkreuz fordert einen Toten und lässt den Bahnverkehr in Berlin zusammenbrechen. Wer ist der Mann, dessen Leiche im Gleisbett liegt? Was hat es mit dem Engel aus Gips auf sich, der in unmittelbarer Nähe gefunden wird? Steht der Zettel mit der Parole »Aktion JETZT« in Zusammenhang mit der Tat? Kommissar Max Martaler und seine Kollegin Sabrina Zielinski vom Staatsschutz nehmen die Ermittlungen auf …

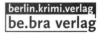

Mord in Neukölln

Heinz Buscher, ein arbeitsloser Ingenieur jenseits der Fünfzig, bessert mit einem Ein-Euro-Job, bei dem er nach Müllsündern in Neukölln fahndet, sein schmales Budget auf. Als er eines Nachts auf mehrere Hundeleichen stößt, ist er bald nicht mehr nur den harmlosen Kleinkriminellen des Bezirks auf der Spur, sondern gerät ins Visier eines mafiös agierenden Clans …

John Kleins erster Fall

John Klein sucht nach einem vermissten Mädchens aus seinem Kiez. Zur selben Zeit wird ein Rabbiner aus der Synagoge in der Rykestraße tot aufgefunden. Gibt es einen Zusammenhang zum Verschwinden des Kindes? Und welche Rolle spielt der mysteriöse Unbekannte, der Klein eines Nachts überfällt?

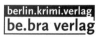

John Kleins nächster Fall

In einer Baugrube im Mauerpark wird eine Leiche gefunden. Schnell bestätigt sich die Vermutung des Privatdetektivs John Klein, dass es sich bei dem Toten um Jan Feldberg handelt, der 1989 als Siebzehnjähriger in der Nacht des Mauerfalls spurlos verschwand.
Ein letzter Mauertoter? Ein Kapitalverbrechen? John Klein kommt einem dunklen Geheimnis auf die Spur – einer Spur, die bis in die Spitzen der Lokalpolitik führt und bald weitere Tote fordert …

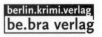

John Kleins dritter Fall

ISBN 978-3-89809-532-7

9,95 € [D]

John Klein hat einen miesen Job angenommen: Er soll den halbwüchsigen Sohn eines Nachbarn beaufsichtigen, während der Vater in Südfrankreich einen Film dreht. Der Junge bringt den Detektiv an die Grenzen seiner nervlichen Belastbarkeit. John würde am liebsten alles hinschmeißen, da erhält er einen unverhofften Anruf: Lotti Rogall meldet sich aus dem Altersheim am Weinbergsweg. Dort sind in den letzten Monaten ungewöhnlich viele Pflegebedürftige eines überraschenden Todes gestorben. Die alte Dame fürchtet um ihr Leben …

berlin.krimi.verlag
be.bra verlag